希腊化和中世纪早期哲学经典集成

章雪富 主编

论秩序

奥古斯丁早期作品选

[古罗马] 奥古斯丁 著

石敏敏 译

HELLENIZED
AND
EARLY-
MEDIEVAL
CLASSICS

中国社会科学出版社

图书在版编目（CIP）数据

论秩序：奥古斯丁早期作品选／（古罗马）奥古斯丁著；石敏敏译.
—北京：中国社会科学出版社，2017.8（2021.8重印）

ISBN 978-7-5203-0296-8

Ⅰ.①论… Ⅱ.①奥…②石… Ⅲ.①奥古斯丁
（Augustine，Aurelius 354-430）—哲学思想—文集
Ⅳ.①B503.1-53

中国版本图书馆 CIP 数据核字（2017）第 099970 号

出 版 人	赵剑英
责任编辑	冯春凤
责任校对	张爱华
责任印制	张雪娇

出　　版	中国社会科学出版社
社　　址	北京鼓楼西大街甲 158 号
邮　　编	100720
网　　址	http://www.csspw.cn
发 行 部	010-84083685
门 市 部	010-84029450
经　　销	新华书店及其他书店

印刷装订	北京市十月印刷有限公司
版　　次	2017 年 8 月第 1 版
印　　次	2021 年 8 月第 3 次印刷

开　　本	650×960　1/16
印　　张	20
插　　页	2
字　　数	278 千字
定　　价	59.00 元

目　录

论幸福生活

导　　论

《论幸福生活》在奥古斯丁的作品中占据独特位置。这位伟大的北非作家著述甚丰，亦有大量作品留传后世，而《论幸福生活》是他完成的第一篇作品。没错，当时《驳学园派》也已经开始写作，而且充满青春活力的奥古斯丁还满腔热情地写了《论美与适宜》，只是这篇作品连同对它的几乎全部回忆，都在他写作《忏悔录》时遗失了。

庆幸的是，奥古斯丁在垂暮之年给我们留下了《订正录》，对他多产的文字生涯作了个人记录和批判性回顾。其中谈到《论幸福生活》一文，他为我们留下了这样的描述："那不是在《驳学园派》之后写的，而是在此期间写的。它始笔于我生日那天，就如书中清楚说明的，然后用了三天的谈话完成。"①

386 年是奥古斯丁的智性和灵性发展的最重要一年。此时离他以奇特的方式皈依基督教的时间只有短短几个月，他正在卡西西阿库（Cassiciacum，或译为加西齐亚根）度秋收节；这是离米兰不远的一个乡村别墅，是米兰的一位语法学家，他的朋友和同工威勒库得斯（Verecundus）慷慨提供给他的。奥古斯丁来到卡西西阿库，希望过段安宁、平和的日子，等候在基督里重生的伟大日子到来。到那个日子，

---

① 《订正录》1.2. 根据《论幸福生活》（1.5），奥古斯丁的生日是十一月十三日，那年他三十二岁。

米兰主教圣安波罗修（Ambrose）将正式接纳他为基督信众中的一员。[①]

　　身处幽静的乡间，远离尘世的喧嚣，他的心灵脱离了因欲求名誉、谋求财富、寻求快乐而产生的种种焦虑。于是，他努力摆脱将他的思想和心灵与他过去的生活相关联的最后一点纽带，他"幼稚的舌头开始尝试谈论他的上帝，他的真荣誉，他的真财富，以及他的救恩"（《忏悔录》）。

　　要了解奥古斯丁当时的个性以及写作《论幸福生活》时的状态，他自己的报告可能是最好的视角：[②]"正式脱离雄辩术讲席的日子终于到了，虽则我思想上早已脱离。大事告成：你已解放了我的心，现在又解放了我的口。我兴高采烈地感谢你，和亲友一行，启程到别墅中去。在那里［卡西西阿库[③]］我写了些什么？我的文学已经为你服务，但还带着刚刚才离弃的学校的傲慢气息，一如奔走者停步后呼吸还觉得急促；在我记述的与好友的对话中，[④] 或在你面前自问自答的语录中，[⑤] 以及与外出的内布利提乌斯（Nebridius）的通讯中，都流露着此种气息。我已经急于要转到更重大的事件了。什么时候我才有充分的时间来追述你尤其在这一阶段中所加给我的一切洪恩厚泽呢？过去种种如在目前。主啊！向你忏悔往事，我还感到温暖，譬如回想你不知用了哪一种利剑刺我的心灵，降伏了我；你怎样"削平了我思想上的山丘，修直了曲折的道路，填平了崎岖的峻坂……我的天主啊！当我诵读大卫的诗歌、洋溢着衷心信仰的诗歌、最能扫除我们满腹傲气的诗歌时，我向你发出哪些呼声？这时我对于真正的爱还是一个学徒，我和阿利比乌斯（Alybius）都是'望教者'，住在乡间别墅中，母亲和我们在一起，她

[①]　387 年复活节。

[②]　《忏悔录》9. 4. 7f; 9. 5. 13（根据周士良译本，略有改动）.

[③]　关于卡西西阿库这个地名以及它的位置，见 D. J. Kavanagh, *Answer to Skeptus*（New York 1913）251.

[④]　指《驳学园派》、《论幸福生活》以及《论秩序》。

[⑤]　指他的《独语录》。

虽然是个妇女，但在信仰上却是杰出的丈夫，她具有老年的持重，母亲的慈祥，教友的虔诚。……秋收节结束后，我通知米兰人，请他们为自己的学生另聘一位修辞学老师，理由是我已决定献身为你服务；而且由于呼吸困难，胸部作痛，不适合再担任此项职务。"

　　这里，奥古斯丁与朋友们一起在安静、和平的乡村享受身体得到放松、智性和灵性得到熏陶的日子。遵循古代哲学家的习惯，卡西西阿库的这个朋友小组以生动活泼、有时甚至轻松诙谐的方式交流实践问题，讨论道德和政治难题，诠释罗马经典。E. K. Rand 写道，"这些对话的精神与奥古斯丁的晚期著作明显不同。它们风格轻松、明快，不时穿插一些玩笑、戏谑，有一种在闲暇中谈论哲学的畅意感。期间还不时引用诗人，尤其是维吉尔和泰伦士的诗，以及敬爱的圣安波罗修的诗句"。①

　　这对此时的奥古斯丁非常重要。他在智性和灵性上都取得了长足的进步，同时他热烈的内心情感也需要找到适当的表达方式，这两者之间关系密切，所以，甚至等不到写完《驳学园派》，他就迫不及待地抓住庆祝自己生日的机会，开始与朋友们讨论人的一切行为最内在渴求的最终目标——人与生俱来对幸福的渴望。《论幸福生活》讨论的主题就是人对幸福的渴求。虽然人并非在任何活动中都想着幸福，但他们所做的每件事都与幸福有关。② 奥古斯丁的哲学与其他哲学体系的区别在于：它不是对自然事件或者假设主题和问题的中性思考和客观研究，而是关注活着的这个人，奥勒留·奥古斯丁的福祉。因此，他怜悯摩尼教徒的"昏昧"，拒斥自我毁灭的怀疑主义者，两者都不能满足人最本质的需求。对奥古斯丁来说，真理必然适用于生活；智慧，一切研究的目标和哲学的真正核心，与幸福一致。"我们难道不渴求幸福吗？"只是"除了真理我还希求发现什么呢"这话的另一种说法。因此，他所寻求的

---

① "St. Augustine and Dante," in *Founder of the Middle Ages* (Cambridge, Mass. 1928) 256ff.

② 参 Boethius, *De consolatione Philosophiae*, 8, p. 2.

真理就是至善，唯有拥有这样的善才能完全满足人所探求和渴望的一切。

要发现这个真理，要知道该做什么，要变得更好，最终获得至善，人必须首先认识自己。由于人由身体和灵魂构成，灵魂是更高贵和更本质的部分，所以人的幸福只能在智性和灵性领域里，即在认识真理和拥有至善中才能找到，而真理和至善就是上帝。"幸福生活就是：敬虔而完全地认识那一位，让他引导你进入真理，享有真理的本性，以及将你与至高尺度联结的纽带。"（4.35）

在《论幸福生活》中，奥古斯丁为他伟大的神论—民主制（theistic–democratic）方案确立了根基，拟定了蓝图。在这个方案里，人在共同体的福祉中取得个体的伦理进步并促进共同体的福祉，从而得到成长，获得先是暂时的，后是完全的、永恒的幸福生活。

因此，像 Etienne Gilson① 和 Joseph Geyser② 这样的杰出学者都承认奥古斯丁这篇早期作品对理解他的个性发展和他的整个哲学十分重要。正是在这篇小文中，奥古斯丁第一次力图确立人自身意识的绝对确定性作为知识的本质基础（2.1），这是一个原创性的观念，后来成为奥古斯丁最可称颂的成就之一。

奥古斯丁有很多作品，其标题就在表示一个哲学概念。《论幸福生活》就是其中之一，"幸福生活"是一个哲学概念。本书从现实问题出发，借助辩证论证以及形而上学概念的偶尔使用，一步步推演出这个概念的定义。除了奥古斯丁一向对定义高度重视外，层层论证的过程，类别的划分、概念的区别，③ 以及频繁使用三段论，这些都显示了他的思想和作品形式上的特点。

---

① *Introduction a l' etude de Saint Augustin*（Paris 1943）.

② "Die erkenntnistheoretischen Anschauungen Augustins zu Beginn seiner schriftstellerischen Tatigkeit," in Grabmann – Mausbach, *Aurelius Augustinus*（Koln 1930）.

③ 参《独语录》2.11.20f.

　　《论幸福生活》的结构，尤其在将致献的序论与构成作品主体的对话部分截然分开这一点上，源于西塞罗。可以肯定，西塞罗的对话《荷尔顿西乌斯》（已佚失）对本书的内容和形式似乎都有决定性的影响。提出所谓的"浴室对话"的瓦罗（Varro）[1] 也可能通过他的《论农业》（De re rustica）和《论教导》（De Disciplinis）对奥古斯丁产生了一定影响。

　　奥古斯丁让一位妇女，也就是他的母亲积极参与讨论，从而在常规的对话形式中添加了一抹亮色。他由此表明自己的信念:[2] 哲学不是少数精英的特权，而是整个人类的共同利益，不论性别、种族和职业。虽然奥古斯丁是卡西西阿库这个微型学术小组的导师，并且也对全部讨论作了总结陈词，但他的母亲在对话中扮演了非常重要的角色，这并非没有原因。当时奥古斯丁刚刚离开异教的哲学学派，在基督的信众中还只是一个新手，而莫尼卡（Monica）是卡西西阿库小组里唯一"真正的"且有经验的基督徒。[3] 虽然奥古斯丁无疑已经接受了基督教教义，但他对重大问题的解决还没有那么坚定,[4] 他"在获得真理、上帝和灵魂的路上还是个拙劣的斗士。"[5] 因此，正是他母亲，作为他的代言人，在这里指出信、望、爱是人认识上帝、获得幸福生活的前提条件。[6]

　　Thimme[7] 认为，奥古斯丁的早期著作仍然根植于异教哲学，但这种观点受到批判。尽管 Thimme 作为这个领域的先锋人物取得了很好的

---

　　[1]　参 A. Dyroff，"Uber form und Begriffsgehalt der augustinischen Schrift de ordine"，in Grabmann – Mausbach，*Aurelius Augustinus*（Koln 1930）50.

　　[2]　《论秩序》1. 11. 31 明确提出。

　　[3]　参《忏悔录》9. 4. 8.

　　[4]　《论幸福生活》1. 5.

　　[5]　Dyroff, Schopp, *Auerlius Augustinus*, *Selbstgesprache* 导论（Munschen, 1938）7.

　　[6]　《论幸福生活》4. 35。在仅仅几个星期之后写的《独语录》里，他以非常优美的笔触详尽描述了基督教的这些核心美德。

　　[7]　Thimme, *Augustins geistige Entwichlung in den ersten Jahren nachseiner Bekehrung*（Berlin 1908）. 令人惊奇的是，Joh. Hessen 似乎同意 Thimme 的观点，见 *Augustinus*, *Vom Seligen Leben*（Leipzig 1923）XXVI.

成就，但我们对他所谓的"《论幸福生活》的基本思想本质上是斯多亚主义的，它的结论尤其是它的风格完全是新柏拉图主义的"这一观点不敢苟同。没错，摩尼教和学园派的理论，"他刚刚才离弃的那些傲慢的学派"，[①] 仍然回响在奥古斯丁的脑海，但他更多的是"怜悯"他们，[②] 并且努力根据基督教原理来驳斥他们，尽管不时使用他的弟子们很熟悉的一些术语和概念（柏拉图主义的和斯多亚主义的）。要知道，"他至亲的兄弟阿利比乌斯一开始甚至不愿意（在我们的书札中）加上你的独生子，我们的主和救主耶稣基督这个名字"呢![③]

奥古斯丁甚至在《论幸福生活》里将柏拉图的一些作品与《圣经》作比较，相比之下，他更偏爱《圣经》，认为它才是权威。他强调说，上帝的儿子是真上帝，[④] 是人类的救赎者，是完备的尺度，即至善。他非常了解圣三位一体教义。他明确认为，一颗完全致力于上帝的心所具备的知识高于通过学习得来的理论知识，[⑤] 由此指明他重视信仰胜过理性。

Friedrich Worter 说，[⑥] "奥古斯丁的哲学思想并没有完全与基督教融通"。这话说得比 Thimme 谨慎，但他没有准确领会奥古斯丁当时的情形。由于奥古斯丁关于幸福生活的定义[⑦]就是基督的话——"我就是道路、真理、生命"[⑧] 的另一种说法，所以，经过对奥古斯丁在卡西西阿库所写作品的深入研究，Anton C Pegis 不禁惊呼，"对那些以为在卡西西阿库的是一个新柏拉图主义皈依者的人来说，这是多么奇异的结论"，并说："不论奥古斯丁当时对基督教教义的了解如何不完全，他

---

① 参《忏悔录》9.5.9.
② 同上，9.4.8.
③ 同上，9.4.7.
④ 《论幸福生活》4.34；亦参《论秩序》1.10.28.
⑤ 同上，4.27.
⑥ Worter, *Die Geistesentwicklung des hl. Augustinus bis zu seiner Taufe* (Paderborn 1892) 72.
⑦ 4.35.
⑧ 约 14.6.

的心已经是基督徒的心；虽然这颗伟大的心借着上帝的恩典，必会发现新的高度。从那个高度看，它还是那么卑微，那么低下，它为此要痛哭悲号，但无论如何，在卡西西阿库时它就已经是基督徒的心，就如同十五年后在希波一样。"①

另外，奥古斯丁自己在致献塞奥多若时不也说《论幸福生活》"在我看来已经属于包含更多宗教性的一类讨论"?②

当然，奥古斯丁使用了他从异教哲学家那里学到的知识。他或者是从原作或者是通过西塞罗、瓦罗、维克托里努斯、塞涅卡和其他人获得这些知识。他也熟悉科奈利乌斯·塞尔苏斯（Cornelius Celsus）的百科全书，③ ——用六大卷书收集了过去所有哲学家的"观点"。奥古斯丁早期作品中有某种亚里士多德的因素，很可能是出于某位了解亚里士多德的新柏拉图主义者（比如格拉萨的尼科马库斯（Nicomachus of Gerasa））的影响。

《论幸福生活》散发出奥古斯丁崭新哲学的新鲜空气。"上帝就是那隐秘的太阳，在我们里面照耀，从那里生出我们所说的真理。"④ 正是圣约翰的福音书，上帝的道，照亮了奥古斯丁。

承蒙 B. Herder Book Co. 的好意，本英译本收入"教会教父丛书"，⑤但是对原英译本作了全面修订。英译本最初基于拉丁文本 Migne, Patrologia Latina，不过很大一部分根据 M. Schmaus 的拉丁本⑥作了修订。除了法语、德语、意大利语和西班牙语译本外，现存的还有另外两个英译本，一个是 Francis E. Tourscher, O. S. A 的译本，另一个是 Ruth A. Brown 的译本。

---

① A. C. Pegis，"The Mind of St. Augustine,"in Mediaeval studies 6（1944）3f.

② 《论幸福生活》1. 5.

③ 参《独语录》1. 12. 21.

④ 参《论幸福生活》4. 35.

⑤ L. Schopp, *The Happy Life by Aurelius Augustine*（St. Louis & London 1939）.

⑥ Schmaus, *S. Aurelii Augustini Episcopi Hipponensis De beata vita liber.*（Florilegium Patristicum, fasc. 37 Bonnae 1931）.

内容提要

1. 致献塞奥多若。奥古斯丁如何来到哲学之港。对话的时间、背景以及参与者。

2. 第一天的讨论。人由灵魂与身体组成。就如身体需要食物，灵魂也同样如此。虽然不拥有自己所欲求的东西，谁也不会幸福，但并非凡拥有自己所欲求的人都幸福。谁拥有上帝？学园派不可能幸福，因此他们不可能有智慧。

3. 第二天的讨论。拥有上帝的人是幸福的。可以在两种意义上理解灵魂的不洁净。

4. 第三天的讨论。进一步思考幸福问题。缺乏者、可怜者以及智慧者的性质。灵魂的缺乏和充足。幸福以及尺度概念。上帝是至高尺度。

第一章 什么样的问题适合德性（1—5）

如果风暴能带我们走向那唯一的福地（felicitas）。

1. 伟大而高贵的塞奥多若（Theodorus）啊[1]，如果奔赴哲学之港（philosophiae portum）[2]——人就是从那里进入幸福生活的腹地，且是唯一的腹地——的旅途由理性确定，还可能有意愿（voluntas）引导，那么，我想，我若说尽管我们现在看到已经到达那个港口的人只有零星的几个，但可能到达那里的人将会更少，这应该不算草率之言吧。当上帝或自然或必然（necessitas）[3] 或我们自己的意愿[4]，或者其中几个或者所有这些合在一起，似乎是漫不经心地、随意地[5]把我们抛入这个世

---

[1] 奥古斯丁在《论秩序》（*De ord.* 1.11.31）里提到曼利乌斯·塞奥多若（Manlius Theodorus），说他是"备受尊敬的杰出之人，具备非凡的天赋、出色的口才，还有卓越的灵性"。但后来在《订正录》（*Retract.* 1.2）里奥古斯丁承认，自己在早期作品中对塞奥多若过分赞誉是不恰当的，他对此感到不满。

[2] 奥古斯丁在《驳学园派》（*Contra Acad.* 2.2.4）也说，真正的幸福在于哲学。

[3] 奥古斯丁这里用弟子们熟悉的术语谈论。"必然"（necessitas）这个词意指事物和人的行为根据因果律自然发展，这里的意思是指命运。因为他在《驳学园派》1.1.1. 说："通常所说的时运，其本身由某种隐藏的法则支配；我们所说的机遇，可能只是指某种其原因和缘由被掩盖的事物。"（参西塞罗 *De divin.* 1.125："命运、秩序和因果链"（Fatum ordinem seriemque causarum）……）后来，奥古斯丁在《论上帝之城》（5.9）根据词源学从 fari［言说］引出 fatum［命运］。因此，当奥古斯丁说到命运时，仅与上帝的话相关，即指上帝的神意，或者从人的观点看，指因果律。它与古代异教的命运观毫无关系，那种命运观认为命运是毫不留情的，无可避免的，超越于上帝，至少与上帝并列存在（参塞涅卡 *Quaest. Nat.* 2.35："任何命运都不因祷告动摇，不因怜悯改变，不因恩典扭转"）。

[4] 人的自由意志。奥古斯丁后来写了三卷书专门讨论人的自由意志问题。

[5] 这里描述了奥古斯丁对柏拉图的先在灵魂的看法。（参 *Contra A. d.* 2.9.22；*Solil.* 2.20.35；*De immort. An.* 4.6；*De quant. An.* 20.34；*Epist.* 7）。圣奥古斯丁早期的哲学思想有强烈的先在灵魂论倾向，究其原因，想必是因为柏拉图主义对当时这个刚刚摆脱怀疑主义的年轻北非人影响巨大。众所周知，奥古斯丁晚年明确修正这种先在和回忆理论（*Retr.* 1.8.2；4.4；*De Trin.* 12.15.25），提出灵魂不断受到永生光照影响的理论。（亦参 Joh. Hessen, *Die Begrundung der Erkenntnis nach dem hl. Augustinus*［1916］；L. Schopp, "Der Wahrheitsbegriff des Boethius und seine Beziehungen zu dem des hl. Augustinus" in *Philosophisches Jahrbuch der Universitat Bonn*, 1. *Jahrgang*［1924］9—14；J. Barion, *Plotin und Augustinus*［1935］148 ff.）

界，如同抛入波涛汹涌的大海——这个问题诚然极其晦涩，但既然已经提出来，希望你能有所解惑——有几个人能辨清该往哪里前进，或者该退回何处？除非在某个时候出现一个风暴，一个在愚人看来完全不利的风暴，背逆我们的意愿，偏离我们的路线，在不知不觉中使我们离开错误的航道，把我们推向深切向往的福地。

哲学能接纳的人可比作三类航海员。

2. 因此，在我看来，可以说，哲学能接纳的人可以分为三类，如同三类海员。第一类由这样的人构成，他们已经成熟，能充分使用理性，所以他们只受到一点小小冲动，轻轻划了一下船桨，虽然离了岸，但只有一步之遥。他们泰然自若地停留在那里，为尽可能多的其他公民树立鲜明的旗帜，表明他们自己的工作，通过这个旗帜的吸引，力邀人们加入到他们的队伍。另一类与上述的不同，他们被事物表面的假象蒙骗，选择进入深海，冒险远航，离开故土，后来往往就遗忘了自己的故乡。由于他们一路顺风（他们以为如此）——我不知道这风以何种隐秘的方式伴随他们——他们兴高采烈、如饥似渴地进入不幸的深渊，因为快乐（voluptas）和荣誉（honor）这种最阴险的祥和天气诱惑着他们。说真的，在这些他们欣然追逐的事物中，除了不幸，他们还能指望什么呢？如果这还不足以使他们回心转意，就只能指望来一场狂虐的风暴，一阵逆风，把他们吹回到可靠而真实的喜乐中，尽管他们抱怨，甚至悲号。不过，这一类人中有不少并没有迷失得太远，经历了不算太大的不幸之后就被带回。这些人时运不济、处境悲惨，或者在虚妄的生意中遭遇困难、忧心忡忡——似乎他们没有别的事可做——然后被推到知识渊博的智慧者的书卷面前，在这个港湾不知不觉地就开始觉醒，于是大海以虚伪的笑容作出的承诺不能再引诱他们离开港湾。

介于这两类人之间的还有第三类人，这些人或者正步入青年，或者已经经历长期颠簸，但仍然能辨认一些熟悉的记号，即使在浪涛中也记得家乡那无与伦比的甜美。他们或者直接启航，没走任何弯路，毫不迟延地重新回家，或者——就如他们中的大多数——在迷雾中徘徊，时而凝视下落的星辰，时而被某种诱人的魔力控制，一次次推迟美好的回归之旅，在外流浪更长时间，并且往往陷入危险之中。但是在他们变动不定的时运中，总有某种不幸，就如同对他们事业不利的风暴，迫使他们回到最适宜的生活和安宁之地。

古代智慧可比作大山。

3. 然而，对所有这些人来说，不论他们以何种方式驶向幸福生活的腹地，都会发现在港口前面矗立着一座大山，是进港海员巨大的障碍，令他们深为恐惧，必须万分小心方能避开。因为它闪烁着充满魅力的光亮，笼罩着令人迷惑的光芒，所以不仅能为那些进港以及还没有进港的人提供安居之所，许诺将满足他们渴求幸福生活的愿望，而且还常常引诱港内的人离港驶向（他们自身）。有时候它还会滞留那些被高度本身吸引、从而喜欢轻视他人的人。然而，这些人常常告诫新来者，不要被隐藏的礁石欺骗，也不要自以为能轻易爬到他们的高度。他们善意地教导新来者，怎样才能毫无危险地入港，因为已经离岸很近。因此，他们向那些渴慕虚荣的人指明安全之地。

因为对那些努力靠近哲学的人，以及那些已经进入哲学的人，理性期望他们所畏惧的，高山不是别的，唯有那虚荣的自夸学问，这种学问金玉其外，败絮其中，它的根基脆弱不堪，自负的人走在上面摇摇欲坠，于是它把这些人淹没、吞噬，把他们抛回到黑暗之中，把近在咫尺、富丽堂皇的家园夺走。

奥古斯丁所经历的那些人。

4. 因此，我亲爱的塞奥多若啊，在这个我所期望的问题上，我只能仰仗你，你出众的能力总是使我敬佩不已——请你告诉我，在你看来，我属于这三类人中的哪一类，我应该处于哪个位置，我能指望从你那里得到何种帮助？

我十九岁时在修辞学校读到西塞罗的《荷尔顿西乌斯》(*Hortensius*)①，心中燃起对哲学满腔的热爱，马上坚定不渝地投身于哲学。但是我还没有摆脱那些迷雾，它们可能使我的路途模糊难辨，而且我承认，有很长一段时间，它们使我误入歧途，仰望那些沉入海里的星辰 (labentia in oceanum astra)②。因为有一种幼稚的迷信让我惊恐，使我没有深入研究；但是一旦我有了更大的勇气，我就驱散那团迷雾，学会更多地信任以理服人的人，而不是那些强迫人服从的人。然后我遇到了这样一些人，他们把眼睛所能分辨的光作为最高的神来崇拜③。我尽管不认同他们，但当时以为他们的面纱后面隐藏着一些他们将会揭开的重大秘密。当我摆脱、抛弃这些人之后，尤其是当我跨过这片凶险的海洋之后，有很长一段时间，学园派④在风浪中为我掌舵，抵挡从不同方向吹来的风。

如今我已经到达这片土地。在这里我已经学会辨别北斗星，信靠它。因为我时常在我们神父⑤的讲道中，有时也在你的讲道中注意到，当人们谈论上帝时，谁也不会认为他是某种有形的事物，也没有人认为灵魂是形体，因为在一切事物中，灵魂最接近上帝。

---

① 要理解西塞罗的《荷尔顿西乌斯》对年轻奥古斯丁的巨大影响，应当去读奥古斯丁自己在《忏悔录》(3.4f) 里的描述。《驳学园派》(I.1.4) 也提到《荷尔顿西乌斯》。关于西塞罗这部逸失的作品，参 Hermann Diels, *Archiv. f. Gesch. d. Philosophie*, 1. f. 474.

② "沉入海里的星辰"一语出自维吉尔《埃涅阿斯纪》(*Aeneid*) 3.515。奥古斯丁和朋友们在卡西西阿库度过许多愉快的时光，一起阅读、解释维吉尔。

③ 这里他想起了摩尼教，由波斯人摩尼建立的一个哲学派别。奥古斯丁曾追随这种物体主义哲学整整九年 (参《忏悔录》第 3、4、5 卷)。

④ 指第三代学园派。卡尔内亚德 (Carneades) 是它的创始人和主要倡导者 (参 *Answer to Skeptic*, p. 103, n. 1.; infra.)。奥古斯丁在三卷本《驳学园派》拒斥他们的以下观点：即使是最确定的事物，我们也应当怀疑。他从二十八岁起一直跟随这个哲学派别，直到皈依。参《忏悔录》5.6.10.

⑤ 即米兰主教安波罗修 (参《忏悔录》6.3)。

然而，我承认，对女色的迷恋、对荣誉的渴望耽搁了行程，我并没有迅速投奔哲学的胸怀。只有在获得了这些东西之后，我才最后鼓满风帆，划动双桨，迎向那个怀抱，在那里找到安息之所——只有极少数最幸运的人才可能找到这样的地方。因为当我只读了柏拉图的极少几本著作①——我知道，你特别喜欢柏拉图——之后，我就尽我所能将他的作品与那些传给我们神圣奥秘的权威书卷进行比较，我是如此激动，倘若不是某些人的忠告阻止我，我可能已经脱离了所有停靠点②。那么，还剩下什么可做的呢？只能在困境中寻找帮助，摆脱显然不利的风暴。恰好当时我胸部剧痛③，不能再坚持我繁重的职业，否则，我很可能已经驶向塞壬们（Sirens）；于是我扔掉所有压舱物，带上我的船，尽管它支离破碎处处渗漏，驶向所向往的安息之地。

现在他该思考的事。

5. 因此你看，现今我正航行在哲学之中，就如同在港湾里面。然而，这港湾水面开阔，尽管它的开阔减少了危险，但仍然没有排除所有错谬。因为我完全不知道自己该驶向这个地方的哪一部分，如何才能到达那一部分，就是唯一真正幸福的所在。说真的，我又拥有什么坚定的

---

① 五个抄本写的都是"普罗提诺的"，而不是"柏拉图的"，大多数现代作家，比如 Alfaric，Hessen，Norregard，还有其他人都认同这种解读。Adolf Dyroff 的学生 Barion 教授（*"Plotin und Augustinus"*, *in Neue Deutsche Forschungen*, Berlin 1935）似乎也主张这种观点。不过，Dyroff 在分析《论秩序》时谈到这个引文，提到一点，"极少的几本著作"这个短语指柏拉图比指普罗提诺更合适，因为柏拉图写过很多书，而普罗提诺只写过一本书《九章集》。不同作家关于新柏拉图主义，尤其是普罗提诺对奥古斯丁的哲学发展的影响有不同解释，对此感兴趣的读者可以阅读上述 Barion 的作品 pp. 36ff.，以及 A. Dyroff，"Uber Form und Begriffsgehalt der augustinschen Schrift De ordine,"（Grabmann – Mansbach, *Aurelius Augustinus* ［Koln 1930］47ff.）

② 参《忏悔录》7. 20. 26.

③ 奥古斯丁在《忏悔录》1. 9. 17；《论秩序》1. 2. 5 和《独语录》1. 9. 16 也提到他肺部的疼痛（参 B. Legewie，"Die korperliche Konstitution und die Krankheiten Augustins," in *Miscellanea Agostiniana*［Rome 1931］2. 5—21.）。

东西呢？直到现在，关于灵魂问题①我仍然没有答案，摇摆不定。因此我恳请你，凭你的美德，你的友善，以及联结我们彼此灵魂的纽带和亲密关系，伸出你的右手帮助我。这意味着你爱我，也相信你为我所爱和珍惜。如果我这一要求得到满足，那我就能轻而易举，且能不费吹灰之力找到通向幸福生活的路径，而这种生活，我想，正是你所追随的。

为了让你知道我在做什么，又怎样把亲朋好友聚集在港口，也为了让你更加清楚地明白我的灵魂（因为我找不到别的记号来把我自己展现在你面前），我想应该把我们的一次讨论呈献给你。这次讨论，在我看来已经属于包含更多宗教性的一类讨论，也更与你的地位相匹配，所以应当把它献给你的尊名。

这非常恰当，因为我们彼此之间已经探讨过幸福生活的话题，我想没有比它更适合称为上帝的恩赐了②。我不惧怕你的口才，因为凡是我所爱的，我不可能惧怕，尽管我可能不拥有它；我更不害怕你伟大的好运，那在你，无论多么大，其实只占次要位置，因为人若受它支配，它就把人置于从属的地位！不过现在，恳请你充分注意我下面的话语。

有哪些人参加关于幸福生活的讨论。

6. 十一月十三日是我的生日。用过简单的早餐——避免太饱，妨碍我们的思考能力③——我叫上所有人，来到浴区，一个适合这个季节的安静之所④，举行惬意的聚会。我们这些聚会的人，不仅那一天在一起，而且每天都生活在一起，我毫不胆怯地把他们一一呈报给你，尽管

---

① 奥古斯丁仍然不擅长基督教哲学。他仍然得在一些主要问题上挣扎，其中之一就是灵魂问题。参《忏悔录》9.1.1.

② "塞奥多若"，这个希腊名字的意思就是"上帝的恩赐"。

③ 奥古斯丁可能记得这样一句谚语："吃得太饱就不愿意努力学习。"

④ 在这样的地方进行学术讨论并非罕见，因为"教师会在与神庙或图书馆相连的柱廊里讲课，也会在浴池的退避间讲授，浴室和图书馆一样，都是知识分子常去之处。清洁与文化紧密相连。"（E. K. Rand, "The New Education," in *Founders of the Middle Ages* [Cambridge 1928] 219.）

只提到他们的名字——首先是我们的母亲①，我生命的一切都得归功于她；我的兄弟拿威基乌斯（Navigius），我的同胞和学生特里盖提乌斯（Trygetius）、利凯提乌斯（Licentius）；我的两个亲戚拉斯提底阿努斯（Lastidianus）和卢斯提库斯（Rusticus），这两位虽然没有受过什么训练，甚至不通文法，但我希望他们能在场，因为我相信我所讨论的难题需要他们的常识。与我们一起的还有我的儿子阿得奥达多斯（Adeodatus）②，他虽是众人中最小的，但必是大有作为的年轻人，除非我被爱蒙住了眼睛。当所有这些人都集中注意力，我就这样开始了。

第二章　拥有自己意愿之物（quod vult）的人是幸福的（7—16）

知道自己缺乏（egere）的人就欲求（appetit）。

7. "你们是否清楚，我们是由灵魂与身体构成的？"

大家都表示同意，但拿威基乌斯来说，他对此并不确定。

我就问他："你是真的一无所知吗？或者这只是你不知道的问题之一？"

他回答说："我不认为我一无所知。"

---

① 奥古斯丁称莫尼卡为"我们的母亲"，很可能希望表明，她不只是他自己和他兄弟拿威基乌斯的亲生母亲，也是所有在场者灵性上的母亲。特里盖提乌斯（根据《论秩序》1.2）是罗马尼阿努斯的一个亲戚，研究历史。利凯提乌斯，年轻诗人，罗马尼阿努斯之子，奥古斯丁的资助者（参《论秩序》1.2.5）。他也捍卫学园派的理论（《论秩序》1.4.10）。身为诗人，他热情洋溢，无忧无虑，因而往往第一个回答问题。

② 阿得奥达多斯（上帝的恩赐），是奥古斯丁与一年轻女子非法同居十四年所生的儿子。奥古斯丁在《忏悔录》9.6谈到他："我们之外还加入了阿得奥达多斯这个孩子，他是我有罪的肉身所得的儿子。你［上帝］赐给他良好的资质，当时他约十五岁，在聪慧上超过了许多重要的博学之士。……我写过一本书，叫《论教师》，是用对话体写的，就记录了他与我的对话。你知道，书中他所说的那些话全是他自己的思想。……你不久就使他脱离尘世，如今我想起他倍感安心。"

"你能说说你所知道的哪一点吗？"

"没问题，"他说。

我接着说："如果不是很难，请你告诉我们。"他犹豫了一会儿，我又问他："至少你知道自己活着，对吗？"①

"是的，"他回答。

"因此，你知道自己拥有生命，因为不拥有生命，人就不可能活着。"

"这一点我也知道，"他说。

"你是否也知道你拥有身体？"

他说："是的。"

"那不就是说你已经知道你由身体和生命构成？"

"这一点我知道，只是我不确定我是否还由别的什么东西构成。"

"无论如何，"我接着说，"你并不怀疑身体和灵魂这两者的存在。你只是不确定是否还有别的东西影响人的成就和完全。"

"就是这样，"他说。

于是我说："这另外的元素具有什么性质，我们放到另外的时间考察，如果我们能够的话。现在，我们既然一致同意，没有身体、没有灵魂，人不可能存在，那么我请问诸位：我们努力求食是为了两者中的哪一个？"

"为了身体，"利凯提乌斯说②。

其他人颇为犹豫，彼此之间各抒己见，讨论为何看起来食物是身体所需要的，因为求食是为了活下去，而生命只属于灵魂。

就此我问道："在你们看来，食物难道不是与显然因食物而成长且变得强壮的那一部分相关吗？"

---

① 这里奥古斯丁第一次努力把人自我意识的绝对确定性确立为知识的重要根基。

② 年轻的利凯提乌斯第一个回答。

大家都同意，除了特里盖提乌斯。他说："那么，我为何没有按照我贪婪的食欲变大呢？"

我回答："所有身体都从自然接受了各自适合的尺度，它们不能超越这个尺度。但是如果营养缺乏，这些尺度就可能变小，我们比较容易在牲畜身上看到这样的情形。没有人怀疑，由于缺乏营养，一切生命物的身体都会变瘦。"

"变瘦并不意味着变小，"利凯提乌斯说。

"这对我想要讨论的目标来说已经足够，"我说，"因为我们的问题是，食物是否与身体相关。它确实与身体相关，因为如果没有食物，身体就变瘦。"

对此大家都没有异议。

灵魂需要（eget）知识和德性。

8. "灵魂怎样呢？"我问。"难道没有专门的灵魂之食吗？或者你们认为知识就是它的营养？"

"显而易见，"我们的母亲说，"我认为灵魂就是从领会、认识事物中获得营养的。"

看特里盖提乌斯对她的话有疑惑，她问道："你自己今天岂不表明了灵魂从何物、从哪里找到营养？因为你自己说，早餐用了一部分之后你才注意到我们在使用哪个碗，因为你一直在想别的我们不知道的事情，尽管你自己也拿了那道食物，并吃了它。那么当你没有注意到自己在吃什么时，你的心在哪里呢？相信我，灵魂正是从那里、通过那样的食物获得营养，即它的关注（curis）和思考（cogitationibus），只要它能从中攫取知识。"

大家对此议论纷纷，于是我问："你们不认为智慧人的灵魂，从源头来看，比无知者的灵魂要丰富而伟大得多吗？"

"这是显而易见的，"他们回答。

"那么我们说得没错，没有受过专门训练、不曾接受博雅教育（nihil bonarum artium）的人，可以说，他们的灵魂饥饿难耐。"

特里盖提乌斯说："我认为他们的灵魂也是满的，只是充满的是缺点（vitiis）和无价值（nequitia）。"

"请相信，"我说，"确实存在某种灵魂的贫瘠，如同饥馑。如同身体缺乏营养就会生出很多疾病、变得粗陋不堪，身体的疾病表明身体的饥饿；同样，灵魂缺乏营养也充满疾病，暴露出它们的贫乏。因此，根据古人①，nequitia［无价值］——众恶之母——这个词源于 nequicquam，也就是源于虚无。与这种恶相对的美德则被称为 frugalitas［节制、贤智、淡泊］，因为就如 frugalitas 这个词由 flux［果实］，即 fructus［享有］而来，出于灵魂的某种丰富，同样，nequitia［无价值］以这种贫乏，即 nihil［虚无］得名。一切变动不居的、消失的、消融的、不断败坏的［perit］，就是虚无②。因此，我们认为，这样的人是失丧者［perditi］。

"但是一物若留存，稳定站立，并且始终保持同一，那就拥有真正的是，例如德性③。德性中更大更美的部分称为 temperantia［自制］和 frugalitas［节制］。

"虽然这些话可能太过晦涩，你们目前还难以理解，但你们必会同意，当无知者的灵魂充满时，就如身体一样，有两类食物供应，一类是

---

① 关于 nequitia 和 frugalitas 的词源，见西塞罗 *Tusculan Disputations* 3.8.18.

② 这里为奥古斯丁的实在概念确立基础，这一概念源于柏拉图的观点：理念世界是感觉世界的原理。亦参 Dr. Wilhelm Schulten, *Augustinus Lehre von summe esse und esse creatum*（1935）．

③ 这是西塞罗的德性概念，结合了柏拉图和斯多亚的元素。奥古斯丁在《独语录》（1.6.13）说："德性是正确或者完全的理性……这是真正完全的德性，理性实现了最终目标之后就开始一种幸福生活。"另外地方（《论上帝之城》15.22），他简洁地把德性定义为"爱的秩序"。因为奥古斯丁将秩序等同于理性，当人根据神圣律法的命令以理性实施行为，这样的行为就是有道德的。

合乎健康的，有益的；一类是不利健康的，有害的。"①

不健康的人不欲求。

9. 为此，我想在我生日的时候我应当提供更丰富的食物，不仅为我们的身体，也为我们的灵魂，因为我们一致认为人由身体和灵魂两者组成。如果你们渴求，我会揭示这种食物的性质。因为如果你们不愿意，我努力喂给你们的食物不合你们的口胃，那我的工作就是徒劳的，我就得更加恒切地祷告说，但愿你们更多地欲求这些食物，而不是欲求身体的食物。如果你们的灵魂健康，就会这样欲求，因为生病的灵魂拒斥食物，把吃进去的食物吐出来，就如生病的身体那样。

他们都露出赞同的表情，也声称同意，说，不论我准备了什么食物，他们都愿意接受和食用。

我们愿意所有人幸福。

10. 然后我又说："我们都希望幸福，不是吗？"②

我话音刚落，他们就异口同声表示赞同。

我问："在你们看来，一个不拥有自己想要的东西的人，会是幸福的吗？"

他们说："不可能。"

"那怎样？凡是拥有自己想要的东西的，就是幸福的吗？"

对此我们的母亲说："如果他想要并拥有好的东西，他是幸福的；如果他想要坏的东西——不论他是否拥有它们——他就是不幸的。"

---

① 奥古斯丁这里从物理学进到形而上学，再到道德领域。

② 这个问题直接依据西塞罗的《荷尔顿西乌斯》。奥古斯丁在《论三位一体》里重论这个主题。波爱修（Boethius，480—525）在《论哲学的慰藉》（*De consolatione philosophiae*, 3. pr. 2 ff.）里讨论了同一个问题。

我笑了，很高兴地对她说："母亲，你真的已经征服了哲学的堡垒①。只是你没有像图利乌斯那种用专门术语来表达，他也讨论了这个问题。他的《荷尔顿西乌斯》是为赞美和捍卫哲学而写的，他在书中说：'看哪，有人说：凡是按自己的意愿生活的人就是幸福的，说这话的人其实不是哲学家，而是喜欢争论的人。这话当然不对，因为想要不适当的东西是最大的不幸。与想要得到不适当的东西相比，没有得到我们想要的东西并不那么可悲。因为由人的邪恶意志②引发的恶比由时运带来的好更大。'"③

听到这段话我们的母亲大声喝彩，以致我们都完全忘了她的性别，以为坐在我们中间的是一位伟大的男性，同时我也进一步明白了这种思想是从哪里、从何种神圣④源泉产生的。

然后利凯提乌斯大声说："你必须告诉我们，一个人要获得幸福得希望什么，他必须欲求什么。"

我说："当你生日时邀请我去吧，无论你提供什么，我都会欣然接受的。今天也请你这样做我的客人，不能要求可能没有准备好的东西。"

他对自己提出的要求感到抱歉，其实那不算过分，也并非不合时宜。我问："我们现在是否都同意，不拥有自己想要的东西，谁也不可能幸福，但并非凡是拥有自己想要的东西的，都幸福？"

他们全都表示赞同。

不能拥有自己想要的，就不是幸福的。

11. 我问："那么，你们是否同意凡是没有得到幸福的人就是不

① "哲学的堡垒"，《独语录》1.10.17 也使用了这个术语，表明哲学是一个堡垒，要通过战斗才能赢得并守住这个堡垒。

② 意志的重要性。

③ 同样的引文可见于《论三位一体》13.5.8.

④ 奥古斯丁《论秩序》里谈到他母亲有一种神圣"火焰"。

幸的？"

他们都没有疑义。

我接着说："凡不拥有自己想要的，就不幸福，是吗？"

大家表示同意。

"但是人要获得幸福应该准备什么呢？"我问，"或许这也是我们要提上宴席的问题，免得忽视了利凯提乌斯的渴望①。在我看来，人所拥有的，应当是在他想要的时候获得。"

"显然如此，"他们说。

我说："它必是某种始终留存的事物，既不依赖于时运，也不受制于任何不幸。而一切可朽的、暂时的东西，我们不可能什么时候想要，就能什么时候拥有，想要拥有多久，就能拥有多久。"②

大家都没异议。

但是特里盖乌斯说："许多幸运儿拥有大量属世之物，它们虽然容易破损、不能免于灾祸，但为今生的属世生活提供了乐趣。他们想要的东西一样也不缺。"

我回答他说："你认为一个有惧怕的人会幸福吗？"

"应该不会，"他说。

"如果有人可能失去他所钟爱的东西，他会毫无惧怕吗？"

"不可能，"他说。

"所有那些偶然的东西都可能失去。所以，拥有并钟爱这些东西的人不可能永远幸福。"③

他没有反驳这一点。

不过，对此我们的母亲说："即使某人确定他不会失去所有那些事物，他仍然不可能满足于已经拥有的东西。因此，他是不幸的，因为他

---

① 参上面利凯提乌斯提出这个问题的地方。

② 奥古斯丁这里重申已经在 2.8 提到的 "是" 论。

③ 见波爱修《哲学的慰藉》3. pr. 2 里同一思想。

始终处在缺乏之中。"①

"那么，这个充沛地拥有大量这类事物的人，如果他节制自己的欲望，知足而愉快地享有它们，那在你看来，他是否就幸福呢？"我问。

"如果是这样，"她回答说，"那他之所以幸福并不在于他拥有这些事物，而在于他心里的节制和适度。"②

"说得太好了，"我说，"对我的问题不可能有比这更好的回答了，也不应该有另外的回答了。因此，我们毫不怀疑地认为，人若是决定要成为幸福的人，就必须为自己获得那始终存续、不可能被任何重大灾难夺走的东西。"

特里盖提乌斯说："我们已经同意这一点。"

"你们是否认为上帝是永恒的、始终存续的？"我问。

"当然，这是完全确定的，"利凯提乌斯说，"所以这个问题根本不需要问。"其他人都心怀敬虔地附和。

"因此，"我总结说，"凡拥有上帝的人就是幸福的。"

各位客人的观点是什么。

12. 他们欣然接受这一点，于是我接着说："因此在我看来，我们只要探讨什么样的人真正拥有上帝就行了，因为这样的人必然是幸福的。现在我请教你们对这个问题的看法。"

利凯提乌斯说："过正直生活的人拥有上帝。"

特里盖提乌斯接着说："按上帝的意愿行事的人拥有上帝。"③

拉斯提底阿努斯也同意这种观点。

---

① 最后说话的总是母亲。

② 斯多亚主义伦理学的一个著名原则。

③ 如果我们把上帝作为出发点，从逻辑上说，特里盖提乌斯应该第一个回答。在 3.17 纠正了顺序。对奥古斯丁的历史哲学来说，重要的或许是，特里盖提乌斯这位历史学家提供的答案表明，历史不过是按照上帝的意志在创世中展开的过程。

不过，众人中最年轻的少年说①： "拥有清洁之灵（spiritum immundum non）的人拥有上帝。"②

我们的母亲赞同所有回答，尤其是最后一个。

拿威基乌斯一直沉默不语。我问他有什么想法，他说更倾向于最后一个回答。

然后我问卢斯提库斯的意见，免得在这样一个重要问题上把他给冷落了，因为在我看来，他不说话与其说是深思熟虑，不如说是因为害羞。他同意特里盖提乌斯的观点。

探讨要有度（modum）。

13. 然后我说："现在我知道了大家在这个最重要问题上的观点。除了这个问题外，我们没有必要再讨论别的问题，也不可能找到别的问题，我们所要做的就是，一如开始那样，继续认真而严肃地探讨这个问题。不过，今天探讨这个问题会太过冗长；要知道，灵魂如果在进食时贪婪吞食，超过尺度，也会吃得过多——这样，它就会消化不良，以致不适，这对灵魂健康的危害一点不逊色于饥饿本身。因此，如果你们不反对，我们最好等到明天感到饥饿时再讨论这个问题。现在，你们的东道主——我突然想到一道食物要供应给你们，请你们尽情品尝。如果我没有说错，它就如同通常在最后才送上的甜点，可以说，这是用学术之蜂蜜酿造、调制而成的。"

这番话刚说完，他们就表现出极大的渴望，就如同渴望一道菜，敦促我马上告诉他们这是什么。

---

① 利凯提乌斯作为诗人对生命感兴趣，而少年人阿得奥达多斯因清洁之心这个朝气蓬勃的理想而激动。

② 参《马太福音》五章 8 节。

"你们不认为我们与学园派争论的问题已经完全结束了吗？"我问①。

一提到这个名字，知情的三位迅速直起身子，就像惯常那样，伸手帮助主人招待客人；他们颇为急切地指出，没有比听到这些话更令他们高兴的了。

找不到真理的学园派没有幸福。

14. 于是我提出如下问题，说："既然就如我们的推理刚刚证明的，显然，一个人若不拥有自己想要的，就不是幸福的；但没有人努力寻找他不希望找到的东西，而这些人［学园派］一直努力寻求真理，所以他们非常希望能找到真理，而且希望拥有找到真理的能力。但是他们没有找到。由此可以推出，他们不拥有他们想要的东西，因此他们不可能幸福。而人若不幸福，就不可能有智慧，因此，学园派的人没有智慧。"②

于是大家一声惊叹，似乎吃到了完整的一口美食。

但利凯提乌斯听得更为专注和仔细，他表示不敢认同，说："我与你们一起享用了那道点心，因为这个结论令我惊叹。但从现在开始，我不会吞噬任何东西，我要将我那份留给阿利比乌斯（Alypius）③。他或

---

① 奥古斯丁想到《驳学园派》第一卷里的谈话，该卷写于《论幸福生活》之前。由于在奥古斯丁看来，智慧与幸福是一致的，所以他若不摆脱学园派就不可能确立真理。

② 奥古斯丁推出，学园派的理论把自己引向毁灭，因为他们寻求真理，但他们不可能找到真理，而没有真理就不可能会有幸福和智慧。因此，怀疑论是立不脚的，因为它不可能满足内在的人对真理和幸福的渴望。

③ 根据《驳学园派》1.3.8，阿利比乌斯去了米兰。《论秩序》2.1.1提及他回到了卡西西阿库。阿利比乌斯也出生于塔加斯特（Tagaste），比奥古斯丁小。他的父母属于自由城邑（municipium）的最高阶层。他与奥古斯丁的资助人罗马尼阿努斯是亲戚，因而也与利凯提乌斯是亲戚。阿利比乌斯从孩提时起就与奥古斯丁成为亲密朋友，因此奥古斯丁称他为"他心里的兄弟"（《忏悔录》9.4.7）。他是奥古斯丁在迦太基的世俗朋友，与他一起去罗马学法律。与奥古斯丁一样，他也曾信奉摩尼教，陪伴奥古斯丁从罗马到米兰。他住在米兰时皈依，与奥古斯丁一同受洗。担任塔加斯特主教期间去世。

者会与我一同品尝它，或者会告诫我为何不能去碰它。"

我补充说："拿威基乌斯因为有脾脏病，对甜食也应当小心一点。"

对此他笑着回答说："这样的东西正好可以医治我。你放在我们面前的这道食物，虽然带点刺，但精致，甜得腻人——就如那著名作家说的海美塔斯（Hymettic，Hymettus）蜜①——并没有撑大我的胃。因此尝了一口之后，我就高兴地把它全吃了。因为我看不出有什么方式能反驳这一结论。"

"它确实无法反驳，"特里盖提乌斯附和说。"因此我真的很高兴曾经带着某种敌意与他们［学园派］相处了一段时间。出于某种原因——或许出于某种本能反应，或者更准确一点说，出于上帝的恩典——尽管我当时不知道怎样反驳他们，但我完全反对他们的观点。"

奥古斯丁表达观点，利凯提乌斯提出争辩。

15. 这时利凯提乌斯②开口说道："我还不会放弃它们。"

"那么你是否不同意我们的观点？"特里盖提乌斯问。

"那么你和其他人是否不同意阿利比乌斯的观点？"他回答。

然后我对他说："毫无疑问，如果阿利比乌斯在这里，也会同意这个结论（ratiuncula）③。因为他不会主张这样荒谬的观点，认为不拥有如此可贵的灵魂财富——他曾那么热烈地想要拥有的财富——的人会是幸福的，或者认为这些人不愿意去寻找真理，或者认为不幸福的人还会有智慧。你们害怕品尝的食物就是由这三者构成，就如同蜂蜜、面食、

---

① "著名作家"显然是指西塞罗，他在《荷尔顿西乌斯》里提到这种蜜味道很好（其名称源于雅典附近的海美塔斯山）。诺尼乌斯（Nonius）引用这段话，并把它归于《荷尔顿西乌斯》。拿威基乌斯用来描绘提到的理智甜品的这个短语也出于西塞罗（*Academica* 2.24.75），西塞罗将它用于一些诡辩论证。

② 无论在《驳学园派》，还是在《论秩序》里，利凯提乌斯都支持学园派。

③ "Ratiuncula"（小推论），普劳图斯（Plautus）使用，在西塞罗的 *Tusc. Disp.* 2.12.29 指斯多亚主义的一种短小、不重要的三段论。

坚果这三种成分。"

他回答说:"难道阿利比乌斯会屈从于这种小小的对孩子的诱惑,而放弃学园派的丰富理论?它就如同洪流,我不知道我们这简单的论证是被它吞没,还是被它甩到后面。"

我说:"我们似乎在寻找某种冗长的话题,还专门反对阿利比乌斯。其实他本人会大张旗鼓地从他自己的身体令人满意地证明,那些小小的成分很有用,能使人精力充沛。但你既然选择这位不在场者为权威,那么请问,这些结论有哪个是你不赞同的?一个人若不拥有自己想要的就不幸福,你不认同吗?或者你否认他们〔学园派〕想要找到真理,尽管他们那样热切地追求?或者你相信一个智慧人是不幸福的?"

他似乎被惹恼了,有点干笑着说:"一个人不拥有自己想要的当然是幸福的。"

当我吩咐把这话记下来时,他叫道:"我没说过那样的话!"

我再次点头表示这话也应当记下来,他马上说:"没错,我说了。"

我一开始就明确规定①要把每一句话都记载下来。于是就让我们这位年轻人处于犹豫与坚守之间,有些不知所措。

莫尼卡称他们为癫痫症患者。

16. 当我们用这样的玩笑话请他吃自己那小小的一份时,我发现其他人——不知道我们这样愉快地在讨论什么,但很想知道——看着我们,没有一丝笑容。在我看来,他们就像那些在宴席上经常可以看到的人,当他们与贪得无厌、欲壑难填的客人一同坐席时,总是因为斯文礼节,或者因为不好意思,就克制自己的食欲,只看不吃。

---

① 这里奥古斯丁用了"praeceperam"〔praecipio(警告、吩咐)的过去完成时态〕这个词,把自己描述为讨论中的引导者,如同柏拉图对话中的苏格拉底。

　　由于是我发出的邀请——而你①曾经教导该如何扮演一个伟人的角色（更确切地说，就是真正的人），如何在这样的宴席上尽主人的本分——所以看到我们餐桌上出现不均衡和分歧，令我苦恼。我笑着看我母亲。她很乐意拿出自己的食物补给其他人的不足，她说："请告诉我们这些学园派成员是什么人，他们想要达到什么目标。"

　　我作了简洁而足够清晰的解释，保证在场的所有人在离开时对它有所了解；然后她②宣称："这些人是癫痫症患者（caducarii）。"（这个术语通常用来指那些患有"精神错乱病"的人。）同时她站起身来，走了。我们其他人也结束了讨论，高兴地笑着离开了③。

第三章　拥有上帝就是拥有幸福生活（17—22）

回顾前面的讨论。

　　17. 第二天我们同一拨人在同一个地方再次聚会，只是比前一次迟了些。我说："你们赴宴来迟了。我想这不是因为你们吃得太撑了，而是因为你们预料今天的菜色不多。所以，你们很安心，认为没有必要太早开始，自信很快就能用完餐。当然，有理由相信剩下的菜不多了，因为甚至在宴席那天，也只是提供了少量的食物。也许这是对的。不过，和你们一样，我本人也不知道为你们准备了什么东西。

　　事实上，确实有某一位持续为众人供应所有食物，尤其是这样的食物。只是我们一般都不吃，或者因为肠胃虚弱，或者因为过于饱足，或

---

　　① 虽然有点突然，但奥古斯丁这里显然又转而对塞奥多若说话。Maurists（PL 32 967 n. 2）的一个观点支持这样的理解。Brown 的解释（并非完全可靠）认为这里的主语是莫尼卡。这段拉丁文本身并未清楚表明究竟指谁。

　　② 这里，就如 2.9 结尾，莫尼卡是最后发言者。

　　③ 这里结束了始于 2.14 插入的关于学园派的讨论。

者因为忙于事务。要不是我弄错了，他就是我们昨天全都敬虔而坚定地认同的那位——就是通过持续临在于人，使人幸福的上帝。因为先是我们的理性表明，拥有上帝的人是幸福的，而且你们谁也不反对这样的结论，然后提出这样的问题：在你们看来，谁拥有上帝。

如果我记得没错，对这个问题我们表达了三种观点。第一种认为按上帝的意愿行事就是拥有上帝。第二种认为过正直生活的人拥有上帝，还有一种认为上帝存在于那些清心（拥有清洁之灵）的人里面。"

不同措辞的讨论表达了同一观点。

18. "不过，也许你们大家都表达了同一个观点，只是用了不同的措辞。因为如果我们思考一下前两句话——凡是行为正直的人都在行上帝所意愿的事，凡是行上帝所意愿的事的，都行为正直——我们发现，过正直的生活与行上帝所乐意的事，这两者是等同的，除非你们有另外的看法。"

他们都表示同意。

"然而，对第三种观点应当作更进一步的思考，因为根据最纯洁奥秘的仪式，就我所知，通常有两种不同方式谈到不洁净的灵。一种是指从外面侵入灵魂的邪灵，它干扰感官，使人陷入某种疯狂；要驱除它，据说要由我们那些掌管者施加影响或者施法驱魔，也就是说这些人借着向上帝祷告要求它离开，把它赶出去①。另一种不洁净的灵是指所有不纯洁的灵魂，即因恶和罪受了玷污的灵魂。

因此我问你，孩子，你本着比较清洁而宁静的灵提出这个观点，请问：在你看来谁拥有清洁的灵？是不拥有鬼魔——通常使人狂怒——的人，还是在灵魂里洁净了所有恶和罪的人？"

---

① 大公教会的洗礼仪式。

他回答说："我想生活贞洁的人就拥有清洁的灵。"

"什么样的人你称为贞洁呢？"我问，"是没有犯任何罪的人，还是仅仅避免不当性交的人？"

他说："一个人仅仅禁止非法性交，而不拒斥其他罪所带来的对灵魂的持续玷污，那怎么可能是贞洁的呢？真正贞洁的人心里恪守上帝，完全献身于上帝。"

我很高兴把孩子的话一字不漏地记载下来，然后说："这样的人当然是行为端正的，凡是行为端正的人必然就是这样的人。你们有不同意见吗？"

他表示同意，其他人也没意见。

"这样说来，我们表达了完全一致的观点，"我说。

如果寻求上帝就是生活幸福。

19. "现在我想很简洁地问你们：上帝是否希望人去寻求他？"

他们说："是的。"

我再问："我们能否说寻求上帝的人过着败坏的生活？"

"绝不能，"他们回答。

"再回答我第三个问题：一个不洁净的灵能够寻求上帝么？"

他们说："不能。"拿威盖乌斯开始还有点疑惑，但最后也同意其他人的看法。

我说："既然寻求上帝的人顺服上帝的意志，那么他既过着公义的生活，也没有不洁净的灵。但是另一方面，寻求上帝的人还没有找到上帝。所以我们不能直接说：凡是过着正直生活的，或者行上帝所意愿的，或者没有不洁净之灵的，就拥有上帝。"

大家都笑了，原来他们被自己承认的观点误导了。但我们的母亲惊愕了一会儿之后，要求我解释，为她解开这个我不得不提出的逻辑之结。

我解释了之后,她说:"但是若不先寻求①上帝,没有人能够拥有上帝。"

"没错,"我回答说。"但是仍然在寻求的人显然还没有获得上帝,尽管他过着正直的生活。因此,并非所有过良善生活的人都拥有上帝。"

然后她说:"我相信每个人都拥有上帝,只不过如果他生活正直,他拥有的上帝就眷顾他、护佑(propitius)他,如果生活不当,拥有的上帝就与他为敌,让他不得安宁。"

"那么,"我说,"我们昨天②一致同意的观点,即拥有上帝的人是幸福的,是不对的,因为每个人都拥有上帝,但并非每个人都幸福。"

"因此,要加上'护佑'这个词,"她说。

拿威基乌斯反驳:学园派的智慧者寻求上帝。

20. "至少我们可以确定一个论点:拥有护佑他的上帝的人是幸福的。是这样吗?"我问。

"我很愿意同意,"拿威基乌斯说,"但是我对仍然在寻求上帝的人有点担心,尤其因为你可能由此得出结论:学园派的人是幸福的,我们在昨天的讨论中还称这些人——用通俗而粗卑的拉丁语,但用得非常巧妙,至少在我看来是如此——是患了癫痫病的人呢③。

因为我不可能说上帝对寻求他的人不利;既然这样说不恰当,那么他必是有利的。因此,寻求的人是幸福的,尽管并非每个寻求的人都拥有所寻求的对象。

因此,不拥有所欲求的,也是幸福的。这个结论昨天在我们大家看

---

① 从顺序来说,要发现,先要寻求,就如要开门,先要敲门。
② 参 2.10.
③ 参 2.16.

来是荒谬的，由此我们还以为已经消除了学园派含糊不清的教义呢[1]。看来，利凯提乌斯将胜过我们。他就像一位谨慎的医生，告诫我这是对我不顾身体健康随意接受美食的惩罚。"

寻求并拥有仁慈上帝的人拥有幸福生活。

21. 看到连我们的母亲也笑纳这一点，特里盖提乌斯说："我不会马上承认这样的说法：上帝并不恩待的人，上帝就与他为敌。我相信有一种中间状态。"

于是我问他："你是否相信这样一个人，上帝既不助佑他，也不反对他，却仍然以某种方式拥有上帝？"

看他有点犹豫，我们的母亲就说："拥有上帝与并非完全没有上帝，这是完全不同的两件事。"

"那么哪一件更好呢？"我问，"是拥有上帝，还是并非没有上帝？"

"按我的理解，"她说，"我的观点是：生活正直的人拥有上帝，即上帝护佑他；生活败坏的人也拥有上帝，只是上帝与他为敌。而仍在寻求上帝，还没有找到上帝的人，拥有的上帝既不护佑他，也不与他为敌，这样的人就可以说并非完全没有上帝。"

"这也是你们的观点吗？"我问其他人。

他们说："是的。"

"烦请告诉我，"我催促说，"在你们看来，上帝对他所喜爱的人不是更眷顾么？"

他们承认确实如此。

我再问："上帝对寻求他的人难道不也护佑吗？"

"没错，"他们回答。

"这样，凡是寻求上帝的，拥有眷顾他的上帝。而凡是拥有眷顾他

---

① 参 2.13—16.

的上帝的，就是幸福的。由此也可以说，寻求上帝的人是幸福的。但是，凡是正在寻求的，就还不拥有他想要拥有的。所以，不拥有想要拥有的，是幸福的。"

我们的母亲说："在我看来，不拥有他想要的，不可能是幸福的。"

"那么，"我说，"并非凡是拥有眷顾他的上帝的人都是幸福的。"

"如果这是推理得出的结论，我没法否认。"她说。

于是我说："因此我们必须作出如下区分：已经发现上帝并拥有护佑他的上帝的，是幸福的；而正在寻求上帝的虽然拥有护佑他的上帝，却还不是幸福的。当然，凡是由于恶和罪，偏离上帝的，不仅不是幸福的，甚至不能得到上帝的恩惠。"①

如果还在寻求上帝的人就是有缺乏的，那他是不幸的。

22. 这一点得到了大家的认同之后，我接着说："很好。我只担心你们会对根据前面认同的一个结论推出的观点感到气恼；这个结论就是：不幸福的人是可怜的（miserum，不幸的），那么按照逻辑可以推出，[拥有护佑他的上帝的]人是可怜的（不幸的），[因为如我们前面所说，他仍在寻求上帝，因而还不是幸福的。]② 或者我们是否应当像图利乌斯那样，把拥有大量地产的人称为富人，而拥有各种美德的人称为穷人③？但请思考，是否正如每个有缺乏的人是不幸的，同样，每个不幸的人都是缺乏的。如果是这样，就可以正确地说，不幸就是穷乏，这样论断，如你们所听到的，我表示赞同。

然而，今天若要探讨这个问题会花太长时间④，为了避免让你们感

① 奥古斯丁简洁地概括了讨论的结论。

② 从手稿的情况看，原本在这里有个论误（参 Schmaus ad loc.），很可能是奥古斯丁在《订正录》1.2 提到的一处空白。我们在括号里加了 Maurist 编辑所采纳的文本的译文。

③ 出自西塞罗《荷尔顿西乌斯》（参 Usener, *Gottingische Gelehrten Anzeigen* [1892] 381）。关于其含义，参西塞罗 *Paradoxa* 6.2.48.

④ 奥古斯丁在他的教育学中表现出一种巧妙的心理学进路。

到厌腻，我请求你们明天再来享用这样的会餐。"

大家表示非常乐意遵从我的要求。然后我们起身离开。

第四章　幸福生活在于完满（plenitudine）和尺度（modo）（23—36）

什么是缺乏（egestas）。

23. 我们讨论的第三天，晨雾缭绕，我们只能留在浴区。但到了下午，雾霭散去，阳光明媚，于是我们决定下到附近的小草坪。我们各自选了看起来舒适的地方坐定之后，余下的讨论展开如下。

我先说："我问你们、希望你们都能同意的所有观点，我自己基本上都接受并坚持。因此我想——既然经过几天的间隔我们最终能够识别我们的会餐——你们今天不必给我任何答案，或者至少不必提供许多答案。我们的母亲已经说了，不幸不是别的，就是贫乏，我们也同意所有缺乏的人都是不幸的。不过，是否所有不幸的人都是缺乏的，这个问题我们昨天没有解释。

如果理性表明确实如此，那么'谁是幸福的'这个问题就迎刃而解了：他必然是不缺乏的人。因为凡不是不幸的人就是幸福的。因此如果我们必须认为缺乏〔egestas〕等同于不幸〔miseria〕，那么毫无缺乏的人就是幸福的。"

不缺乏的人并不必然就是幸福的……

24. 特里盖提乌斯问："凡不缺乏的人就是幸福的，这一结论岂不是可以从明显的事实，即有缺乏的人是不幸的，推导出来？我记得我们已经同意不幸与幸福之间没有中间状态①。"

———————

① 参 2.11.

"在你看来，死人与活人之间是否有中间状态？"我问，"人难道不是活着就是死了？"

"我承认这里也没有中间状态，"他回答，"但是这要说明什么呢？"

我接着说："因为我相信你也会同意，一个已经埋了一年的人是死人。"

他没有否认。

"那么是否可以由此推出，一个不曾埋葬一年的人就仍然活着？"

"不能推出，"他说。

"因此，"我接着说，"从每个有缺乏的人是不幸的这个前提不能推出：每个不缺乏的人就是幸福的，尽管无论如何不幸与幸福之间找不到中间状态，就如活人和死人之间没有中间状态一样。"

幸福生活在于灵魂。

25. 因为他们中有些人难以一下子理解这一点，我就尽我所能，用他们能理解的语言启发他们。我说："没有人怀疑，凡是有缺乏的人都是不幸的，但我们并不因某些东西是身体必需的，甚至是智慧者的身体必需的而气馁。幸福生活在于灵魂①，而灵魂不缺乏这些东西。因为灵魂本身是完全的；凡是完全的，就不缺乏任何东西。然而，对于身体所需要的东西，如果这东西是可得的，它会接受；如果不可得，这种缺乏也不会伤害它。

每个有智慧的人都是强大的，强大的人无所畏惧。因此，有智慧的人不害怕身体的死亡，也不害怕那些痛苦——要排除、避免或者拖延这些痛苦，他就需要所有那些他完全可能缺乏的事物。

---

① 奥古斯丁纠正这个论断（*Retract.* 1.2），说："我认为，在今生此世，幸福生活只存在于智慧人的心灵里（不论身体的状况如何），而关于上帝的完全知识，也就是人所能获得的最高知识，在使徒看来，要盼望来生拥有。只有那样的生命才配称为幸福，因为在那种生命中，甚至不朽、不灭的身体也顺服于它的灵，再没有任何争战、任何烦恼。"

　　然而，只要他拥有那些事物，他总能善用它们。有谚语说，'接受你能避免的东西是愚蠢的'①，这话着实不错。因此，只要有可能，并且做起来很得体，他必会尽力避开死亡和痛苦。否则，如果完全不采取预防措施，那他可能变得不幸，不是因为这些事发生在他身上，而是因为当他完全可以避免的时候，却没有小心避开——这当然就是愚蠢的证明②。所以，他没有避开它们，成了不幸者；但他成为不幸者不是由于忍受它们，而是由于愚蠢。

　　如果他尽了最真诚、最可敬的努力，仍然不能避免那些事发生，那么它们不会使他成为不幸的。以下这句喜剧格言同样说得一点没错：'既然并非凡你希望的都能成就，那就只希望你能成的。'③

　　凡是与他意愿相反的事，没有一样发生，这样的人怎么会是不幸的呢？因为对于他确信不可能实现的事，他不可能抱任何希望。因此他只把希望确立在非常确定的事上；也就是说，不论他做什么，他都按照美德的原则以及智慧的神圣法则行事④，而这些原则和法则绝不可能从他身上剥夺。"

另一方面，有缺乏的人因缺乏智慧是不幸的。

　　26. "现在请思考，是否每个不幸的人都是缺乏的。承认这一点相当困难，因为许多人生活在时运带来的丰富恩赐之中，对他们来说，一切都那么轻松愉悦；不论他们欲求什么，一举手就应有尽有。当然，这样的一种生活是不容易实现的。

　　但是我们不妨设想一下像图利乌斯所描绘的奥拉塔（Orata）这样

---

① 奥古斯丁似乎根据记忆引用，想到 Terence, *Eunuch*. 4. 6. 23.
② 奥古斯丁对生活采取有益健康的实用主义观点。
③ Terence, *Andria*, Act. Ⅱ. Scene 1.
④ 美德就是遵循上帝的意志。

的人。① 他拥有大量财富、奢侈品、享乐之物，凡是与快乐、权威、荣誉有关的事物，他一样不缺，而且拥有完美的身体和强健的体魄，对这样的人，谁会唐突地说他受缺乏困扰呢？肥沃的田产一望无垠，高雅的朋友谈笑风生，这是何等福气！凡是他心里想要的东西，他都充充沛沛地拥有，并且所有这些都完全有益于他的身体健康。简言之，他的所有设想，他的每个意愿，最终都圆满实现。

或许你们有人会说，此人想要比他实际拥有的更多。但是对此我们不知道。就我们的目标来说，只要假设他的欲求并不过于他已经拥有的东西就够了。那么你们是否认为他有缺乏呢？"

利凯提乌斯回答："即使我承认他不欲求更多的东西——对一个并不富有智慧的人，很难相信能做到这一点——可以相信，他必然害怕突遭厄运，失去所拥有的一切，因为如上所说，他是个很聪明的人。不难理解，所有这些东西，不论多么了不起，都是可变的。"

听到这话我笑着说："利凯提乌斯，你看，这个人有出色的思维，这是命运特别的恩惠，却妨碍他享有幸福生活。他的思维越是敏锐，他就越是深刻地认识到他所拥有的一切都属偶然。因此他被恐惧压倒，一句普通的谚语就足以表达这样的意思：没有信仰的人因自己的不幸而变得精明。"

因此愚蠢（stultitia）是最大的缺乏……

27. 他和其他人都笑了，然后我说："让我们更仔细地思考一下，他〔奥拉塔〕虽然充满恐惧，但他并不缺乏，由此我们的问题就产生

---

① 奥拉塔（C. Sergius Orata），一个富有的美食家，与西塞罗同时代，西塞罗在 *De officiis* 2.16 提到他的地产。由于诺尼乌斯从《荷尔顿西乌斯》（Cicero frag. F. V. 76 Mueller）引用了一个短语，虽然没有提到奥拉塔，但这个短语似乎出于 Valerius Maximus（9.1.1）描绘奥拉塔如何用豪华餐具布置他的海鲜大餐的段落，所以奥古斯丁引用奥拉塔这个显著例子可能还是在模仿《荷尔顿西乌斯》。不过，他在其他地方似乎没有再提奥拉塔。

了。因为缺乏就意味着不拥有，不拥有就不担心失去所拥有的东西。他不幸是因为恐惧，不是因为缺乏。所以，并非所有不幸的人都是缺乏的人。"

　　我前面一直在捍卫母亲的观点①，这里她也与其他人一起赞同这一点。但她仍然有点疑惑，说："我还不是很理解，为何不幸可以与缺乏分离，缺乏可以与不幸分离。尽管他拥有很多财富，大量地产，并且按你自己的叙述，也不欲求更多的东西，但他仍然缺乏智慧，因为他有恐惧，担心失去这些东西。难道只有当他没有银子和金钱时，我们才说他有缺乏，而当他没有智慧时，我们却不说他有缺乏吗？"

　　听了这话大家赞叹不已，我自己也满心欢喜，因为正是她说出了那个我从哲学家的著作中悟出的真理，我原本打算在总结陈词中隆重推出的。我说："现在你们是否都明白了，众多不同的理论与一个献身于上帝的灵魂之间存在多大的分别②？从别的源泉哪里能涌现出这些让我们敬佩不已的话语？"

　　利凯提乌斯惊喜地叫道："一点没错，不可能说出比之更有理或更神圣的话语了。因为没有比缺乏智慧更大、更可怜的缺乏了。凡是不缺乏智慧的，不可能缺乏任何东西。"

智慧是幸福生活，愚蠢是不幸。

　　28. "所以，灵魂的缺乏不是别的，就是愚蠢，"我说。"它是智慧的对立面，就如死亡是生命的对立面，幸福生活是不幸生活的对立面一样，就是说，没有中间状态。正如一个人不幸福，那就是不幸的；任何一个人不是死的，就是活的。同样，每个人不是愚蠢的，就是有智

---

　　①　就是"不幸的人是有缺乏的"这一观点。
　　②　母亲的"预知"（divinatio）。她是上帝的孩子。（奥古斯丁《论秩序》2.1.1 赞美莫尼卡的天资和照亮她心灵的神圣启示。他说：我们的母亲，我已经觉察到她的敏锐以及对神圣事物炽热的欲求……）

慧的。

"由此我们可以正确地总结说，奥拉塔是不幸的，不只是因为他害怕失去那些时运的恩赐，而且因为他没有智慧。当然，如果他对那些他视为好的不稳定的可变之物完全没有担心，那他就会更加不幸。因为果真如此，他似乎得到一种额外的保障，不是通过勇气保持警觉，而是让心智昏睡以消除担忧，这是更大的愚蠢，必将使他陷入更深的不幸。因此，如果凡是缺乏智慧的人就遭受大缺乏，而拥有智慧的人无所缺乏，那么可以说，愚蠢就是缺乏。正如每个愚蠢的人是不幸的，所以每个不幸的人是愚蠢的。因此显然，正如一切缺乏被证明是不幸，同样，一切不幸被表明就是缺乏。"[1]

愚蠢这个词表示不拥有。

29. 特里盖提乌基说，他还没有完全理解这个结论，于是我问："通过逻辑推论我们得到了什么共识？"

"一个不拥有智慧的人就是拥有缺乏，"他说。

"那么拥有缺乏是什么意思呢？"我问。

"就是不拥有智慧，"他说。

"那么不拥有智慧又是什么意思呢？"我问。

他没说，我接着说："难道不就是拥有愚蠢吗？"

"是的，"他回答。

"所以，拥有缺乏不是别的，就是拥有愚蠢，"我说，"因此，'缺乏'必然就是表示'愚蠢'的另一个词，尽管我无法解释我们为何说：'他有缺乏，或者他有愚蠢。'

这就好比当我们说一个地方没有光时，我们会说它有黑暗，那意思只是表示那里没有光。因为事实上，黑暗没有来去；没有光等同于黑

---

① 因此，4.23 的问题最终得到解决。下一节反驳自相矛盾，证明这答案是对的。

暗，没穿衣服等同于赤裸。因为赤裸不会像某种可移动的东西那样，只要有了衣服，它就离去了。因此，我们说某人有缺乏，就如我们说他有赤裸。

'缺乏'这个词表示'不拥有、没有'。因此——尽我所能解释我的意思——我们说'他有缺乏'，就如同说'他有没有'。如果可以证明，愚蠢确确实实、毫无疑问等同于缺乏，那请思考我们所提的问题是否得到解决。因为我们中有人①仍然不确定我们所说的不幸是否就是我们所说的缺乏。现在我们已经说明为何愚蠢可以恰当地称为缺乏。也就是说，因为每个愚蠢的人是不幸的，每个不幸的人是愚蠢的，所以我们必须承认，每个有缺乏的人是不幸的，以及每个不幸的人是有缺乏的。如果从这样的前提，即凡是愚蠢的就是不幸的，凡是不幸的就是愚蠢的，必然得出结论愚蠢等同于不幸，那么我们为何不能从这样的前提：每个缺乏的人是不幸的，每个不幸的人有缺乏，就得出这样的结论，不幸就是缺乏呢？"

因此完满（plenitudo）与缺乏相对……

30. 大家都同意这一结论。我说："现在我们要探讨谁是没有缺乏的，因为这样的人才是智慧和幸福的。既然愚蠢就是缺乏，是表示缺乏的一个术语，同时'缺乏'这个词通常意指某种贫瘠和匮乏。请充分注意，古人是如何仔细地创造出所有词汇，或者——很显然——一些词汇，专门命名那些必须了解的事物。

现在你们都同意，每个愚人都是缺乏的，每个缺乏的人都是愚人。我想你们也承认，愚蠢的灵魂是有过失的，心灵的所有过失都可以包括在愚蠢这个词里。

第一天我们在讨论中谈到，nequitia［无价值］这个词之所以这么

---

① 奥古斯丁想到 4.27 他母亲的话。

说是因为它源于'不是任何东西，虚无'，而它的反义词 frugalitas［节制］源于 frux［果实］①。因此，从这两个反义词，节制和无价值中似乎可以看出两件东西，即 esse［是］和 non esse［非是]②。那么，我们认为我们所谈论的'缺乏'的对立面是什么呢?"

当其他人在犹豫的时候，特里盖提乌斯说："如果我说到财富，我认为它的对立面是贫穷。"

"离真理不远了，"我说，"因为贫穷与缺乏往往被认为意思相同。但是我们必须找到另外的词，免得好的那一方没有相应的术语。否则，一边有两个术语［贫穷与缺乏］，相对的另一边只有一个术语［财富］。试想，当'缺乏'需要一个对立面时，却缺乏这样的一个词，还有比之更可笑的吗?"

利凯提乌斯说："如果我们可以这么说，在我看来，'完满'这个词似乎正好与'缺乏'相对。"

这完满在于尺度（modus）和自制（temperantia）。

31. 我说："或许我们稍后会对这个词作更仔细的探讨。因为这对寻求真理并不重要。虽然萨鲁斯特（Sallust）③（那位极其出色的词语审核员）选择'富裕'（opulentiam）作为'缺乏'的反义词，但我接受你的'完满'。这里我们不会因为害怕语法学家而去绞尽脑汁，也不担心因为在使用措辞上不够细心而受到那些允许我们使用他们财物的人指责④。"

———————

① 参 2.8.

② 这两个概念在奥古斯丁哲学中非常重要。这里，这两个形而上学概念被转用到伦理学的灵性领域，分别等同于善与恶。

③ *Bell. Catil.* 52.22. 奥古斯丁只要提到萨鲁斯特，就赞美他，说他（*De civ.* 1.5）是 nobilitate veritatis historicus（名副其实的历史学家）。这里提到的称号可能基于 Aulus Gellius, *Noctes Atticae* 17.1.3 里的一个表述。

④ Tourscher 恰当地指出，奥古斯丁这里打趣地提到语法学家威勒库得斯（Verecundus），此时奥古斯丁和他的一拨子人正占用着这位语法学家的别墅（Conf. 8.6, 9.3）。

他们笑着表示赞同。我说："当你们的心思都指向上帝的时候，可以说它们就如神谕一般，我可不想小看它们，那让我们来考察一下这个术语的含义，因为我认为没有其他术语更适用于真理了。这样说来，'完满'和'缺乏'是反义词。就如在'无价值'与'节制'的例子中，这里也出现'是'与'非是'两个概念。

如果'缺乏'等同于'愚蠢'，那'完满'就是'智慧'。一点没错，许多人称节制（frugalitatem）为众美德之母①。图利乌斯也这样认为，他在一篇流行的演讲中说：'不管别人的观点是什么，在我看来，节制，即谦恭（modestiam）和自制，是最大的美德。'② 这话说得极其精辟，非常得体，因为他想到果实，即我们所说的'是'，它的对立面是'非是'。但是根据通常的表达方式，'节制'的意思等同于'节俭'，因此他加上'谦恭'和'自制'来说明他的意思。现在让我们更加深入地思考这两个词。"

因此智慧就是完满……

32."适度［modestia，moderation］这个词源于'尺度'［modus，measure］，自制［temperantia，restraint］则源于'配合、调和'［temperies，proper mixture］。哪里有尺度和配合，哪里就既没有太多也没有太少③。这里我们就有了'完满'［plenitudo］的确切意思，这个词是我们选来与'缺乏'相对的，比我们用'富余'［abundantia］要更适合。因为'富余'表示某种东西过分丰富地涌现出来。

如果出现过分，那就缺乏尺度，处于过分状态的事物就是缺乏尺度

---

① 这里奥古斯丁通过"frugalitas"（源于 frux，即我们所说的"esse"（是））这个形而上学概念将柏拉图主义（灵魂里有全备的理念）与斯多亚主义（谦恭、适度）结合起来。西塞罗 *Tusc. Disp.* 3.8.17 认为节制包括英勇、正义和谨慎。

② 西塞罗 *Pro Deiotaro* 9.26.

③ 因此，奥古斯丁在他那华美的祷告（Solil. 1.1.4）中说上帝"你是至高的完满，你是至上的生命，与你同在就既不会有任何过剩，也不会有任何缺乏"。

的。所以，缺乏甚至存在于'过分'里面，'过多'和'过少'都在尺度之外。如果你分析一下 opulentia（富裕），你会发现它也包含尺度，因为这个词的词根就是 ops［财富］。然而，如果它已经'太多'，那怎么使它变得丰富呢？这往往比太少更加麻烦。因此，不论什么东西，太多或太少都属于缺乏，都是缺乏尺度。

灵魂的尺度就是智慧。而智慧——不可否认——的对立面是愚蠢，愚蠢就是缺乏，缺乏的对立面是完满，所以，智慧就是完满。又因为尺度在完满里面，因此灵魂的尺度在智慧里。所以，那句非常有名的谚语说得一点没错：'生活中最有益的一条原则就是：任何事情都不要过度。'"①

和尺度。

33. "今天，我们在讨论开始的时候就打算称没有缺乏的人为幸福的人，若那样，我们就会发现不幸等同于缺乏。现在发现确实如此。'成为幸福的'不是别的意思，就是'成为没有缺乏的'，也就是'成为智慧的'。

现在如果你们问什么是智慧——我们的理性也尽其所能提出并解释这个问题——那么回答是，智慧不是别的，就是灵魂的尺度，也就是使灵魂保持自身的平衡，使它既不超出自身完满的限度，也不让自身的完满有所欠缺。它若超出限度，就陷入奢侈、专制、傲慢和其他诸如此类的东西②，这些东西让不节制、不幸之人的灵魂以为自己获得了快乐和力量。但这种快乐因吝啬、恐惧、忧愁、情欲以及许多其他东西变少，使不幸的人承认自己的不幸。

---

① Terence, *Andria*, Act I, Scene 1.
② 波爱修《哲学的慰藉》的读者会明白，不同的人为追求幸福而确立的各种不同的目标：财富、权力、名声、享乐，各种物质主义目标。

然而，当它［灵魂］看着所发现的智慧①，并且——用我们这孩子的话来说——专注于它，不被任何虚荣所动，不被引诱到背信的影像里，被压倒在它们的怀抱，抛弃上帝而找到一个有害的目标，这样它就不畏惧任何无节制，因而没有缺乏，因而没有不幸。因此，凡是幸福的人都拥有自己的度，那就是智慧。

上帝是至高的完满和真正的尺度……

34. 但是，这智慧如果不是上帝的智慧，还有哪种智慧可以称为智慧呢？我们还从神圣权威听到，上帝的儿子就是上帝的智慧，上帝的儿子是真上帝。因此，凡是拥有上帝的人是幸福的——这话在我们讨论开始时就得到每个人的赞同。另外，你们是否相信智慧不同于真理？经上还说：'我是真理。'② 然而，真理通过一个至高尺度获得的是，它从那里源出，完全之后又转回到那里。不过，没有其他尺度强加在至高尺度之上，因为既然至高尺度借着至高尺度存在，它就是藉自身而是尺度。

至高尺度当然也必然是真尺度。但正如真理借尺度产生，同样，尺度在真理中被认识。因此，没有尺度就没有真理，没有真理也没有尺度。

上帝的儿子是谁？经上说：真理。那没有父的是谁？除了至高尺度还有谁？凡是借着真理获得至高尺度的，是幸福的。这意思是说，在灵魂里拥有上帝，也就是享有上帝。其他事物不能拥有上帝，尽管它们被上帝拥有。

找到他我们就是幸福的。

35. 有某种告诫从真理的泉源流出，督促我们要纪念上帝，寻求上

---

① 指 4.23，阿得奥达多斯谈到上帝，这里奥古斯丁等同于智慧。

② 《约翰福音》14.6.

帝，永不疲倦地渴求上帝。① 这隐秘的太阳将那耀眼的光洒在我们灵魂深处的眼睛上。② 他的光就是我们所说的全部真理③，虽然我们焦虑、不安，因为我们的眼睛刚刚睁开，还不够健全，但我们鼓足勇气大胆地转向这光，凝视它的整体。这光显然不是别的，就是上帝④，他是完全的，没有任何瑕疵。既然他是全面、全部和完全，那他同时也是全能的上帝。

但是只要我们还在寻求，还没有得到泉源本身——用我们自己的术语就是'完满'——充分满足，我们就必须承认，我们还没有获得我们的尺度，因此尽管有上帝的帮助，我们还不是智慧和幸福的。

灵魂的充分满足，幸福的生活是这样的：敬虔而完全地认识那一位，让他引导你进入真理，享有真理的本性，以及将你与至高尺度联结的纽带。⑤

那三者向聪明的人显明独一上帝，独一实体，不包含各种虚妄而迷信的影像。"

我们的母亲此时回忆着那些仍然深植于她记忆中的话，可以说，警觉到她的信仰，充满喜乐，说出我们神父的话："三一神啊，帮助那些祷告的人。"

然后她又说："没错，这肯定就是幸福生活，即完全的生活，我们必须相信，通过坚定的信仰、喜乐的盼望以及炽热的爱，不久我们就能

---

① 根据《独语录》1.2.7，人的爱是对上帝的内在知觉的表现。

② 见导论 p. 16f.

③ 由于上帝是本体论真理的源头，逻辑真理的光，所以他也是道德真理的源头，即使我们的语言与我们的思想一致的源头。

④ 奥古斯丁也在《独语录》1.6.13 里谈到"看见上帝"。关于奥古斯丁的对上帝的直接知识的教义，见 Hessen, *Die unmittelbare Gotteserkenntnis noch dem hl. Augustinus* (1919).

⑤ 奥古斯丁这里意译基督的话："我是道路、真理、生命"（约 14.6）。奥古斯丁已经非常熟悉圣经，尤其是圣约翰、圣保罗的书卷，以及大卫的《诗篇》。

得着。"①

他赞美会餐，然后散会。

36. 我说："现在，这尺度本身告诫我们要把我们的宴席分成几天吃，讨论分成几天展开，我深深地感谢至高至真的上帝，父和主，灵魂的释放者；然后感谢你们，虽然你们受到真挚邀请，却慷慨地带给我如此多的礼物。你们对我们的讨论贡献良多，我无法否认我已经被我自己的客人喂饱了。"

当所有人充满喜乐，赞美上帝时，特里盖提乌斯说："我多么希望你能每天都用同样的尺度招待我们。"

"其实这尺度随处可见，只要我们是在心里回归上帝，任何有爱的地方就有这样的尺度。"

说完这话，我们就结束了讨论，各自离开。

---

① 《独语录》1.6.13，三大美德信、望、爱是认识真理、获得幸福生活的必要条件。后来，这位伟大的北非人写了《致劳伦提乌斯书》（*Enchiridion ad Laurentium*），讨论同样的美德。

论秩序

（论神意及恶的问题）

导　　论

在人类思想和文明史上，奥古斯丁占据了一个独特的位置。他的理智发展与他不平凡的生活中个人的情景密切相关。事实上，在漫长的人类思想史上，很难找到一个人在思想与生活之间具有如此重要且如此明显的联系。

因此无须吃惊，奥古斯丁对真理艰辛而炽热的追寻在他皈依后所写的最早的哲学作品中就非常清晰地呈现出来。他的《驳学园派》① 是对普遍盛行的怀疑主义——这是自从他因阅读西塞罗的《荷尔顿西乌斯》而被最初唤醒对永恒智慧的渴望以来所遇到的最后也是最严重的一大谬误——的有力反驳。同样，在《论幸福生活》中，奥古斯丁考察了人的最重大问题，就是对完全幸福的渴求，那只能在上帝里面，也就是在至善里面才能找到。

《论秩序》也从这位圣徒的个人生命履历中得到很大启示。虽然在恶的问题上摩尼教提供的二元解决方案在很大程度上使奥古斯丁追随这个教派达九年之久，但正是因为他坚定地相信有一位深谋远虑的上帝，当他对摩尼教感到失望、希望破灭时支撑着他，对找到真理并没有失去信心。所以毫不奇怪，作为一名望教者，他在卡西西阿库把神意和恶分

---

① 《驳学园派》是最早开始撰写的，但《论幸福生活》与《论秩序》第一卷先于它完成。

别作为他早期作品的两个主题，维护一个包括善恶在内的神圣而普遍的秩序的存在。

《论秩序》分为两卷，写于386年，即奥古斯丁皈依基督教的那一年。他在米兰奇迹般地皈依后不久隐退于卡西西阿库别墅，在那里隐居期间写了四篇对话，其中第三篇就是本文。

这篇对话的目的和计划，以及与写作相关的一些有趣事件，都可以在作品里面看到。《订正录》——奥古斯丁于430年去世前不久写的对他自己的作品的一个全面回顾——里的话对此作了补充。他写道："在这期间，也是在写作《驳学园派》期间，我还写了两卷本的《论秩序》。在这篇作品里讨论了一个重要问题，那就是上帝的神意秩序里是否包含一切善的和一切恶的事物"（1.3）。

《论秩序》献给一位叫芝诺比乌斯（Zenobius）的朋友，正是在他的要求并坚持下，奥古斯丁才计划将它以确定的形式表达出来。讨论的要点集中于世界的"秩序"问题，它们是从芝诺比乌斯和奥古斯丁以前针对同一个话题曾经有过的几次谈话中引出来的。在那些谈话中奥古斯丁没有说服芝诺比乌斯，让他满意，可能是因为这个问题本身的困难，也可能是——看起来可能性更大——因为时间仓促，没有展开充分阐述。为了平息朋友的不安，奥古斯丁答应对这个问题作更加透彻的讨论。《论秩序》一书就是对这个诺言的履行。

出于几个原因，《论秩序》在奥古斯丁的作品中具有突出地位。该作品写于他皈依基督信仰这一年，对揭示他生命中这段决定性时期的思想方式非常有意义，人们曾经非常激烈地争论这段时期他的思想具有多大的基督教特点。① 在这个时期很可能没有其他作品能够更加真实地呈现奥古斯丁理智发展中的决定性影响，或者更加清晰地确定这些影响因

---

① 参 C. Boyer, *Christianisme et Neo - Platonisme dans la formation de S. Augustin* (Paris 1920).

素之间的相互关系。因为尽管有些因素表明它有某种柏拉图主义或新柏拉图主义的渊源，但不仅可以看到确凿而独特的基督教因素，而且这些因素在整篇对话中占主导地位。

　　然而，《论秩序》的价值绝不只是作为这位伟大思想家个人发展中的一个里程碑的历史价值。奥古斯丁在有限空间里成功地确立了宏大哲学结构的根基——这个结构很大一部分启发并保证了他随后的基督教思考。虽然"秩序"这个话题构成了整篇对话的中心主题，但《论秩序》至少包含了奥古斯丁整个哲学的基本元素。① 因为在对话中我们基于这样一些基本观点了解奥古斯丁的理论：（1）哲学的性质和范围；（2）人类知识的源泉；（3）哲学的两个主要对象：上帝和灵魂；（4）理性（ratio）与权威（auctoritas）的关系；（5）美学的形而上学原理。

　　由于"恶"的事实是主要难题，所以它也得到充分讨论。恶的存在与一个由上帝的神意建立并维持的普遍秩序是一致的。作品对恶在那个秩序中所处的位置作了充分阐述。因此《论秩序》为这个棘手问题的解决提供了基本原则，时机成熟时，奥古斯丁将在以后的作品中，尤其是《论自由意志》和反摩尼教的作品中，发展并应用这些原则。

　　《论秩序》所记载的讨论形式显示奥古斯丁最巧妙的教育学意识——这种天赋使他能够将晦涩的话题以一种听众所能接受的方式呈现出来。在本作品的后一部分可以看到他恰当使用这种天赋的著名例子。这里，奥古斯丁因为意识到讨论这个话题的困难，所以将讨论从形而上学的高度转向听者比较熟悉的日常经验层次——学习的几个领域中存在的秩序。特别有意义的最后一点是，奥古斯丁坚持认为理智训练作为健全的哲学思考的前提是必不可少的。

　　奥古斯丁这篇讨论秩序的作品特别适宜当今的时代。在我们这个时

---

　　① Boyer 认为《论秩序》包含了奥古斯丁哲学的原则（semina）。亦参 A. Dyroff, "Uber Form und Begriffsgehalt der augustinischen Schrift De ordine," in Grabmann - Mausbach, *Aurelius Augustinus*（Koln 1930）15—62.

代，就如他的那个时代，世界上大量恶势力的存在成为人们，甚至许多相信并敬畏上帝的人感到困惑迷茫的一大根源。一千五百年前，奥古斯丁这位受到启示的初信者，面临着同样的问题并用完美的技巧解决了这些问题。他的原则和方法仍然有效。他为芝诺比乌斯作出的阐释对今天受困扰的心灵来说就是无价之宝。

圣奥古斯丁《论秩序》的原英译本于 1942 年第一次出版，承蒙版权所有者 Cosmopolitan Science & Art Service Co. 允许，现在重版这套丛书，略有改动。在选择拉丁文本时，译者倾向于由 Migne 再版的本笃版文本（Patrologia Latina 32），而不选择后来 P. Knoll, Corpus Scriptorum Ecclesiasticorum Latinorum 63（Vienna 1922）的评论版。

目　录

︱ 第 一 卷 ︱

讨论秩序是一个很困难的问题（1.1—2.5）

第一章

秩序是一个什么样的问题。

1. 芝诺比乌斯啊，[①] 要追寻并抓住每个事物在现实中特有的秩序，进而明白并阐释将世界真正联结为整体并加以管理的宇宙秩序，实在是非常困难的，人们在这个问题上基本上没有取得什么成果。而且，即使有人拥有这样的能力，他也无法因此找到一位合适的听者，不论是凭其个人的德望，还是凭某种习得的学识，配聆听如此神圣又如此隐秘的事。然而，最具天资的心灵热切寻求的，那些尽其所能把头颅高高抬起，仍然看到此生的礁石和风暴的人，这些人最渴望聆听、最想知道的，不外乎就是这样的问题：上帝眷顾人事，但悖逆是如此严重，如此广泛，不仅不能归因于上帝的统治，甚至不能归因于某位代理者的管理，如果这样的权能可以委托给某位代理者的话，这究竟是怎么回事呢？

因此，那些思考这些问题的人似乎不得不相信，或者上帝的神意没

[①] 关于芝诺比乌斯，我们的信息来源仅有《论秩序》和两封书信里对他的提及。386 年奥古斯丁写了一封信给芝诺比乌斯（*Ep.* 2）；另一封信是某个叫 Dioscorus 的人于 410 年写给奥古斯丁的（*Ep.* 117），信中传递了这样的信息，芝诺比乌斯曾经是一位 magister memoriae，即帝国政府的一位书记员。

有渗透到这些最低层次的事物，或者所有恶都是按照上帝的意志所犯的。这个二律背反的两个选项都是不敬虔的，尤其是第二个。因为认为有什么事物在上帝的管理之外这种想法虽然很无知，并且对灵魂非常危险，但即使就人来说，没有人因自己无能为力或无法阻止的事承担罪责。粗心大意导致的疏忽远比恶意或冷酷更可原谅。因此，理性并非无视敬虔，即使在某种意义上不得不认为地上的事不能由神圣权能管理，或者它们被忽视了，未受到注意，也不会认为它们被管理得如此糟糕，所以对上帝的任何指责都不算冒犯，不算罪过。

人的理性对秩序问题能知道什么。

2. 然而，真有这样心智蒙昧的人，除了人的安排和意愿之外，看到物质运动中任何有秩序的事物，不知道要归于神圣权能和神圣管理吗？除非可能出于某种毫无意义的玩笑，否则我们无异于胆敢主张以下三种假设中的任何一种：（1）微型动物中无比精确、完全适当的身体器官是随机产生的；（2）虽然承认作品不是随机产生的，但无论如何也不可能是设计的结果；（3）整个宇宙中，我们在任何一个单独事物身上看到的奇妙之处，虽然是以人力不能企及的方式安排的，但不属于大能神圣者的神秘管理。

不过，还有一点可能暗示更大的问题：跳蚤的身体器官非常协调、精确有致，而人类生活却被无数混乱和矛盾充塞，无法安宁。根据这样的思路，当有人仔细观察一条镶嵌小路时，如果他环视四顾只能看到一块小方石突出的边，那么他完全可能会指责设计者不懂得有序排列的技艺。于是，仅仅因为那些镶嵌的边他无法看见，也就是不能一下子看到所有的边，他就认为变化着排列的小石头杂乱无章，事实上，它们与整体的美协调一致。未经教导的人看事物也与此相似，由于他们理解力有限，无法领会也无法思考事物的整体合宜性。如果有某个事物妨碍了他们的眼目——仅仅因为他们的眼睛把它无端放大了——他们就认为所有事物都是碍眼的，整个宇宙就是无序的。

当人寻求秩序时，他应当在自身里寻求。

3. 这种错误的主要原因在于人不认识自己。为了使人能够认识自己，他必须持之以恒地养成一个习惯，就是不断地从感觉事物中撤回，[①] 将自己的灵魂集中于自身，专注于那里。只有那些在独处中明确标出日常生活过程所形成的意见陷阱，或者通过博雅知识来纠正它们的人，才能做到这一点。

第二章

当灵魂这样返回自身，它就明白什么是宇宙之美；宇宙这个词显然源于 unum，即一。因此，流连于众多对象并热衷于思想赤贫的灵魂不可能凝视一；它要避免这种赤贫，唯有远离多，但它不知道；我的意思是说，不仅远离众多的人，而且远离感官所及的众多事物。

因此不必惊奇，灵魂越是努力得到更多事物，就越感到缺乏。就如同一个圆，不论大小，总有一个中心点，几何学家称之为圆心。所有部分都集中于这个圆心，尽管整个圆周可以无限切割，但唯有这个圆心才能使其他部分彼此相比；可以说，它通过某种平等律统率一切。但是如果你想要离开圆心抵达圆上的任何部分，那么就看不见整体了，因为你陷入了多的海洋。同样，灵魂若是离开自己向外扩展，就会被某种广袤击倒，又被赤贫折磨得筋疲力尽，因为它的本性迫使它到处寻找统一的东西，但多阻止它，不让它找到一。

他劝勉芝诺比乌斯。

4. 我亲爱的芝诺比乌斯啊，你肯定能明白我所说的事物有何种性

---

① 参《订正录》1. 3. 2.

质，是什么导致灵魂犯错，万物如何统一为一，如何成就完美，以及尽管如此，罪仍然是必须唾弃的。因为据我了解，你是这样的人：天资聪明，灵魂充满各种形式的美，不欲求任何过分和污秽的东西。借助于神圣律法，你身上未来智慧的记号要求，不能被错误的欲求牵制，放弃这一事业；没有比这样的背叛更可耻或者更危险的了。

当你努力学习，使迄今为止还不适合播种神圣种子的心灵得到净化和耕耘，到那时，请相信我，你必会领会这些事。这些讨论于我们弥足珍贵，因为它们与你的名字相联，而不是因为它们满足了我们自己的工作；我相信——尤其是如果你有诚意合作，参与我正在写给你的秩序论题——可以充分地向你表明：这整个净化和播种是什么样的工作，需要怎样的程序，理性向好学、善良的人们许诺什么，我们——你最亲爱的朋友——正在走向怎样的生活，以及我们要从一次充分的闲暇中收获什么果实。

奥古斯丁本人的情形怎样。

5. 事实上，如你清楚地知道的，当胸口的疼痛①迫使我放弃学校工作之后，我就一直计划——即使没有那种迫不得已的情形——投身于哲学。于是我直接去了我们亲爱的朋友威勒库得斯②的乡间别墅。③他为

---

① 指慢性肺病。《论幸福生活》（1.4）、《驳学园派》（1.1.3）都直接提到该病，《忏悔录》（9.2.4）有更详细的说明："我的肺部开始感到不适，呼吸困难，胸部隐痛，证明我已有病，不能发出响亮或较长的声音。"关于奥古斯丁之方面生活的有趣记载，见 B. Legewie，"Die korperliche Konstitution und die Krankheiten Augustins，" in Miscellanea Agostiniana（Roma 1931）2.5—21.

② 威勒库得斯，米兰人，专业语法学家，奥古斯丁皈依时还不是基督徒。他后来在罗马受洗，并在罗马去世。参《忏悔录》9.3.5.

③ 别墅在卡西西阿库，在十九世纪的一些文献里写作"卡西阿库"。直到十九世纪中叶，人们一直以为卡西西阿库就是今天布里安扎（Brianza）的卡萨果（Cassago），米兰东北四十公里的地方。不过 1843 年小说家 Alessandro Manzoni 力图证明它是今天的卡斯奇阿果（Casciago），位于距米兰约八公里的地方。不过 Manzoni 的观点似乎不具有说服力，支持卡萨果的传统观点仍然是主流。

此多么欣喜若狂，无须我多说，你十分了解他对所有人都慷慨大方，对我尤其仁爱有加。

在那座别墅我们往往看什么话题有意义就讨论什么话题。当然，我们也按惯例使用写作工具，把我们的讨论记录下来。我想这对我的健康有益，因为没有激烈的争辩打扰我们的讨论，尽管我因为字斟句酌，表述得比较慢。同时，使用写作工具的目的是，如果我们所说的话要留下永久的记载，就既没有必要以另外的方式再说一遍，也无须努力记住已经说过的话。与我讨论这些问题的有阿利比乌斯、我的兄弟拿维基乌斯，还有利凯提乌斯——他突然迷恋上了诗歌。特里盖提乌斯也服完兵役回来了，他像个老兵一样喜欢历史。我们的记录本上已经记下不少内容了。

第三章
水流声时而清晰时而沉闷。

6. 于是，一天晚上，就像通常一样，我从睡梦中醒来，静静地回顾不知怎么进入脑海的思绪——因为热衷于发现真理，我已经养成了这样的习惯，如果所思考的问题仍然没有解决，几乎整个前半夜都会醒着思考，翻来覆去，或者后半夜也一直思考。我不会让孩子们的学校作业打扰我自己的思考，因为他们在整个白天已经做了很多，再让他们占用晚上时间进行学习，在我看来就过分了。事实上，他们从我这里得到的是这样的教导：他们应当在课本之外寻找某个话题，他们应当训练自己的心灵熟悉它自己的思想。因此，如我所说的，当浴室后面水流的声音传到我耳朵时，我就醒了，这水流明显比平时更响。在我看来，非常奇怪的是，同样的水流，时而非常清晰，时而又低沉难辨。我开始自问这究竟是什么原因，我承认想不出任何可解释的原因。然后听到利凯提乌斯抓起边上一根木条击打自己的床铺，吓走有点恼人的老鼠。显然，他也已经从睡梦中清醒。

"利凯提乌斯，"我问，"我想你的缪斯①为你提供了晚上工作的明灯——你是否注意到水流不规则的声音？"

"此事对我来说并不新鲜，"他说，"因为时常醒来，又渴望安静，所以经常倾听水声；我已经学会根据水流的声音判断是否下大雨。"特里盖提乌斯证实了这话。他睡在同一房间，也醒着躺在床上，只是我们不知道，因为大家都在黑暗中；在意大利，即使是富人，失眠几乎也是不可避免的。

利凯提乌斯提出解释。

7. 因此，当我看到我们的学术团体——就剩下的几个人来说，因为阿利比乌斯和拿维基乌斯去了城里——甚至在那个时间都没有睡着，流水的声音提醒我应该谈谈这个话题。

我问："在你看来是什么原因使这个声音那样有变化呢？我们肯定不能认为在这个时间会有人从水中穿过，或者在洗什么东西干扰了水流。"

利凯提乌斯说："某个地方的某种树叶在秋天纷纷落下，堆积起来阻塞了狭窄的通道，时而被水压冲走，时而又堆积起来堵住水流；或者不规则地落在水面的浮叶导致另外什么东西时而堵塞水流，时而又释放水流。除了这样的原因外，你认为是什么呢？"

既然没有别的解释，我相信可能就是这个原因；我称赞了他的聪明，因为我自己虽然想了很长时间，却一直没有找到这个现象的原因。

奥古斯丁祝贺利凯提乌斯登上赫利孔山。

8. 稍稍停顿之后，我说："你没有什么理由惊奇，因为你一直在沉

---

① 参《订正录》1.3.2.

思诗歌女神卡利奥佩（Calliope）。"

"一点没错，"他说，"但现在你无疑提出了让我思考的事。"

"是什么呢？"我问。

"就是你对这些事物的惊奇，"他回答。

"那么这惊奇生自何处，或者说这种缺陷①源自哪里？"我问，"不就是某种非同寻常、偏离明显因果秩序的事物？"

"偏离明显的秩序，"他说，"我承认这一点。但是在我看来，离开秩序无事能成。"

我不禁神情一振，产生了比平时提问他们时更大的指望；因为这孩子的思想昨天才转向这个［秩序］问题，却突然注意到了如此重要的一点，尽管这些观点的难题我们还从未讨论过。

"很好，"我说。"你理解得非常棒，你也作了很大的努力。相信我，你攀登赫利孔（Helicon）山②已经爬得很高，你正在奋力爬向山顶，似乎它直通天上。但我希望你坚持自己的观点，因为我要努力动摇它。"

"现在请别打扰我，"他说，"因为我正专注于另一个话题。"

我担心他在诗学上跑得太远会使他离开哲学，于是就说："我有点担心啊，因为你用各种节拍或浅吟低唱，或引吭高歌，忙于遣词作诗，那可能使你与现实之间立起一堵墙，比他们试图在你的那对恋人［皮拉摩斯（Pyramus）和西斯贝（Thisbe）］之间树立的墙更难穿过，因为他们常常通过一道小小的天然缝隙互诉衷肠。事实上，利凯提乌斯已经开始朗诵关于皮拉摩斯的诗歌。"③

---

① 参《订正录》1.3.2.

② 今维奥蒂亚（Boeotia）的扎加拉（Zagara）山脉，古代献给阿波罗和缪斯的圣山。

③ 关于这个古老的爱情故事，奥维德《变形记》（Ovid, *Metamorphoses*）第四卷有详尽记载。

利凯提乌斯首先放弃诗歌转向哲学。

9. 因为我说这话时口气比他预料的更加严厉，所以他有一阵子沉默不语。我不希望在他专注于另外问题时浪费精力，就放下开始的话题，收回自己的思绪。然后就听到他大声地说："'我，猛然发现，自己可怜如鼠'这句诗与其说是特伦斯（Terence）吟出的，[①] 不如说此时由我吟出更恰当。不过，可怜的结句应当完全反过来说才合理，因为他最后说的是'我今天迷失了自己'，但我今天可能会找到自己。为什么这么说呢？除非你鄙视占卜者用老鼠来预测未来的做法，否则可以说，如果我拍打床的声音——让你知道我醒着——提醒老鼠或者鼩鼱（如果它有意识）回到自己床上休息，那么你告诫的声音岂不也同样提醒我回去研究哲学，而不是沉迷于作诗？因为哲学——你日复一日地证明，我也就开始相信——是我们真正安宁的居所。因此，如果你不觉得有负担，如果你认为合适，请你随便发问吧。就我来说，我会尽我所能捍卫事物的秩序，我会坚持认为，秩序之外无事能成。这一观点是我完全接受的，并且已经渗入骨髓，就算在这次争论中有人击败我，我也会将这样的结果归于事物的秩序，而不会归于无缘无故的偶然性。因为被打败的不是问题本身，而是利凯提乌斯而已。"

第四章

开始探讨秩序问题。

10. 我大为高兴，于是又把注意力转向它们。我问特里盖提乌斯："你对这个话题有什么看法？"

"我基本上倾向于秩序，"他回答，"但我还不是十分确定，所以渴望非常细致地讨论这样重大的问题。"

---

① Terenzio, *Eunuchus*, V, 6.

"行啊，"我说，"那就保持那样的倾向吧。我想，你所不确定的，利凯提乌斯和我本人也都同样不确定。"

利凯提乌斯说："对这一观点我确定无疑。至于你提到的墙，我为何不在它完全建成之前就拆毁它呢？诗歌肯定不能使我偏离哲学，就如不能使我相信能找到真理一样。"

于是特里盖提乌斯愉快地大声说："现在我们看到更重要的一点，即利凯提乌斯不再是学园派的怀疑主义者，此前他可是一直坚持为他们辩护的。"

"拜托现在不要提那样的事，好不好？"利凯提乌斯说，"免得这诡诈而糊弄人的东西让我分心，使我离开一个事物——我不知道那是什么，但它是一个神圣的事物，开始向我呈现它的面目，我要把注意力高度集中在它身上。"

我简直满心欢喜，平时都不曾敢奢望这样的快乐，哪怕一时半会儿。于是我兴高采烈地诵出这样的句子："'愿诸神之父如此惠赐，愿高高在上的阿波罗如此惠赐。'① 只要我们跟随，那赐给应许并悄悄进入我们心灵的神就会引导我们走向他吩咐我们去的地方，使我们在那里安营扎寨。② 但是阿波罗并非真的如此超然——他被熏香的气味唤醒，被牛羊的苦难激发，大大满足洞穴里、山顶上、树林中的疯狂者。然而，还有另一位，或者毋宁说那一位，超然的、言说真理的——何必玩弄辞藻呢？——就是真理本身，它的先知就是所有那些能够获得智慧的人。因此，利凯提乌斯，让我们挺进吧，敬虔使崇拜者更加强大，让我们用脚步踩灭有害的欲望之闷火吧。"

就事物的本性来说，没有什么是没有原因的。

11. "那就请提问吧，"他说，"看看我是否能够通过你我的话来解

① 维吉尔《埃涅阿斯纪》（Virgil, *Aeneid*）10. 875.
② 这里的思想和大部分措辞都出自《埃涅阿斯纪》8. 88—89.

释这个我不太确定的事物。"

"那就请回答,"我说,"首先,为何在你看来水这般流动不是随机的,而是出于某种秩序?它流过木渠,引到这里为我们所用——这诚然可以说属于秩序,因为这是人利用理性所为,所以通过它的一个流向,他们可以喝,可以洗,产生这种效果是由于有利的位置条件。但是那些树叶,如你所说,以这样的方式落下,导致我们所惊奇的结果,请问,我们应当相信这种现象的发生是依据什么样的秩序,而非随机产生?"

他回答说:"事实上,这就好比说,对任何一个清楚地知道没有原因就不能成事的人来说,它们似乎应当并且可能以另外的方式落下。什么?你希望我继续说下去?那么,树木和树枝的位置,以及树叶的重量——就自然本性决定了它而言——怎样呢?树叶飘过时空气的振动,树叶下落时缓急的程度,或者由于气流的变化,由于树叶自身的重量和形状,以及其他数不胜数、不为人知的原因,而导致它们陆陆续续地下落,那怎样呢?我又何必去研究?那些事是隐秘的,我们的感官完全无法知道。但是至少有一点——即无物没有原因——这一点是心灵多少可以感知的。那对所提出的问题已经足够了。但是一个吹毛求疵的提问者进而会问为何把树种在那里?我得说,那是人根据土壤的肥沃程度种植的。如果它们是不结果子的树,但是偶然地长出了果子,那又怎么解释?那我会说,我们的所见所闻非常有限,但生产它们的自然从来不听命于偶然。何必再多说?或者向我表明有什么事不需要原因,或者承认任何事物都由一个固定的因果秩序成就。"

第五章

任何人观察事物的自然本性就可得知秩序。

12. 我回答他说:"虽然你叫我吹毛求疵的提问者——其实,我刚刚强迫你放弃谈论你的皮拉摩斯和西斯贝,真的希望自己能不这样做——我还是要继续提问。你认为应该把自然本性看作秩序,那么它出于什么目的生产出那些不结果实的树木，且不说其他数不胜数的事物？"

当他思考如何回答时，特里盖提乌斯插进来说："树木对人的好处难道只在于果实吗？它们有多少其他方面的益处，比如作树荫，比如作木柴？最后，树叶又有怎样的用处？"

"请你不要对他的问题作出那样的回答，"利凯提乌斯说。"事实上，可以提到无数对人没有任何用处的事物，它们或者因为太隐秘，或者因为太纤弱，人，尤其是我们，无法发现或者保护它们。所以毋宁说，请他教导我们，事先没有出现任何原因，事物是如何形成的。"

"我们后面会思考这些问题，"我回答。"现在我其实没有必要再以师者自居，尽管你还没有教给我任何知识，但我非常渴望学习，并因此而日夜保持清醒。不过，你已经承认在这样重大的问题知著识微了。"

学生也能教给老师某些知识。

13. "你要把我打发到哪里去？"他问。"或者是我跟随你时表现太轻率，比那些随风的树叶还变化不定？风把树叶吹落流水，对它们来说，光飘落还不够，还必须被流水携带。如果利凯提乌斯教导奥古斯丁，甚至教导那些最核心的哲学问题，岂不就是这样的情形吗？"

"请不要这样低估自己，"我说，"也不要对我评价过高，在哲学上我同样只是个孩子。当我提问时，我不太在意那日日垂听我哀叹的神是借着谁回应我，我相信，将来某一天你会成为他的传言者——或许那一天并不遥远。不过，其他人虽然离这样的事业很远，但如果通过提问的某些联结，他们与参与讨论的人结成团契，也能教导一些知识。'一些'不是无。你难道没有发现，就是那些树叶，被风吹落，漂浮在水面上（我很高兴用你自己举的例子），也不时地抗拒风把它们卷入水流，并且使人意识到事物的某种秩序？——如果你所捍卫的观点是正确的话。"

14. 这时，利凯提乌斯兴奋地从床上跳起，大声说："伟大的上帝啊，谁能否认是你井然有序地治理万物？万物是怎样地相互联结！又怎样按照固定的顺序各就其位、各司其职！有多少事实、有多么了不起的现象能证明我们所说的话语！受造的事物是何等伟大，让我们可以找到你！因为这一系列的事：我们睡不着醒着，你注意到了这声音，你自寻它的原因，你没有找到这样一件小事的原因——所有这一切，若不是源于事物的秩序，若不从那里产生，又是从何而来？甚至田鼠跑出来，然后让你知道我也醒着，这事也出于秩序。最后，你自己说的话——或许你并没有思前想后，因为谁也不能完全预料到自己脑子里会想到什么——不知怎么地就让我想到该如何回答你。

现在我要问你，如果我们所谈论的这些事，叫人把它们写下来，就如你所安排的那样，让更多的人知道，那么问题本身难道不会被看作极其重要，假如向某位预言家或者迦勒底占星学家请教，他难道不是在它远未成为事实之前就给出了答案吗？如果他预言了它，他岂不就会被神化，受到所有人称颂，从而没有人会斗胆问他，为何树叶会从树上落下来，或者跑来跑去的老鼠是否会让睡觉的人感到讨厌？但是，他们中是否会有人自愿地预言这样的事？或者只是因为被某个提问者纠缠才作出预言？不管怎么说，如果他要预言某本书，某本名著的写作，如果他把它看作必然要发生的——这是当然的，否则他就不可能预测未来——那么，毫无疑问，田野里树叶摇曳导致的任何事，或者房子里一只小动物的活动引起的任何事，正如这部作品一样，在自然的秩序里就是不可避免的。因为作品由语词组合而成，若没有前面说过的那些微不足道的事物，这些词可能就不会入人头脑，或者不会经由口舌说出，或者不会为后代记下。所以我说，请不要再问我'某物为何会如此'这样的问题。非常清楚，若不是某个原因刺激并引发，就没有事物形成，也没有事物产生。"

利凯提乌斯祈求上帝启示解释秩序问题 (6.15—8.24)

第六章
与秩序相对的是虚无。没有秩序就没有谬误。

15. "年轻人,"我说,"现在看来有一点很清楚,你不知道针对预言说过多少反对的话,又是由哪些人说的。但是无论如何,请告诉我——问题不在于是否有什么事物的形成是没有原因的,因为我看你不想回答这个问题——而在于你所捍卫的秩序在你看来是好的还是坏的。"

他〔利凯提乌斯〕小声嘟哝着说:"你这样提问让我无法作出二选一的回答,因为我认为这里有条中间路线:在我看来,秩序既不是好的也不是坏的。"

"不管怎么说吧,"我说,"你认为秩序的反面是什么?"

"是虚无,"他回答。"怎么会有什么事物与那已经抓住并拥有整体的东西相反呢?因为任何与秩序相反的事物必然没有秩序。而我认为虚无就是没有秩序。因此,必然可以说,虚无是秩序的反面。"

"那么谬误就不是秩序的反面?"特里盖提乌斯问。

"完全不是,"利凯提乌斯回答,"在我看来,没有原因就不会有人犯错。此外,因果链包含在秩序里。谬误不仅源于某个原因,而且它本身就是产生其他事物的原因。因此,就它没有离开秩序来说,它不可能与秩序相反。"

奥古斯丁喜不自禁。

16. 特里盖提乌斯不说话了,我则喜不自禁,因为我看到我最亲爱的朋友①的这个年轻孩子正变得如同我自己的孩子；不仅如此，他对我的友爱也在增加和增强；我原本已经不指望他对低级领域的知识产生什么热情，现在却发现他正精力充沛地进入哲学的核心，可以说，把它看作他自己独特的财产——我正默默地惊异于此，正在出神的时候，利凯提乌斯好像被某个想法迷住了，突然惊呼："如果我能说清楚想说的意思就好了！语词啊，你们在哪里？快来帮帮我吧！无论好的事物还是坏的事物，都在秩序里。请相信我，因为我不知道如何解释这个观点。"

第七章
没有秩序就没有恶。

17. 我大为惊奇，没有说话。而特里盖提乌斯一看到此人已经镇定下来，就如同醉酒之后又恢复了清醒，就说："利凯提乌斯，你所说的在我看来是荒谬的，与真理格格不入。不过我恳请你，体谅我一点，不要对我吼叫，让我难堪。"

"你爱怎么说都随你的便，"利凯提乌斯回答，"因为我不担心你会把我自己看见并清楚把握的东西夺走。"

"但愿你没有如此远离你所捍卫的秩序，"特里盖提乌斯说，"但愿你没有如此漫不经心地（说得温和一点）谈论上帝。事实上，最不敬的话莫过于说秩序里包含了恶本身，因为上帝肯定喜爱秩序。"

"当然，上帝喜爱秩序，"利凯提乌斯说。"秩序从他而来，并与他同在。如果对如此高贵的事物还有什么更恰当的描述，你自己仔细想想吧，而我，现在我没有资格教导你这样的事。"

---

① 指罗马尼亚努斯。他是利凯提乌斯的父亲，塔迦斯特（Tagaste）人，慷慨资助奥古斯丁。靠他的丰厚资助，奥古斯丁才得以在迦太基完成辉煌的学业。在他早年进入摩尼教派时，他也鼓动罗马尼亚努斯及其亲戚阿利比乌斯陷入同样的错误。奥古斯丁于395年升任主教时，写了一封信给诺拉的保利努斯（Paulinus of Nala）（Ep. 32 inter Augustinianas），从信中来看，当时的罗马尼亚努斯已经是一位有名望的基督徒。奥古斯丁的两篇早期作品，《驳学园派》和《论真宗教》都是献给罗马尼亚努斯的。

"仔细想想什么？"特里盖提乌斯说道。"你所说的，我听得非常清楚，我听到的足以让我明白你的意思。毫无疑问，你是说恶包括在秩序里，而秩序本身源于至高上帝，以及上帝爱秩序。由此可以推出，恶源于至高上帝，上帝也爱恶。"

上帝不喜爱恶，而喜爱秩序，但没有秩序就没有恶。

18. 对于这样的结论，我也曾为利凯提乌斯担心过。但是，尽管他因为难以找到恰当的措辞而呼吸粗重，却根本不是在思考应当怎么回答，而是思考如何把应当回答的话表达出来，他说："上帝不会喜爱恶，原因不是别的，就是因为上帝喜爱恶这一点不符合秩序。他非常喜爱秩序，正因为如此，所以他不喜爱恶。但是尽管上帝不喜爱恶，恶本身怎么可能'不在秩序里'？其实，不为上帝所爱这本身就是恶的秩序。事物的这个秩序，即上帝喜爱善，不喜爱恶，在你看来难道不重要吗？因此，尽管上帝不喜爱恶，但恶离不开秩序，当然上帝仍然喜爱秩序本身。他喜爱的正是这样的事：喜爱好的事物，不爱恶的事物——这本身就是一件具有华美秩序、出于神圣安排的事。因为这种有序的安排通过［善恶之间］的这种对比，保持整个宇宙的和谐，所以恶的事物［即小善］必是需要的。这样说来，万物的美在某种意义上可以说是由相反的事物，也就是对立面构成的，这一点甚至在讨论中也让我们感到愉快。"

上帝是公正的，所以赐给各物各自的所有。

19. 说完这番话，他沉默了一会儿。突然跑过来笔直地站在特里盖提乌斯的床前，说："现在我要问你：上帝是公正的吗？"特里盖提乌斯被吓住了，如他后来所说的，对这位同学与同伴的话——因为受到新的默示而突然说出的话——感到非常吃惊，所以他什么都没说。

见他沉默不语，利凯提乌斯就继续说道："你刚刚还在指责我不敬，如果你回答说上帝不是公正的，那就要注意你自己的所作所为了。如果相反，上帝是公义的——就如我们所学的，也如我们从秩序本身的必然事实所认识到的——那么他之公义就是赐给万物各自的所有。但是如果没有任何区别，那怎么能说是分配呢？如果所有事物都是善的，那还有什么区分呢？如果根据上帝的公正原则，事物都按各自的善恶作为获得它所应得的，那么除了秩序还能找到什么？而我们都承认上帝是公正的。所以，一切事物都包括在秩序里面。"

说完这些话，他又蹦回到了床上。因为没有人对他说话，于是他用比较温和的语调问我："你不给我任何回答吗？难道不是你驱使我谈论这些事的吗？"

奥古斯丁和芝诺比乌斯如何解释秩序问题。

20. 我回答他说："我想，一阵突如其来的觉悟降到了你身上。天亮后我会给你专门的回答，不过，现在看起来已经破晓了，除非那是月光穿过窗户。不过利凯提乌斯，我们必须立即工作，免得遗忘吞噬了你的那些精妙论述。其实，我们的文字何时不曾要求把那些观点交付给它们？

我会坦率地告诉你我的想法；我也会尽我所能反驳你。如果你战胜了我，那是我最大的胜利。但是如果你的不足——因为没有经过各门学科知识的充分训练，你的力量可能无法支撑你谈论如此伟大的一位上帝——使你屈服于技巧或者人们的某种诡辩错误（我会努力扮演这些人的角色），那么这一事实本身就会向你表明，你必须获得怎样的力量才能更加坚定地回归于上帝；同时，我希望我们这次讨论最终能成为比较完整而详尽的论述。因为我欠了一个高尚的人债。事实上，我们的朋友芝诺比乌斯常与我就事物的秩序讨论许多问题，但是当他提出艰难的问题时，我没有使他非常满意，或者是因为时间有限，或者是因为问题本身晦涩难解。事实上，他对诸多延误很着急，为了促使我认真而完整地回答他,他尝试用一首诗,一首好诗来激发我,为此你们可能会对他加倍尊敬。但是,那个时候不可能读给你们听,因为当时你们根本不愿意研究那些问题。现在也不可能读给你们,因为他的离开太过突然,而且那场骚乱①使得人心惶惶,我们都没有心思去思考那些问题。但是他决定把问题留给我回答,出于许多原因,这篇对话一定要寄送给他。首先,因为这是他应得的;其次,因为让一个对我们如此慈爱的人了解我们目前的生活是适宜的;最后,因为他对你的美好前程比任何人都高兴。事实上,当他与我们一起时,出于对你父亲的友爱,或者毋宁说对我们所有人的友爱,他感到很不安,担心你的某些天才火花——他早就细心地注意到——没有被我的经心燃成火焰,反而被你自己的粗心浇灭了。如果他得知你钟爱诗歌,必会十分高兴,我都想象得出他欢欣雀跃的样子。"

第八章
利凯提乌斯突然变得讨厌诗学问题。

21. "没错,你若能这样做,那是最令我开心了,"他回答,"不过,不论你认为是出于我孩子气式的轻率和浮躁加以嘲笑,还是由于某种神圣命令和秩序在我们中间起作用的结果,我都会毫不犹豫地向你宣告:我突然对那些诗学问题非常讨厌。由于另一种光,一种完全不一样的光,有某种东西——我不知道是什么——向我闪耀。我承认,哲学比西斯贝、皮拉摩斯更美,比维纳斯和丘比特以及任何一种爱情更美。"

---

① 这很可能指386年春的米兰骚乱,那是由于阿里乌主义者力图武力占领大公教教堂之一而引发的。为了不让他们占领教堂,大公教徒——圣莫尼卡起了重要作用——日夜守在教堂里面;为了维持他们的热情,他们在漫长的坚守中吟唱颂歌和诗篇。不久,全会众集体吟唱就成为西教会的普遍惯例。很显然,圣奥古斯丁对这个历史事件记忆非常深刻,因为他在《忏悔录》(9.7.15)提到它:"虔诚的群众夜间也留在圣堂中,誓与他们的主教,你的仆人同生同死。我的母亲,你的婢女,为了关心此事,彻夜不睡,并且站在最前,一心以祷告为生。我们虽则尚未具有你圣灵激发的热情,但也对全城受到恐吓的居民热切关注,焦虑不安。"(译文参考了周士良译本,根据英文略有改动。——中译者注)

然后他深吸一口气，感谢基督。

听到这些话，我满心欢喜，我该说什么呢？或者毋宁说我不该说什么呢？每个人都可以按自己的意愿理解，我只担心我的喜乐可能大到无法形容。

利凯提乌斯到处吟唱先知的某句诗。

22. 同时，不一会儿，黎明来临。他们都起床，而我流着泪祷告了很长时间。然后我听到利凯提乌斯带着由衷的喜乐吟诵先知的诗句："万军之上帝啊，求你使我们回转，使你的脸显现（发光），我们便要得救！"① 就在昨天晚饭后，当他去方便的时候，就唱着这句诗，唱得有点大声，我们的母亲无法容忍在那个地方不断地唱诵这样的诗句。他一直不断地重复同一句诗，因为他最近刚刚掌握吟唱的旋律，并如往常那样，他喜欢新的曲子。你们知道，莫尼卡是位非常敬虔的女士，她严厉地责备他，因为那个地方不适合吟唱。于是他打趣地说："好像如果有仇敌把我关在这里，上帝就不会垂听我的声音似的。"

如果有生命的事物都属于秩序。

23. 这天早上，当他一个人回来——他们两人都因事外出了——之后，他来到我床前，说："但愿我们的问题如你所愿！不过，请告诉我，你是怎么看我的。"

我拉起孩子的手，说："你知道也相信也明白我对你的看法。我想，你昨天一直持续吟唱万军之上帝向已经回转的你显现，不是无效的。"

然后他惊奇地记起了什么，说："你说了一件很重要又很真实的

---

① 《诗篇》七十九篇 8 节（参和合本八十篇 7 节——中译者注）。

事。因为我确实深刻记得，刚刚我还非常不乐意抛开我那首诗的那些琐碎问题，现在却已经讨厌它们，羞于回想它们，看来我真的完全被引向伟大而神奇的事迹。一点没错，这不就是向上帝的回转吗？而且我很高兴的是，因为我在那样的地方吟唱那样的诗句，就拿某种出于宗教虔诚的顾忌告诫我，但对我完全没有用。"

"那也没有让我不高兴。"我说，"我相信，我们即使在那样的地方谈论问题，也与秩序本身完全一致，因为在我看来，不论是令莫尼卡不舒服的那个地方，还是夜晚这个时间，都与那句诗相契合；事实上，如果我们不是祈求离开身体的某种不洁和污秽，离开谬误使我们陷入的黑暗，转向上帝，祈求得见他的脸。那你认为我们还能祈求什么呢？回转的过程不就是通过美德和节制，抛弃各种过度导致的恶，全心全意提升自己吗？上帝的脸不就是我们所渴望的真理吗？它是我们爱的对象，我们为它洁净自己，使自己变美。"

"没有比之更恰当的表述了，"他惊呼道。然后他用一种很低的声调，几乎是耳语般地说："请你看看，有怎样了不起的念头涌上我们心头，使我相信有什么事物已经由一种美好的秩序成就了！"

许多人被呼召，少数人被拣选。

24. "利凯提乌斯，如果你喜欢秩序，"我回答，"你必须回到那些诗句，因为文科的教育，只要是适度和精确的，就会使受教者更加警觉，更加坚定，为拥有真理作更好的预备；使他们更加执着地寻找，更加坚定地追求，最终也更加甘甜地拥有那个叫幸福生活的东西。[①] 一提到那个东西，所有人都振作起来，并且盯住你的双手，似乎要看看你是否有什么能给予贫乏者，给予那些遭受疾病之苦的人。但是当智慧开始劝告这些人要接受医生，让他治疗他们的疾病时，他们却掉头回到自己

---

① 参《订正录》1.3.2.

的破布堆里。那些破布持续增加的温暖使他们无精打采，他们宁愿在使人发痒的欲望之疾所结的疤上抓搔，也不愿忍受并接受医生的指令——身体的疼痛、疾病的不适其实只是暂时的——恢复正常人的健康，回到光明之中。因此，他们满足于至高上帝的圣名，满足于自己的感官，似乎那就是一种救济，从而活得很不幸——当然他们活着。但是，那位至善、至美的新郎寻找其他人——或者说得更准确一点，其他灵魂，只要它们赋予身体生命——与他的住所相匹配的灵魂，对它们来说，仅仅活着是不够的，还必须幸福地活着。因此，现在回到缪斯吧。不过，你知道我会要你做什么吗？"

"敬候吩咐。"他回答说。

"故事中皮拉摩斯自杀了，而西斯贝也倒在他垂死的身体上——你会这样叙述，"我说，"这里，就在那种极度的痛苦中，也就是你的诗达到高潮的地方，你有一个宝贵机会：讽刺性的描写不洁欲望和炽热情绪的诅咒，它们摧毁可怜的事物。然后以你的全部力量高高飞翔，赞美纯洁而真正的爱——有了这种爱的灵魂装备了知识，点缀着美德，并通过哲学与理解力结合，由此他们不仅避开死亡，而且享有最幸福的生活。"

他对这个问题默默地思量了一会儿，然后点头离开了。

公鸡展开格斗表明动物身上有秩序（8.25—26）

公鸡展开格斗。

25. 于是我也站了起来。做完日祷之后，我们就出发去浴场。那地方很舒适，也适合我们讨论问题。每当天气不好，无法留在室外时，我们就去那里。突然，我们看到畜棚的公鸡就在门前展开激斗。我们决定停下来观战。对于热爱真理和美的眼睛，还有什么事物、什么地方不能通过观察看到美好的理性所显示的标记？——这理性统治并管理着万物，包括已知的和未知的事物，以各种方式吸引热切追寻她的跟随者，她吩咐要在任何地方寻找她。事实上，哪里、何处没有她给出的信号呢？——就如在那些公鸡身上也可以看到的：低头耸项，鸡冠顶立，有力攻击，机敏躲避，非理性动物的每个动作都无一不得体——恰恰因为另一个理性从高处统治着万物。最后，不论是胜利者的法则：骄傲的啼叫，几乎连成完美环形的肢体，似乎享有主权，昂视一切；还是斗败者的标记：脖颈上的羽毛被撕，走路姿态不稳，啼叫声音低沉，一副邋遢的样子——因为出于那个理性，无论如何都是，并且与自然法则相一致。

提出一些问题。

26. 我们提出了很多问题：为何所有公鸡都有这样的行为？为何它们要为母鸡臣服于它们的主权而争斗？它们这种争斗的美为何能吸引我们暂时抛开更高级的研究，享受观战的快乐？我们有什么官能去探索感官之外的许多事物？而通过感官自身所能把握的又是什么？

我们又问自己：哪里没有法则的统治？哪里不是某位至高者发号施令的地方？哪里没有一致性的影子？哪里不是对那至真之美的效仿？哪里没有界限？问到这里，我们猛然惊醒：观察鸡群也得有个界限。于是我们走向原来的目的地。到了那里，我们就尽我们所能，把晚上讨论的所有内容一一保存到这一部分笔记里——记得非常仔细，因为这些观点刚刚经过讨论；无论如何，如此饶有趣味的事怎么可能不牢牢记在三位认真探讨者的心里呢？为了节省精力，那天我没做别的，只是按习惯在晚饭前与他们一起重温了维吉尔的半卷书。在任何地方我们都要小心注意适度，没人反对这一点。但是当人们热切地寻求某物时，要遵守这个原则又极其困难，所以能坚守的人非常了不起。

利凯提乌和特里盖提乌斯之间争执的消除和
莫尼卡的智慧都属于人事的秩序（9.27—11.23）

第九章

奥古斯丁继续解释。

27. 第二天一大早，我们在老地方聚会，欣然准备工作。我们一一落座之后，两人都看着我，于是我说道："利凯提乌斯，请尽量集中你的注意力，还有你，特里盖提乌斯也一样，因为我们要做的事非同小可：我们要探讨秩序问题。为何现在我要用充分而恰当的语言向你们赞美秩序，似乎我还在那个学校里教学（很高兴我已经在一定程度上逃离了学校[①]）？请注意以下的话，如果你们愿意——至少要努力让自己心甘情愿；因为在我看来，在赞美秩序或者更加真切地关注它时，说得最简明、最精辟的莫过于如此：所谓秩序，就是这样的东西，我们若遵守它，它就引导我们走向上帝；我们若不遵守它，我们就不可能走向上帝。[②] 如果我没有因为爱你们而蒙蔽，现在我们相信并盼望能走向上帝。因此我们应当非常认真地讨论并解决这个问题。

我真希望常与我们讨论这些难题的其他人都在这里。[③] 或者退一步，我希望——如果可能——我们的所有好友都能在这里。我一直敬仰他们的才识，现在真希望他们在我身边，他们与你们一样对这个问题有浓厚兴趣。或者无论如何，希望芝诺比乌斯本人在这里，当他努力思考如此重要的问题时，我一直没有能够给予他与这个问题的重要性相匹配

---

① 米兰的学校，奥古斯丁曾在那里教修辞学。

② 奥古斯丁从伦理学或者道德的观点来看秩序，即遵守秩序是人获得最终幸福的必要条件。在《上帝之城》（19.13.1），他对这个观念提出了更形而上的表述，也是后来的基督徒作家非常熟悉的一个界定：秩序就是对相同和不相同事物的一种安排，使它们各就其位，（各得其所）（Ordo est parium dispariumque rerum sua cuique loca tribunes dispositio）。

③ 指阿利比乌斯和拿维基乌斯，他们俩都去了米兰。

的充裕的讨论时间。

但是，尽管这个愿望没有实现，他们还是可以读到我们的书面记录，因为我们已经安排一字不漏地记下关于这些难题所说的每一句话，要用书写把可能从记忆中抹去的事物联系起来，可以说，书写能够重新找回它们。或许正是秩序作出了这样的安排，是它促使他们缺席，因为这样一来，这个问题的解决完全交在我们手上了，你们肯定就会以更加浓厚的兴趣开始讨论如此重要的问题。当那些我们最关心的朋友读到这些记录时，如果有什么观点激发他们的异议，到那时我们的这次讨论就会引发另外的讨论，讨论形成的系列就会自动形成教学的秩序。不过现在，我要按照前面的承诺，也遵循问题能展开的程度，提出对利凯提乌斯的反对论证——他几乎已经确立了整个主题——看看他是否能够通过有力而坚固的辩护之墙巩固他的立场。"

第十章
利凯提乌斯定义秩序。

28. 他们虽然没说话，但从他们的面容、眼神、紧绷的身体可以看出，话题的重要性已经充分激起他们的兴趣。他们蓄势待发。于是我就说："现在，利凯提乌斯，如果你愿望，集中你的所有智力，提炼你的全部才华，来给秩序下个定义。"

当他听到我要求他下定义时，他一下子缩了回去，似乎被淋了一瓢冷水。然后他恼怒地盯着我，慌乱地讪笑着，问道："这究竟是什么呀？你以为我是谁？或者你真的相信我为某种从上面来的灵充满？"然后突然又振奋起来，说："或者我想到了一点什么。"他沉默了一会儿，以便把想到的关于秩序的念头组织成一个定义。然后他直起身子，说："秩序就是使上帝所建立的万事万物得到管理的东西。"

两位学生愚蠢地争辩三位一体，并陷入竞争。

29. "那么上帝本身呢？"我问，"你难道认为他也在秩序的管理之下？"

"当然，"他回答。

"那么上帝是被管理的，"特里盖提乌斯说。

"那怎样？"他说。"难道你不承认基督就是上帝，他以秩序的方式来到我们中间，说他是上帝父差遣的？因此，如果上帝通过秩序把基督差遣到我们这里，而我们承认基督就是上帝，那么上帝不仅统治万物，而且本身又是受秩序统治的。"

特里盖提乌斯有点糊涂了，他说："我不知道该如何说。但是当我们说'上帝'时，可以说头脑中想到的不是基督，而是父。另一方面，当我们说'上帝的儿子'时，想到的是基督。"

"你说得很好，"利凯提乌斯说，"那么我们是否能够否定上帝的儿子就是上帝？"

虽然回答这个问题看起来有点冒险，但特里盖提乌斯还是强迫自己回答，说："是的，他是上帝，但准确地说，我们称父为上帝。"

"你要慎言，"我对他说，"因为称子为上帝并非不准确。"

特里盖提乌斯出于对上帝的崇敬，不愿意他的话被记录下来，而利凯提乌斯——像个孩子一样，或者毋宁说就是成人的样子，唉，几乎所有成人都是这样的——则坚持要把它们记下来，似乎我们正在争论的问题只有一个目标，那就是为自己争光。我很严厉地批评了他的这种习性，他羞愧地红了脸；但是我注意到特里盖提乌斯对他的羞愧咧嘴大笑，很开心的样子。

然后我对他们说："这就是你们的行为方式吗？生活中不合理的习惯纠缠着我们，无知的黑暗包围着我们，这样的事实难道没有困扰你们吗？这就是你们最近对上帝的热心和对真理的趋近吗？我还那么愚蠢地为此感到欣喜。你们可以看到，即使用我这样昏花的眼睛，我们处在多大的危险之中，这样的嘲笑表明人们对于沉疴痼疾是怎样的漫不经心！如果你们能看到，那么你们将会怎样迅速地、急迫地、又持之以恒地将它变为哭泣！可怜的孩子们，你们现在知道我们身处何种境地吗？让自己的心灵沉入黑暗之中，那是所有愚蠢者和无知者共同的命运；但是智慧并非以完全同样的方式帮助沉沦者。有些人——相信我——会呼召他们升到高天，有些人则让他们坠入深渊。我恳请你们，不要让我的不幸加倍，我自己的伤口就够我受了。我几乎日日流泪恳请上帝，让它们得以治愈。但是我又常常痛苦而确定地向自己表明，我不配如我渴望的那样尽快治愈伤口。不要让我的不幸加倍，我恳请你们。如果你们感激我对你们的爱，对你们的友好，如果你们明白我有多爱你们，有多尊敬你们，多在意你们的行为；如果我不应该受到漠视，最后，如果上帝为我做证，我实实在在地说，我对自己的期望就是对你们的期望，那么请回报我。如果你们从内心里叫我一声老师，那么请付我友好作为学费。"

利凯提乌斯与智慧和美德不相称。

30. 说到这里，我泪流满面，再也说不下去了。利凯提乌斯非常慌乱，因为每一句话都要记录下来，他说："噢，请你告诉我，我们做了什么？"

"你难道还不承认自己的过错？"我问。"你不知道吗？我过去只是在那所学校①里烦恼，因为孩子们不是出于知识的好处和美激动，而是出于喜爱毫无意义的赞美而激动，以至于有些人甚至无耻地剽窃别人的话，而且还会得到欢呼（可怕的祸害啊！），给予欢呼的就是那些被复述其说过的话的人。同样，你们两人虽然没做过这样的事，我相信，但仍在试图把使人变得软弱、嫉妒的浮夸这种毒瘤——肯定是最低级的毒

---

① 对话开始时提到的米兰的修辞学校。

瘤，但甚至比其他毒瘤更有害处——引入并根植于哲学，我乐于把它看作自己事业的哲学。因为我吓你们离开这种虚枉的毛病，你们可能就会对追求知识不再那么热心；抛开对虚荣的炽热欲望，你们可能就会变得冷漠，以至昏睡懈怠。如果即使现在我还得忍受你们这样，剔除一些缺点就必然有另一些缺点取而代之，那我是多么不幸啊！"

"你将看到我们会有怎样的提高，"利凯提乌斯说。"我们现在只要求你，为了你所钟爱的一切，请你原谅我们，并吩咐把所有记录删除，这样你同时也可以节省笔记本，因为已经没有笔记本了。事实上，我们讨论过的许多观点，都还没有誊写为笔记。"

特里盖提乌斯说："哪儿的话，就让记录留下我们的报应，这样，诱惑我们的那个虚荣就会因为它自己的刺而阻挡我们沉迷于它。但是我们得尽全力保证这些记录只在我们的朋友和熟人之间流传。"

利凯提乌斯表示同意。

第十一章
奥古斯丁时代的人都是有文化的。

31. 此时，母亲进来，询问讨论进展情况，因为她也知道我们讨论的问题。但是当我吩咐，根据我们的惯例，她的进来和提问都要记录下来时，她说："你在做什么呢？在你所读的那些书里，你可曾听说有女人参与这样的讨论吗？"

我回答她说："我不在乎傲慢而无知之人的论断，他们跑去看书与跑去见人的方式是一样。他们想的不是这些是什么样的人，而是他们穿什么样的衣服，拥有怎样虚浮的属世财富，多么显赫耀眼。读书时，他们几乎不关心作者为什么提出这个问题，他的意图是什么，甚至也不在意作者充分阐述和证明的是什么。然而在这些人中仍然可以发现一些不应当小看的人，他们受过一点点文化熏陶，很容易被引到金碧辉煌的大门前，进入哲学的至圣所；我们的前辈——我想你们都知道他们的书籍，不论何时读过——为这些人提供了足够的营养。

不必提其他人，就说塞奥多若①吧，你们对他很熟悉；这是一个卓越的人，因为他天资聪明，学识渊博，时运也给他诸多荣誉和眷顾，更重要的是，他品性出众；这段时间他一直在做这样的事，并且成就斐然，所以不论现在还是将来，任何阶层的人都没有理由抱怨我们时代的文学。

如果我的书偶尔落到某些人的手里，如果他们不是一看到我的名字就说'这是谁呀'，然后把书扔到一边，而是非常好奇，也非常好学，不顾门廊的低矮，举步进入——那么这些人不会认为看到你与我们一起学哲学是不恰当的；或许他们也不会鄙视我的作品中参与的任何人说的话。因为他们不仅是自由人——这是一个前提条件，不只是对哲学来说，对任何一门人文学科来说都如此——而且出生于上层社会。而最博学之人的作品就有精通哲学的鞋匠，以及那些来自社会最底层的人参与。这些人有非凡的天资和德性，即使他们能够，他们也不愿意在任何条件下将自己的恩福与任何高贵的地位交换。② 所以，相信我，不会没有这样一群人，对他们来说，你在这个哲学问题上与我讨论将是多么令人高兴的事，比他们在这里看到任何幽默或严肃的东西更令他们愉快。更何况在古代，妇女也思考哲学问题。而你的哲学思考是最令我高兴的。"

摩尼卡也属于这个时代。

32. "母亲，你可能也知道，哲学的希腊语用拉丁文来说，就是爱智慧。因此，当《圣经》——你衷心信奉它们——告诫我们要避开哲

---

① 曼利乌斯·塞奥多若，奥古斯丁把《论幸福生活》献给他，称他为"非凡的……卓越的"。约四十年后在回顾这篇作品时，他承认对塞奥多勒的赞美有点过分（《订正录》1.2）。

② 参《订正录》1.3.2.

学家，不要徒劳敬仰他们时，指的不是所有哲学家，而是这个世界的哲学家。[1] 因为还有另一个世界，一个完全在我们肉眼之外的世界，一个只有少数健全人的理智才能看见的世界。这一点基督本人说得非常清楚。他不是说'我的国不属世界'，而是说'我的国不属这世界'。[2] 事实上，如果有谁认为我们应该避开整个哲学，那无异于希望我们不要热爱智慧。如果你对智慧没有任何的爱，那我会在作品中完全忽视你；然而，就算你对它只有一般的爱，我也不会完全忽视你，更不要说你对智慧的爱丝毫不逊色于我。我知道你对我有伟大的爱，但你爱智慧甚至甚于爱我；既然你在智慧上取得了如此大的进展，任何偶然的不适引起的恐惧，甚至死亡本身都不会吓倒你——就算是学富五车的人也很难达到这个程度，所有人都承认这是最坚固的哲学堡垒——鉴于此，我还能不愉快地将自己交托给你，甚至做你的学生吗？"[3]

本书完成了第一部分的写作。

33. 这时，她温和而虔诚地说，我从未说过这么多不实之词。我看我们已经说了这么多话，这些话全都得记录下来。这样一卷书的篇幅就到了。由于没有另外的笔记本了，于是我们决定把问题延后，同时也能让我的胸痛缓解一下。因为在我看来，那些必须教训那些年轻人的话使它过于劳累，超过了我的预想。

当我们打算出去时，利凯提乌斯说："请记住，那个完全不可见的神圣秩序——尽管我们甚至不知道它是什么——为我们提供了那么多又

---

① 参《歌罗西书》二章 8 节。

② 《约翰福音》十八章 36 节；参《订正录》1.3.2.

③ 纵观整篇对话，还有《论幸福生活》，奥古斯丁对他这位圣徒母亲大加赞赏。当其他人惊异于莫尼卡敏锐的洞察和智慧时，奥古斯丁毫不犹豫地指出，她的灵感绝不是从异教学校里的学识中获得的："她谈论这些问题的方式使我们完全忘了她的性别，让我们觉得与我们坐在一起的是位伟大的男子汉。同时，我也尽我所能明白了那些灵感是从什么源头来的——是的，来自什么样神圣的源泉。"（2.10）（该注的英文引文与《论幸福生活》正文略有出入。——中译者注）

那么重要的事物，由你代表我们接纳它们。"

"我知道，我不会不因此感恩上帝的，"我回答。"你们俩既注意到了这件事，我希望你们也因这样的原因而变得更好。"

这就是我一整天的工作。

第 二 卷

论存在于人的讨论和意愿中的理性
生命的秩序（1.1—8.25）

a. 什么是理智生命的理性（1.1—3.10）

第一章
当母亲也在场后，奥古斯丁重新开始讨论。

1. 没过几天，阿利比乌斯回来了。明媚的阳光，亮丽的天空，和煦的微风——冬季这个地区难得的好天气——把我们吸引到草地上，这个地方我们一直自在而频繁地使用。我们的母亲也与我们一起。经过长期的亲密相处和用心观察，到这时我已经看得出她对神圣事物的敏锐和热切渴望。我在生日那天与朋友们有过一次非常重要的讨论，并且把讨论编辑成了一本小书，① 正是在那个时候，我清楚地看出她的心灵是如此非同寻常，在我看来没有比这样的心灵更适合真正的哲学了。所以，我决定，当她有足够的闲暇时，我要尽我所能不让她缺席我们的讨论。这一点已经在第一卷里告诉过你。②

---

① 《论幸福生活》。
② 芝诺比乌斯，本对话就是献给他的，书面记载下来的讨论也准备寄给他。

秩序从上帝来。

2. 因此，当我们在那个地方找到最舒适的位置坐下来后，我就对两个年轻人说："虽然我一直对你们很生气，因为你们在讨论重要问题上表现幼稚，但是以下这一点，即在讨论中我花了那么多时间想方设法使你们摆脱那种轻率，以至耽搁了至关重要的问题本身，这一拖就拖到了阿利比乌斯回来——这一点在我看来似乎是借着上帝的恩惠发生的，并非在秩序之外。既然我已经让他透彻地了解整个问题，也向他表明了我们的讨论进展到哪一步，那么利凯提乌斯，你是否准备好为自己辩护（你前面已经开始辩护）——为你所下的定义辩护？我想我还记得你的话，你说秩序就是上帝用来管理万物的那个事物。"

"我准备好了，"他说，"尽我所能吧。"

"那么上帝是怎样通过秩序管理万物的？"我问。"是以这种方式，即他管理万物时也通过秩序管理自己，还是以另一种方式，即他把自己排除在外，只是通过秩序管理其他一切事物？"

"如果一切事物都是好的，那可能就没有秩序了，"他说，"因为那里有最高的平等，根本不需要秩序。"

"你会否定与上帝同在的（apud Deum）事物都是好的吗？"我问。

"我不否定，"他回答。

"那就可以合乎逻辑地推出，"我说，"不论是上帝还是与上帝同在的事物，都不是受秩序管理的。"

他表示同意。

"什么？"我问，"好的事物在你看来就是虚无吗？"

"当然不是，"他回答，"它们真实存在着。"

"那么，"我说，"你前面说的话是什么意思呢？你说：一切存在的事物都是由秩序管理，离开秩序就没有事物，就是虚无。"

"因为还有坏的事物，"他说，"正是由于它们，才导致秩序也包括好的事物。只有好的事物，那就不需要秩序的管理，而同时既有好的事物又有坏的事物，那就要由秩序管理。当我们说'一切存在的事物'时，我们当然不是仅指'好的事物'。因此可以推出，上帝所管理的一切事物都是通过秩序。"

因此，人若是与上帝同在，就遵循秩序。

3. 对此我说："你认为被安排和管理的事物是变动的，还是不动的？"

"我承认那些在这个世界中形成的事物是变动的。"他回答。

"那你是说其他事物是不动的？"我问。

他说："与上帝同在的事物是不动的。所有其他事物是变动的，我相信是这样。"

"既然你认为与上帝同在的事物是不动的，同时承认其他事物是变动的，那么你就是宣称所有变动的事物都不与上帝同在。"我说。

"请再说一遍，说得清楚一点。"我说。

在我看来，他之所以让我再说一遍，不是因为没听清楚，而是因为需要时间来寻思怎么回答。

我说："你说与上帝同在的事物是不动的，而其他事物是变动的。这样，如果变动的事物是与上帝同在的，那它们就不可能是变动的，因为按照你的说法，凡是与上帝同在的事物都是不动的，那么可以推出，变动的事物是远离上帝的。"

听完这番话之后，他仍然保持沉默。最后，他说："在我看来，这个世界中的事物如果是不动的，那它们也与上帝同在。"

"那不是我要说的意思，"我说。"因为你承认，并非存在于这个世界的所有事物都是不动的，由此可以说，并非这个世界的所有事物都是与上帝同在的。"

"我承认并非所有事物如此，"他说。

"因此有些事物是在上帝之外的。"

"不是的，"他回答。

"那么所有事物都与上帝同在。"

他补充说，虽然有点滞后："很抱歉，我不应该说这样的话：在上帝之外就是虚无，因为在我看来，可以确定，所有变动的事物都不是与上帝同在。"

"天空无疑是变动的，那么它在上帝之外，"我说。

"天空不在上帝之外，"他说。

"那么有些与上帝同在的事物可以是变动的。"

"我很难如愿地把我的意思解释清楚。不过，我请你不要等着我说什么，如果你能够，就用你自己的才智理解我一直努力想要说明的意思吧。在我看来，没有什么事物在上帝之外；另一方面，凡是与上帝同在的，就应该不受变化影响。只是我不能说天空是在上帝之外的，因为我认为天空有某种东西是不动的，有某种东西是真正的上帝或者与上帝同在，尽管我毫不怀疑天空在变化，在运动。"

第二章
理解上帝的人与上帝同在。

4. "所以请界定'与上帝同在'以及'不与上帝同在'是什么意思。"我说，"如果我们之间的争论仅仅是措辞的分歧，那很容易解决，只要我们明白你所想到的事物本身是什么就行了。"

"我不喜欢下定义，"他说。

"那我们怎么办呢？"我问。

"请你来下个定义，"他说，"因为对我来说，对别人的定义作出评判比自己下定义解释清楚更容易些。"

"我会让你如愿以偿，"我回答。"你是否认为上帝统治并管理的事物是与上帝同在？"

"当我说变动的事物与上帝同在时，我指的不是那个意思。"他回答。

"那么，"我说，"看看你是否赞成这个定义：凡理解上帝的就与上帝同在。"

"我同意，"他回答。

"那可以推出什么呢？"我问。"一个智慧人能理解上帝，难道这不是显然的吗？"

"很显然，"他回答。

"但智慧人不仅在同一座房子或城市走动，还穿越广阔的空间旅行，或陆路，或海路，怎么能说凡是与上帝同在的都是不变的呢？"

"你真搞笑，"他说。"似乎我说的意思是智慧人所行的与上帝同在。事实上是他所知的与上帝同在。"

"智慧人难道不知道自己的书籍，自己的斗篷、外衣和家具（如果他有），以及其他诸如此类的事物，即便是愚蠢人也非常清楚知道的事物？"我问。

他回答："我承认，知道自己的外衣或知道自己的斗篷并不就是'与上帝同在'。"

与上帝同在的智慧人也与他自己同在。

5. "因此，"我说，"你是要作出这样的论断：并非智慧人知道的一切都与上帝同在，然而，凡智慧人所拥有的与上帝同在的东西，智慧人都知道。"

"很好，"他说。"并非凡是他通过身体的感官知道的，都与上帝同在，而是他通过灵魂领会的，才与上帝同在。或许有点冒昧，但我得说——你们的意见可以确证或者纠正——：凡是只知道感官触及之事物的人，在我看来，不仅不是与上帝同在，甚至不是与他自己同在。"

这时，我注意到特里盖提乌斯脸上显出奇怪的表情，似乎想要说些什么，但又因为害羞，不好意思打断别人的话，所以当利凯提乌斯沉默不语时，我就给他机会，让他发表观点，如果他愿意。

于是他说："但是在我看来，似乎没有人完全知道那些与身体感官相关的事物。因为通过感官感知是一回事，知道则是另一回事。所以，如果说我们知道什么，我想，它就完全在理智之内，唯有通过理智才能理解。由此可以说，如果智慧人通过理解力知道的事物与上帝同在，那么智慧人知道的一切事物都与上帝同在。"

利凯提乌斯赞成这一点，然后他又补充了另一点，一个无论如何我都不能忽视的观点。

他说："智慧人当然与上帝同在，因为智慧人理解自己。这是合乎逻辑的推论，既可以从我所接受的你的话推出：凡是理解上帝的都与上帝同在；也可以从我们刚才所说的话推出：凡是智慧人理解的事物都与上帝同在。至于他的那一部分，就是让他使用自己的感官部分，我承认我不知道甚至无法推测是什么东西，因为我想，当我们界定一个智慧人时应该没有把它计算在内。"

智慧人的身体感官、理智和记忆起什么作用。

6. 我说："那么你是说，智慧人不仅不是由身体和灵魂构成，而且不是由一个完整的灵魂构成，因为只有失去理智的人才会说，他借以使用感官的那一部分与灵魂无关。不是眼睛、耳朵本身在感知，而是某物通过眼睛和耳朵感知。如果我们认为感知与理智无关，那我们就不会把它归于灵魂的任何部分。由此可以推出，它必定属于身体。但是在我看来，没有比这话更荒谬的了。"

他回答："一个智慧人，他的灵魂被各种美德行为完全洁净，已经渴慕上帝，所以配得智慧之名，而他的任何其他部分都不适合称为智慧。但是，某些卑污的、可弃的外衣（可以这么说）——他虽然已经脱去这些外衣，抛弃它们，从而回到了自身——仍然在协助那个灵魂；或者，如果这样的灵魂仍然应当被认为是个整体，那么它们必定协助灵魂中唯一能称为智慧的那一部分；它们服从于它。我相信，记忆本身就存在于这个从属部分里。因此一个智慧人对待灵魂的这一部分就像对待奴仆，首先不断地命令它重复做同样的事，然后，当它训练有素且谦卑顺服之后，他就给它确立这样一个界限作为一条法律和命令：只要它在使用感官获得必需之物——不是为智慧人，而是为它自己——它就不得对主人无礼或傲慢；再者，即使是属于它自己的事物，它也不得毫无节制地任意使用。与最卑微部分相关的只能是转瞬即逝的事物。事实上，对哪些事物需要记忆呢，不就是那些短暂的并且可以说无常的事物吗？而智慧人拥抱上帝，享有上帝，在上帝里面得享喜乐，上帝永恒存在，不需要等候他的出现，也不需要害怕他的消失，因为他就是真正的是，所以他始终临在。虽然智慧人在自身里面保持不动，但他对奴仆的财产（peculium）① 仍然表现出某种关心，要保证他就像一位精明而勤勉的仆人，好好保管它，节省使用它。”

记忆回想的工作对智慧人保存各门知识是必需的。

7. 我不胜佩服地思考着他的这番话，忽然想起以前某个时候我曾表述过同样的想法，他也在场。② 于是我笑着对他说："利凯提乌斯，谢谢你的记忆这位仆人。如果不是他从自己的'财产'中为你提供资料，恐怕你不可能说出你现在所说的这番话。好，如果记忆属于灵魂的那一部分，它就像一个仆人，顺从地接受好心灵（bonae menti）的支配，那么，相信我，你已经得到大力帮助，所以才会有如此一番精妙言辞。但无论如何，在我继续秩序这个话题前，请问一下，你是否认为一个智慧者需要记忆获得这些事物，即各门可敬的、必要的知识？"

他回答说："既然他当下拥有所有目标，那还需要记忆吗？即使在

---

① 这个术语表示主人分给奴仆的那部分财产。
② 以前讨论怀疑主义的一个对话，参《驳学园派》1. 8. 22.

感觉领域，对于那些直接呈现在我们眼前的事物，我们也无须记忆来帮助我们。而对一个智慧人来说，他内在的理智之眼看到一切就在眼前，或者用另外的话说，他目不转睛地凝视着上帝本身，理智所能看见并拥有的事物都与他同在。请问，这样的人还需要什么记忆呢？但是，就我需要它来保留我从你听到的话来说，我还不是那位仆人的主人；相反，我时常是主人的仆人。不过，有时候我也尝试不去服侍他，甚至斗胆争取我的自由权利。如果说有时当我发出命令，他可能会服从我，让我自以为已经掌握了主权，那么在另一些事上，他会变得非常盛气凌人，我就只能可怜兮兮地匍匐在他的脚下。因此，每当我们寻找智慧人时，我都不会让你提我。"

"也不要提我，"我说。"但是，那智慧人会抛弃自己的同胞吗？无论如何，当他能够控制身体——他用自己的法律把他那位仆人束缚在身体里——之后，他怎么会逃避以他所能为同胞谋福利的职责，尤其是教导他们智慧的职责呢？——这也是对他最迫切的要求。而当他履行这样的职责时，为了教导有方，为了让自己称职，他要不断准备材料，以便能够系统地传授和讨论。他若不把这些东西交给记忆，肯定会遗忘的。

因此，你要么主张智慧人没有行善的义务，要么承认智慧人的某些供给也靠记忆保存。事实上，他岂没有将他的某些财宝——诚然不是他自己必需的，却是他的同胞必需的——交托给这位仆人保管、可以说，这位仆人在主人的精心训练下，深悉勤俭之道，不只是保管引导无知者走向智慧所需要的那些东西，而且凡是主人吩咐他保管的东西，他都看管得完好无损。"

他回答说："我认为，智慧人根本没有什么要交托给他的仆人。因为智慧人不论在沉默时还是在与人交谈时，都始终专注于上帝。然而，训练有素的仆人总会仔细保管主人的东西，有些是供主人讨论时用的，有些是使他的工作让极其谨慎的主人喜悦，因为他明白自己生活在主人的权威之下。他这样做，可以说不是出自他自己的推理，而是因为至高法律和至高秩序预先的安排。"

"现在我对你的观点暂时不作反驳，以便我们在这个话题上可以告一段落。不过，另外某个时间，当上帝按照秩序提供适当时机的时候，我们会认真探讨这个观点是否能立住脚，因为这不是个无足轻重的小问题，也不是几句简短的讨论可以解决的。"

第三章
如果智慧人知道无智慧是什么，他与上帝同在。

8. "与上帝同在是什么意思，现在已经明确了。当我说凡是理解上帝的就与上帝同在，你另外作了补充，即凡是智慧人所理解的事物也是与上帝同在。在这个问题上，令我十分困惑的是，你为何突然把愚蠢（stultitia）与上帝连在一起。因为如果凡智慧人理解的，就与上帝同在。然而智慧人无法避免愚蠢，除非他理解了它，这样，不幸的源头——这样说很不敬——也与上帝同在了。"

他们对这个结论感到迷惑，就都陷入了沉默。然后特里盖提乌斯（指着阿利比乌斯）说："应该让他来回答，他适时地加入了讨论。我想，我们完全可以为自己感到庆幸。"

"愿上帝助我们成功！"阿利比乌斯大声说。"我一直保持深深的沉默。这种沉默不是值得珍视么？现在我的平静被打破了。无论如何，我会尽我所能满足这个要求，但我首先要为下一步做好准备。你们必须向我保证：除了这次回答之外，你们不要坚持再让我作更多的回答。"

"阿利比乌斯，"我说，"如果我们的讨论中没有你那热切渴望的声音，就是在浪费你的好意和善良。不过现在么，说吧，先把你的话说完，其他的就按照秩序所安排的步骤展开。"

他说："我应该可以指望秩序有更好的安排，但你们决定让我暂时为它作辩护。好吧，若不是我搞错了，那么从你的结论看，你认为这两位年轻人把愚蠢与上帝相关联，因为他们说，凡是智慧人理解的就与上帝同在。我现在不讨论在何种程度上可以接受这一点，但要看你是如何得到这推论的。你清楚地说'如果凡是智慧者理解的，就与上帝同在，而智慧人无法避免愚蠢，除非他理解了它'——似乎我们尚未清楚地知道，一个人只有避开了愚蠢之后，才能配得智慧人这个名称；并且前面已经说过，智慧人所理解的事物与上帝同在。因此，当一个人为了避免愚蠢而理解愚蠢时，他还不是有智慧的。但是当他拥有智慧时，愚蠢就不再是他所理解的事物。由此，既然智慧人所理解的事物与上帝相联，那么就可以认为愚蠢与上帝无关。"

我们不会学习愚蠢。

9. "你一如既往地回答得非常敏锐，但是你的回答就如一个人陷入了另一个人的困境里。如果我们发现某个智慧人——因为我想你会屈尊把自己归入与我一样的愚蠢者行列——很乐意通过教导和讨论把我们从如此巨大的困境中解脱出来，我们会做什么呢？我的第一个请求——或者至少目前我是这么认为的——会是，请他告诉我何谓愚蠢，它的本性是什么，它有哪些性质。关于你，我不好论断什么；至于我自己，愚蠢紧紧抓住我，它抓住我的时间有多长，我就在多长时间内一直不能理解它。但是根据你的观点，他会说：'你应当在我还是愚蠢人的时候来到我面前，让我告诉你何谓愚蠢。但如今你都可以做你自己的主人了，因为我不再理解愚蠢是什么。'如果我从此人听到这样的话，我会毫不犹豫地劝他与我们同做学生。这样，我们大家就可以一起去寻找别的老师，因为我虽然没有完全理解愚蠢是什么，但我知道没有比那样的回答更加愚蠢的了。或许他会羞于离开我们，也羞于跟随我们。于是他就尽最大努力讨论，并且夸大愚蠢的危害。而我们虽然保持高度警觉，这是肯定的，但或许会十分专注地聆听一个不知道自己在说什么的人；又或者我们会相信他知道他并不理解的事物；再不然就承认，通过你的那两位委托人的推理，得出愚蠢与上帝相关的结论。就这三个假设来说，我看，我们不可能主张前两个。因此剩下的只有第三个，就是你不愿意承认的那个。"

"我从来不知道你还会嫉恨，"他说。"如果我按照惯例收了这两位委托人——如你所称呼的——的费用，那么鉴于你如此锲而不舍地坚持这种推理方式，我最好现在就退回给他们。因此，或者让他们满足于这一点，即通过我与你的争论，我已经为他们提供了足够的思考时间，或者，如果他们愿意采纳一个已经被击败的辩护人——但不是由于他自己的过失——的意见，那就让他们在这个问题上认同你，但以后要更加小心谨慎。"

愚蠢这个词是不可理解的。

10. 我说："我不会忽视一点。那就是，特里盖提乌斯很不耐烦地嘟哝时，很想说些什么来为你辩护。承蒙你同意，我一定会很耐心地听他们说话，就如我一开始时那样，当时他们还没有委托你辩护，而由他们自己陈述案情。由于你很迟才介入本案，所以可能并不非常清楚相关情况。"

利凯提乌斯此时不在场，所以特里盖提乌斯说："你愿怎么理解都可以，也可以笑我愚蠢。但是在我看来，那使你明白愚蠢本身是什么的东西不应当称为理解力（intellectus）。正因为愚蠢的缘故，你还不能很好理解。"

"我不会轻易拒绝接受这一说法，"我回答。"但是，令我深感不安的是：一个人怎么可能正确教导连他自己也不理解的事物，一个人无法用心眼看见的东西对他的心灵会产生多大的伤害。阿利比乌斯可能也感受到这一点。因为他虽然想到了——他从老师的书中清楚地知道这个观点——但不敢为你所说的话奋起辩护。然而，我比照某个身体感官，一步步得出如下论断：没有人能看见黑暗。因为灵魂也使用那样的感官，那是唯一可与理智有某种类比的感官。因此，如果理解力对于心灵，就如同看见对于眼睛，那么就如同没有人能够看见黑暗，就算他睁大明亮而健全的眼睛。同样，如下说法并不荒谬，即愚蠢本身是不可能被理解的，因为它就是我们所说的'心灵的黑暗'。从此以后，我不会再为如下问题焦虑不安：在愚蠢还没被理解的时候，如何能避免愚蠢？正如我们的眼睛避开黑暗仅凭于此，就是我们不愿意看不见；同样，凡是想要躲避愚蠢的人，就不要试图去理解愚蠢。相反，他应当感到难过，他因为愚蠢，不理解可以被理解的事物；同时他也须心里牢记，他身上的愚蠢不是随着他对愚蠢的理解多了就变少，而是因他对其他事物的理解少了，他的愚蠢才会增加。"

b. 如果愚蠢的生活以及其他混乱的事被认为是 受秩序管理的 （4.11—5.17）

第四章
愚蠢人做的任何行为都在秩序的管理之下。

11. "不过，我们还是回到秩序问题，因为利凯提乌斯随时都会回来。现在我要问你们这样一个问题：在你们看来，愚蠢人不论做什么，都是依照秩序吗？如果你们说他是按照秩序的，也就是说甚至愚蠢人也按照秩序行动，那么下面这个定义——秩序就是上帝借以管理一切存在之物的东西——该当如何解释？另一方面，如果愚蠢人所做的事中没有任何秩序，那么就有某些事物是秩序所不包括的。你们不会愿意接受两者中的任何一个。所以我恳请你们，要充分留意，免得你们在为秩序辩护时，却把一切都投入混乱之中。"

这时特里盖提乌斯又回答，因为另一位仍然不在：

"你的这个二律背反很容易回答。我知道应该使用类比阐述并解释我的观点，只是我现在一时回想不起来。我就简单地说一下我的想法吧，你可以像前面那样反驳我。没错，刚刚提到了黑暗，这给我们带来了很大的亮光，使原本对我来说极其晦涩的问题变得清晰起来。诚然，愚蠢人的整个生活，不可能依靠他们自己变得和谐一致，也不可能安排得井然有序，但必然包括在神意安排的秩序里面。可以说，那不可言喻的永恒之法已经作好安排，不应当去的地方，是绝不允许它去的。因此，凡是心胸狭窄，只考虑此生的，被生活的巨大卑污所打击，十分厌恶地转身。但是如果他抬起心眼，开阔视野，把物视为一个整体，他就会发现，一切事物都那么井然有序、层级分明、各就各位。"

人类生活中被认为不属于秩序的一些现象都是有序的。

12. "多么了不起、多么精彩的回答！这岂不是上帝本身——以及那深不可测的秩序，我越来越相信这一点——借着你送给我的！一点没错！你谈到的问题是何等重要，如果你没有看见它们，我不明白你如何能把它们表达出来；如果你看见了它们，我不知道你又是如何看见的。因此，我相信它们既真实又来自高处。你只想找到一个或两个例子来说明你的观点，我则想到了无数的例子，让我完全赞同这一观点。有谁会比刽子手更令人憎恶，有谁会比他的秉性更凶残？但是他在法律中占据必不可少的位置，他是一个井然有序的城邦秩序的组成部分；就他本人来说，他是个杀人者，但根据其他人的安排，他却是对作恶者的刑罚。你还能想到比妓女、拉皮条者以及其他诸如此类的害人精更下流、可耻、更无端庄可言么？但是把妓女从人类社会中剔除出去，你就会扰乱一切，因为人有情欲；① 把她们放在妇女的位置上看，你又会鄙视她们

---

① 这里奥古斯丁的意思只是说，在他看来，在他的时代完全残废除妓女可能导致的一个不可避免的结果是什么。在这个背景下，他不是从问题的道德方面作出评判。在十四年后写的 *Contra Faustum*（22.61）中，奥古斯丁对妓女的"恶意"表述得更为清楚，但他没有触及为了避免更大的恶是否就可以忍受妓女存在这个问题。在那篇作品里，他写道："女子为妓出卖身体，不是为了生育后代，而是为了满足情欲，这是神圣而永恒之法所咒诅的。"为了说明人类立法者有时为了避免更大的恶而允许某些存在这个原则，圣托马斯引用了《论秩序》的以上段落。参 *Summa theological*, 2a 2ae, q. 10. a；11. c.

的无耻荒淫。因此这类人从其自身的生活方式看，在道德上是不贞洁的；**按秩序之法看，其社会地位也是极其卑微的**。

同样，动物身上难道不也有某些部位，如果你专门盯着它们，你会觉得不堪目睹么？但自然秩序设计了这样的器官，因为它们是必需的，所以它们不可或缺；同时也因为它们的不雅，所以不会让它们出现在显要位置。这些丑陋的器官，只要让它们处在其特定的位置，就为俊美的器官留出更好的位置。在上一卷我们提到院地里公鸡的争竞和格斗，还有比这更赏心悦目的么？因为这样的景象出现在田野和农院里非常适宜。还有那斗败致残的公鸡，我们见过比它更可怜的吗？然而，正是通过这样的残败显出了争斗中更大的美。"

用语中那些无序的措辞都是合乎秩序的。

13. "我想，所有事物都是如此，但它们必须是可见的。诗人们迷恋于所谓的文法错误（soloecismos）和不规范用法（barbarismos），但他们宁愿改一下名称，称之为修辞格式（schemata）和变异用法（metaplasmos），而不愿完全禁止这种明显的错误用法。如果诗歌里完全剔除这些东西，我们就会发现丧失了诗歌的味道，味同嚼蜡。但如果一个段落充塞了大量这样的东西，那整个段落就变得又酸又臭，令人作呕。如果把它们移入常见的公共辩论中，谁不会让它们走开，退回剧院里面呢？因为秩序引导并控制着它们，不会容忍它们在自己的特定位置上过分，或者离开自己的位置进入不适当的地方。文章中点缀几个质朴无华甚至粗俗不雅的措辞，高深的思想和华丽的段落就会让人轻松很多。如果单从其本身看，你会把这样的措辞当作毫无意义的东西而加以抛弃。但是如果没有它，就又无从表现那些华丽的修饰——可以说，它们并不是自己的地盘和领域里的主宰者，它们自身的显赫是它们的障碍，它们扰乱了整体的设计。"

第五章

"我们确实应当大大感谢秩序。谁不担心虚假的论证，那些不及或过分的话会不知不觉地导致错误的判断？谁不憎恨它们呢？然而，只要在一些讨论中把它们放在适当的位置，它们就能化腐朽为神奇，使虚假的东西变得愉悦。这岂不也是秩序的功劳？"

我们要摆脱愚昧，或者通过学习各门知识，或者通过真诚的信仰。

14. "在音乐、几何、星辰运动以及数之间的比率中，秩序占据了绝对支配地位，如果有人想要看看它的源头以及它的——可以说——圣殿，他若不是在这些领域看到，就肯定能通过这些领域找到它。确实的，这样的知识，如果人能够节制地加以使用——在这个问题上，最可怕的莫过于过分——就可以为哲学培养战士甚至将军，他运筹帷幄，纵横驰骋，率领众多其他人，到达那个终极目标。除此之外，他无所欲求，除此之外，他既不应当也不可能寻求任何东西。当他还被人事缠身的时候，就从那个角度纵览，一切尽收眼底。所以，如下问题就不再成为他的困扰：为何这人想要孩子却膝下无子，那人却担忧妻子生育过多；或者为何乐于慷慨奉献的人缺钱，吝惜可鄙的放债人却睡在无尽的财宝上；或者为何奢侈无度的人挥霍大笔遗产，可怜的乞讨者终日乞讨却一无所得；或者为何名不副实的人荣耀高升，一生清白的人却埋没在芸芸众生。"

15. "这些以及人类生活中其他种种问题使许多人产生不敬虔的想法，认为我们不是由神意的秩序管理。还有些人，尽管正直善良心智敏锐——不可能让自己相信我们被上帝抛弃了——但是对巨大的难题，可以说，这些谜一样难解的现象深感困惑，所以也看不到任何秩序；他们渴望最隐秘的原因能向他们揭示，甚至不时地通过诗歌①悲叹自己的迷茫无助。试想，如果他们只是追问这样的问题：为何意大利人总是祈求暖和的冬季，②而我们可怜的盖图利亚（Gaetulia）③却赤日炎炎，或者我们中间哪里能找到秩序的痕迹，那么谁能给予他们明确的回答？就我来说，如果我能提出什么忠告，那么根据我的所见所闻，我认为他们应当在所有知识领域接受教导。④否则就根本不可能完全理解这些问题，看它们如同白昼一样清晰。但是，如果那些人太过懒惰，或者专注于其他事务，或者智力迟钝，那就应该为自己提供信仰的堡垒。这样，上帝就会通过这种纽带将他们引到自己面前，使他脱离这些纠缠不清、令人厌烦的恶，因为他不会允许任何因奥秘而真诚相信他的人毁灭。"

理性和权威被认为是谈论上帝的路径。

16. "当晦涩的问题困扰我们的时候，我们诉诸于两种解决途径：理性，或者某种权威。哲学提供理性，但它只能使一小部分人摆脱困惑。就其本身来说，它要求这些人不仅不鄙弃那些奥秘，而且要尽其所能理解它们。真哲学——也就是真正的哲学——其功能不是别的，就是教导什么是万物的首要原理——它本身没有开端，——那里有一个多么伟大的理智，为了我们的幸福它不断流溢，同时它本身始终如一，没有任何减损；它就是全能独一的上帝，他有三权能（tripotentem）即圣父、圣子和圣灵。这就是受人崇拜的奥秘，使具有真诚而坚定信仰的人得解放——而不是如某些人说的那样任意；也不是如许多人所说的那样于人有害。如此伟大的上帝却为了我们的缘故俯就穿戴并居住在我们人的躯体中。这诚然是伟大的，然而它越显得卑微，就越充满仁慈，就越

---

① 芝诺比乌斯借助于一首诗表达自己在秩序这个问题上的困惑。参上面 258 页。
② Virgilio, Georg. 1, 100.
③ 阿特拉斯（Atlas）山脉南部的一个地区。
④ 参《订正录》1. 3. 2.

远离聪明之人特有的某种傲慢①。"

以及谈论灵魂的路径。

17. "灵魂的源头在哪里，它此世的权能是什么？它与上帝有多大区别，它自身有什么独特的东西使它可以在两种本性中转换？它在多大程度上顺服于死亡，又如何证明它的不朽？为了认识这些真理，你们难道不认为秩序具有多么重要的意义么？是的，它举足轻重，这毫无疑义。如果有时间，我们会简单地谈谈最后一点。现在，我希望你们能接受我的这种说法：如果有人胆敢不顾各门学科的秩序，草率地去了解这些问题，那他就不是一个好学之人，而是一个好奇之人；不是一个博学的人，而是一个轻信的人；不是一个警觉审慎的人，而是一个随意怀疑的人。因此，虽然我得承认你现在已经准确而恰当地回答了我的问题，但我想知道你是如何做到的。那就让我们来看看你心里那不可见的能力可以走多远吧。

现在让我们回到利凯提乌斯的话，因为他一直致力于其他某些事务，很长时间没有参与这样的讨论，已经有点生疏了，我甚至认为他应当像那些没有与我们一起生活的朋友那样，先去读读这些问题。那么利凯提乌斯，我恳请你回到我们中间来吧，请你专注不要分心，因为我其实是在对你说话。你确实接受了我的定义，说明什么是'与上帝同

---

① 很可能指某些柏拉图主义者，他们有些人的教导公开反对基督教的启示真理。其中有一个观点是用柏拉图笔下的格言（《会饮篇》ed. Firmin–Didot, 1. 23）表述的：神并没有与人结合。后来非洲的柏拉图主义者 Apuleius of Madaura 复述了这一观点（De Deo Socratis, ed. Hildebrand, 2. 124）。很显然，这一观点不仅否定道成肉身——即上帝的儿子披戴了完全的人性，与他的神格统一——是事实，甚至也排除了它的可能性。就此而论，可以看到，奥古斯丁皈依后不久所信奉的柏拉图主义附带一个重要的保留条件，即它与启示真理是一致的。在《驳学园派》（3. 20. 43）一书中他写道："目前我相信，我能在柏拉图主义者中找到与我们的信仰奥秘相一致的观点。"除了以上提到的柏拉图主义假设之外，其他与柏拉图学派一致的观点一般都认为与启示真理不相容，因此被奥古斯丁否定。其中的主要错误有：（1）世界的形成是出于必然，并且是通过某种发散的过程形成的；（2）灵魂的转世理论；（3）世界的永恒存续。

在',而且我也尽我所能理解你的意思,你想要教导我们的是:一个智慧人的心灵始终不变地与上帝同在。"

c. 智慧人和愚蠢人都在上帝的秩序里,上帝是公义
而预知的上帝 (6.18—8.25)

第六章
智慧人的什么东西是变动的。

18. "有一个问题令我困扰:智慧人只要还活在世上,就无可否认住在身体里;而这身体来回走动,既然如此,他的心灵如何能保持不动呢?诚然,你可以说,当船移动时,船上的人没有移动,尽管我们承认船由人支配和控制。即使他们只是通过念头掌控船只,驶向他们想去的地方,船上的人也不可能在船移动时保持不动。"

利凯提乌斯说:"灵魂并不是屈居于身体,让身体对它有绝对支配权。"

"我不是那个意思,"我回答。"同样,骑马者并不是依附于马,让马对他有绝对支配权;虽然他驱使马奔向他想去的地方,但当马移动时,骑马者也必然移动。"

"他可以坐着不动,"他回答。

"你迫使我们对'移动'的含义作出界定,我希望你来界定,如果可以的话。"

"请继续施恩吧,"他说,"我的请求依然有效。不要再问我是否愿意下定义,当我能够这样做的时候,我会自告奋勇的。"

说到这里,我们请来的厨师从房子里跑来告诉我们可以吃午饭了。"这孩子不让我们界定'移动'是什么意思;但是他迫使我们用眼睛去看什么是'移动'。那我们就走吧,从这个地方到另一个地方,如果我

没搞错，所谓'移动'不过就是如此。"他们听了这话都笑了。我们起身离开。

第二次争论

智慧人因德性与上帝同在。

19. 我们为身体的缘故吃过便餐之后，看天气阴沉，就回到我们常去的浴室。然后我开口问："利凯提乌斯，你是否同意运动不是别的，就是从一个地方到另一个地方？"

"我同意，"他回答。

"那么你是否也同意，"我问，"没有哪个人到了他原本不在的地方，却还没有运动？"

"什么意思？"他问。

"如果某物不久前在一个地方，而现在到了另一个地方，你同意它有运动吗？"

他表示同意。

"是否可能某个智慧人活生生的身体在这里与我们一起，而他的灵魂却不在这里？"

"有可能，"他回答。

"即使他在与我们说话，在教导我们知识？"我进一步问。

"即使他在教导我们智慧本身，"他回答，"我也不愿说他与我们同在，他是与他自己同在。"

"那么不在身体里？"他问。

"是的，"他回答。

对此我反驳说："你难道不承认没有灵魂的身体是死的，而我说的是一个活生生的身体？"

"我不知道该如何解释，"他回答，"因为我明白，如果人的身体没有灵魂，就不可能存活；不论智慧人的身体在哪里，我不能说他的灵魂不是与上帝同在。"

"我可以帮你解释，"我说，"或许因为上帝无所不在，所以不论智慧人在哪里，他都能找到上帝，与上帝同在。所以可以推出，我们说智慧人从此地到彼地，这是'运动'，但同时我们说他始终与上帝同在。"

"我承认身体可运动，从此地到彼地，但我不认为心灵本身——被赋予智慧的名称——也有这样的移动。"

第七章
愚蠢人必然不在秩序之外。

20. "我暂时同意你的说法，"我回答，"免得这个极其晦涩的问题，需要长时间仔细讨论，妨碍我们正在讨论的问题。但是，既然'与上帝同在'（esse cum Deo）的意思我们已经作出界定，那我们就来看看这个问题，即我们是否也知道'没有上帝'（esse sine Deo）的意思是什么，尽管我认为现在它是清楚的。我想，对你来说，那些不与上帝同在的人似乎就没有上帝。"

"如果我能得心应手地使用语言，我可能会说出令你满意的话。但是我恳请你原谅我的口拙，就用你那灵敏的心灵预先说出我的意思。其实在我看来，尽管他们不与上帝同在，但仍然依靠上帝供养。所以，我不能说得到上帝供养的人没有上帝，同样，我也不会说他们与上帝同在，因为他们不拥有上帝。而不久前，就是在你生日时，我们有过令人愉悦的讨论，形成了一个共识，即'拥有上帝'就是享有上帝。[①] 不过，我承认我会担心有人提出这样的异议：一个人怎么可能既不是没有上帝，又不是与上帝同在。"

利凯提乌斯心不在焉……

21. "不要让那些问题困扰你，"我说，"既然已经一致同意，谁还

---

① 《论幸福生活》4.34："在灵魂里拥有上帝就是享有上帝。"

会在意措辞呢？因此，让我们最后回到秩序的定义。你说秩序就是上帝用来管理万物的东西。但是据我所知，没有事物不在上帝的管理之下，所以你认为秩序之外无物存在。"

"我的观点不变，"他回答。"但我已经看出你要说什么了：上帝是否管理那些我们认为并没有得到很好管理的事物？"

"很好，你分毫不差地看出了我的想法。"我说，"既然你已经看出我要说什么，那就请你再看看，该如何回答。"

于是他又是摇头又是耸肩地说："我们有麻烦了。"

此时，母亲恰好进来准备参与我们的讨论。他沉默了一会儿后，要求我重复同样的问题。他压根没有注意特里盖提乌斯前面早就作了回答。

于是我说："我要对你重复什么呢？为什么要重复呢？'已经做的，就不要再做，'人们是这么说的。① 因此我建议，前面已经说过的话，如果你没能听进去，那最好去读读记录。我其实很耐心地容忍你在我们讨论时心不在焉，而且对你这种心猿意马的习惯容忍了这么长时间，尽量不妨碍你所沉溺的那些事，任你的思绪游离我们，陷于沉思，这样我也能继续谈论我们的问题，所有谈论都已一一记下，你不会错过任何一点。"

……不明白上帝始终拥有公正，给予各人应有的。

22. "现在我要问这样一个问题，我们还不曾试图通过小心推论来解决它。当某种秩序首先提出这个关于秩序的问题时，我记得你说过，上帝的公正就是对善恶作出区分，并且给予各自应得的。就我的判断来说，没有更清楚的公正定义了。因此，我希望你回答，你是否认为上帝曾经不公正？"

---

① Terenzio, Phormio, 419.

"不曾，"他回答。

"如果上帝始终公正，"我说，"那么善恶就始终存在。"

"我看绝不可能有其他推论了，"母亲说，"因为没有恶，就没有上帝的论断；他若没有给予善恶各自应得的，就不能显示出公正。"

利凯提乌斯对她说："因此你认为我们必须说，恶始终存在。"

"我不敢这么说，"她回答。

"那么我们该说什么呢？"我问。"如果上帝之所以公正，正是因为他对善恶作了论断，那么没有恶的时候，他就不是公正的。"

于是大家陷入了沉默。此时我注意到特里盖提乌斯想要回答，我就让他说。他说："上帝是绝对公正的，只要存在善恶，他就能够分辨。根据他能够分辨这一点，就可知道他本来就是公正的。当我们说，西塞罗审慎地调查额提林（Catilina）的阴谋，他克制自己不受贿赂以免放过恶人，他通过元老院的审判公正地定他们死罪，他勇敢地忍受敌人投来的一只只毒镖，以及如他自己所说，他们一波波的嫉恨①——当我们这么说时，不会认为：如果不是额提林策划了那场颠覆国家的大阴谋，那些美德就不会存在于西塞罗身上。考察美德，要从其自身出发，而不是依据某些与人有关的行为。关于上帝岂不更是如此？——如果鉴于我们有限的思想和语言，允许结合各种方式进行类比的话。这样我们就可以明白上帝始终是公正的，一旦有恶存在，他就会将它与善相区分，毫不迟疑地给予各自应有的位分。所以，不是他到时必须学会公正，而是他始终拥有的公正到时付诸实施而已。"

秩序之外无物存在，但恶并非产生于秩序。

23. 利凯提乌斯和母亲都完全同意，然后我说："利凯提乌斯，你

---

① Cicerone, In Cat. 1, 9, 23.

要说什么呢？你如此费力主张的观点即秩序之外无物存在如何成立？因为恶有开端这一点肯定不是由上帝的秩序产生，但是当它成为事实之后，它也包括在上帝的秩序里。"

利凯提乌斯感到又吃惊又懊恼，因为一个好好的观点突然就从他手上滑落了。他回答："我说，恶获得开端的地方也正是秩序开始的地方。"

"那么，"我说，"如果秩序在恶产生之后才存在，那么恶的存在就不是由秩序产生。但是秩序始终与上帝同在。所以，不论被称为恶的非实体是始终存在，还是它在某个时候才有一个开端，绝不曾有过也永远不会有任何事物在秩序之外。因为秩序或者本身是善的事物，或者源于善的事物。虽然有某种更适合的表达出现在我脑海，但因为遗忘的倾向，它又离我而去；我相信这事符合秩序，也与功德、进程或生活方式相一致。"

"我不知道我现在拒斥的论断是如何离我而去的，"利凯提乌斯回答。"其实我不应当说秩序是在恶开始存在之后产生，而应当说它就像公正一样，如特里盖提乌斯所讨论的，秩序也与上帝同在，只是在恶开始存在之后，它才开始付诸实施。"

"你这样会退回到原点，"我说，"因为你绝不想认同的观点依然成立：不论秩序与上帝同在，不论它是在恶开始之后从时间中产生，恶都在秩序之外形成。如果你同意这一点，那你就承认有某些事物是在秩序之外造成的。而这就削弱了你的论点，使它站立不住。如果你不同意这一点，那么结论就是，恶根据上帝的秩序而产生。你承认上帝是恶的造主，在我看来，没有比这种亵渎言论更可憎了。"

我一遍遍向他解释和重复这一点，他仍然不能够理解，或者假装不理解，然后他无话可说，沉默不语。

于是母亲说道："我想在上帝的秩序之外不可能有任何事成就，因为恶本身——有起源，是产生的——绝不是由上帝的秩序创造；但神圣公正不允许它超越秩序的界限，引导它回归，给予它相适合的秩序。"

我看见大家都在根据自己的能力非常真挚地寻求上帝，但是他们没有遵循我们正在讨论的秩序本身——我们要跟随这秩序才能逐步认识他那不可言喻的至高主权。于是我说：

崇高的学科表明秩序。

24. "如果——如我所认为的——你真的酷爱秩序，我恳请你不要让我们背离理性、不合秩序。尽管最内在的理性确实承诺要证明没有任何事物在神圣秩序之外发生，但如果我们听到某个教师试图教一个根本没有学过字母的孩子学习音节，我不说他应该被讥笑为傻瓜，但我们会想，他就像一个疯子，应当加以约束——在我看来，不为别的原因，就是因为他没有按照秩序教学。没有人会怀疑，愚蠢者做的很多事都会遭到有见识者的指责和嘲笑，精神错乱者做的许多事也逃脱不了傻瓜的论断。然而，有一门崇高的学科，是大众根本无法臆想的，但是它承诺要向只爱上帝和灵魂的真挚之心表明，即便我们承认是恶的事物，都仍然没有离开神圣秩序——并且要表明得非常清楚，就像数学上的加法那样确定无疑。"

第八章
年轻人的生活要确立在戒律上。

25. "这门学科就是上帝的律法。它虽然恒定地、不可动摇存在于上帝里面，但可以说同时也被刻写在智慧人的灵魂上，好叫他们知道，他们的理解力越是完全地沉思它，他们的生活方式越是勤勉地遵守它，他们的生活就越是美好，越是崇高。因此，这门学科要求那些想要了解它的人遵循一个分为两步的秩序，其中一部分与规范生活相关，另一部分与指导学习相关。致力于这门学科的年轻人应当过这样的生活：禁止一切放荡行为，克制暴饮暴食的诱惑，不过分关注和装饰身体，不热衷于愚蠢的竞技，不昏睡、不懒惰，不争竞、不诽谤、不忌妒，不追逐荣誉和权力，克制寻求赞美的膨胀欲望。要让他们相信，贪恋钱财是一剂无穷无尽的毒药，必会腐蚀他们的所有盼望。他们做任何事情都不应三心二意、潦草轻率。如果他们自己的同事犯错，就应当心平气和，无怒无火，或者至少要克制怒火如同没有。不要恨恶任何人。不要对恶习视而不见，而要甘愿纠正。他们尤其要小心，报复时不可过分，宽恕时不可吝啬。要谨记，惩罚只是为了让人得到改善，宽容绝不是让人变得更糟。他们掌权时，就要把他们管辖的所有人都视为自己的同胞。他们顺从时要服服帖帖，让别人不好意思命令他们；他们统治时要体贴入微，让对他们的服从变成一种愉悦。关于别人的过错，如果有不愿改正的，要不厌其烦地帮助他。至于仇敌，要十分小心地避开，非常耐心地忍受，极其迅速地消灭。每一次与人定约和交易，都要遵守这样一条尽人皆知的格言：己所不欲，勿施于人。他们还不成熟时不可妄图参与国家管理，但是到了参政年龄，或者成年之后，他们要尽快让自己成熟。不论谁在晚年开始这些学习，都不要以为可以不受任何戒律束缚，事实上，成熟的年龄会让他更容易遵行那些律令。

另外，在生活中，不论环境如何，不论何时何地，他们都要有朋有友，或者真诚地寻求朋友。要善待有功之人，甚至那些并不指望善待的人。至于傲慢的人，不必过多关注；而他们自己，绝不能变得傲慢。行为要正当，举止要得体。本着信、望、爱，让上帝成为他们崇拜的对象，沉思的对象和追求的对象。让他们渴望心灵的安宁，并为自己以及所有朋友的学习寻求一个明确的方向；不论是对他们自己，还是对任何其他人，这样的事，即拥有美好的心灵和安宁的生活，都是可能的。"

与学习相关的秩序（9.26—15.43）

a. 关于权威和理性所认同的观点（9.26—11.34）

第九章

何谓权威和理性。

26. "接下来我要说的是，那些热心的年轻人，如果已经决定按以上所说的方式生活，那我们应当怎样教导他们。要获得知识，如前面所说，我们必须遵循两种途径：权威与理性。从时间上看，权威在先；但在现实中，理性优先。在实际运用中哪个优先是一回事，作为欲求对象哪个具有更高价值是另一回事。所以，虽然真正人的权威对未经教导的大众似乎是更安全的指南，对于受过教育的人接受理性是更好的。再者，由于人只有不再是无知者，才能成为有知者，而没有哪个无知的人知道自己应当以什么样子出现在教导者面前，或者通过什么生活方式可以变得温顺可教，所以，对于那些想要了解伟大而隐秘真理的人，唯有权威能为他们敞开大门。但是，当他入门之后，他要毫不犹豫地开始遵循完全生活的戒律。当他通过这些戒律变得温顺可教之后，最终他渐渐知道：（1）就在那些他未理解之前一直遵行的戒律里，包含了那么多的智慧；（2）理性本身是什么——他经过权威的扶持之后已经强壮有力，能够遵循并领会理性；（3）理智是什么，万物在它里面，或者毋宁说，它本身就是万物的总和①；（4）超越于万物之上的万物的源头是

---

① 这种观点和表述属于新柏拉图主义。在普罗提诺的三位一体中，理智（nous）由太一流溢而来，而它本身是其他存在的源头。在普罗提诺的方案中，理智包含一切，就如一个种包含所有类，或者整体包含所有部分（参普罗提诺《九章集》5.9.6；2.2；5.3）。奥古斯丁将柏拉图主义的这个理智与永恒智慧，即父在永恒中所生的道统一起来（参《论幸福生活》4.34）。

什么。极少有人能在今生获得这种知识，甚至到了来生，也没有人能超越它。

至于那些只满足于服从权威，但始终过着正当生活、追求圣洁欲望的人，虽然他们完全不关心自由而精致的学科，或者还没有能力接受它们的教导——我不知道当他们还活在此世时，是否可以说他们是幸福的；[1] 然而，我坚定地相信，一旦离开身体，他们就必得自由。至于难易程度，则要看他们各自生活的高尚程度。"

何谓属神权威和属人权威。

27. "诚然，有的权威是属神的，有的权威是属人的，但真正可靠的至高无上的权威才被称为神圣权威。在这个问题上需要担心的是，关于不可见的存在者有一些令人惊奇的骗术，它们常常通过某些占卜和大量感官之物的力量，就能非常轻易地蒙骗那些人的灵魂——他们或迷恋可灭财物，或渴求短暂权力，或胁服于毫无意义的奇迹。

因此，我们必须接受神圣权威，它不仅在显示神迹上胜过人的力量，而且它在引导人的过程中向人表明，为了他的缘故，它自我降卑到了什么程度，并且命令他不要局限于感官，就算那些事物在感官看来多么神奇，而要上升到理智。同时它也向他表明，它能够成就多大的事，它为何要成就这样的事，以及它认为这些事是多么无足轻重。一点没错，它通过作为表明了自己的权柄；通过谦卑表明它的仁慈；通过诫命表明它的本性。这一切借着圣礼——我们现在正等着接受这圣礼——如此确凿又如此牢固地传递给我们，在这圣礼里，好人的生命非常容易就能得到洁净，不是靠争论中迂回的遁词，而是靠奥秘的神圣权威。

---

① 参《订正录》1.3.2.

但属人的权威常常蒙骗人。① 不过，有些人会提出各种不同的证据证明自己的教义，尽可能让蒙昧的人理解它们；有些人身体力行，教导应当怎样生活，他们自己就过怎样的生活——在他们身上，属人的权威显示出它的最佳状态。如果时运使这些人获得一笔财富，那么他们对财富的使用方式能证明他们真是了不起的人，更了不起的是他们鄙弃财富；所以当这些人阐释正当生活的原则时，若有人信赖他们，我们就无法加以指责。"

第十章
奥古斯丁教导的这番话是古代权威都尊崇的。

28. 这时，阿利比乌斯发表见解："你向我们展现了一幅多么伟大的生活图景，一种简洁但不失完整的生活观念。虽然我们日日聆听你的教导，但今天你激发我们更加热切地渴望那种生活。我希望不仅我们，如果可能，所有人都能够持之以恒地采纳那种生活方式，这样，即使是那种听起来如此神奇的生活，只要通过普遍的模仿，人们也可以轻松践行。不过说真的，有一点我不能明白，人的心灵是如此奇怪，尽管相信那些属天箴言，宣称它们是神圣的且绝对正确，但是在意向上却仍然可能朝向完全相反的方向。正因为如此，我完全相信，人或者自身是神圣的，或者必须得到神圣的恩助，才可能过你所描绘的那种生活。"

我回答他说："阿利比乌斯，你清楚地知道，那些生活法规——你一如既往地乐于接受它们——并不是我发明的，只是现在通过我的口表述出来，也合乎时宜。事实上，杰出的圣人所写的书充满这样的话语。

---

① 奥古斯丁的本意不是要贬低属人权威作为真实而确定知识的一种来源的价值，而是要强调神圣权威的绝对可靠性。在《论三位一体》（15.12.21）里，他赞成人的见证是有效的，是人获得知识的有效而丰富的源泉，认为它是人的感官知识的一种延伸，通过它，人能够利用别人的感性知识："我们绝不是要怀疑我们通过身体感官感知到的事物的真实性……我们也绝不是要说我们不能通过别人的见证认识事物……必须承认，不仅我们的身体感官，而且别人的身体感官，都大大增加了我们的知识。"

然而，我之所以认为必须说明这一点，不是为了你的缘故，而是为了这些年轻人，免得他们看轻那些戒律的权威性，似乎它们只出自我的口。其实，我不希望我说什么他们就信什么，除非是我教导他们并且给出充分理由的话语。我相信，你插话也是为了提醒他们这个问题的重要性。因为那些法则对你来说并不难遵守，你已经如此热切地抓住它们，以你可敬本性的全部热情践行它们，虽然在语言教导上我是你的老师，但在实际践行上你已成为我的榜样。事实上，我们现在根本没有理由也没有必要矫情——我不认为你会因为虚伪的赞美而变得更加热情——这里在场的都是我们俩认识的人，这篇对话要寄给的也不是我们俩不认识的人。"

那时就有人有能力做权威。[①]

29. "如果你所说的正是你所思的，那么我认为你的观点是，那些高尚、追求正直生活的人没有我想象的那么多。但是有许多人是深藏不露的，你根本无法认识；就算在你认识的人中，也有许多人的可敬品质隐而不显，因为这样的品质内在于灵魂，靠感官无从了解。一个人若是想要与恶人保持交谈，他一般会说在他看来可能会得到认同或者感兴趣的事。同样，他为了避开人的恶意或者避免被人嘲弄，会勉强做许多事。当我们听到看到这些事之后，若要作出与感官感受不同的判断，那是很难的。因此就会出现这样的情形，我们对许多人的判断与他们的真实面貌并不吻合，或者与他们的至交所了解的实情有所出入。我希望你能想想我们自己的朋友——只有我们认识的朋友——的某些心灵品质，就可确信无疑。产生这种错误的原因——绝不是一个无关紧要的原因——在于，许多人归向美好有益的生活时非常突然，所以在他们作出某些杰出成就成为名人之前，他们仍然被认为是原来那种人。不必说其

---

① 拉丁文本的这个标题似乎与正文内容无直接相关性。——中译者注

他人，就说这两位年轻人，利凯提乌斯和特里盖提乌斯，认识他们的人谁会轻易相信，他们现在已经如此热心地追求至高无上的真理，在生命的这个阶段就如此突然地宣告要与属世快乐势不两立？那么让我们从头脑里剔除这个观点，因为神圣恩助——你在最后的话中合乎时宜又充满敬意地提到——在所有人身上成全它怜悯的职责，并且比许多人设想的要更丰富。如果你同意这一点，那我们就回到秩序的讨论；既然关于权威已经说得很充分，现在我们要看看什么是理性的含义。"

第十一章
什么是理性（ratio）。

30. "理性是心灵的一种智力活动，能区分并联结所学的知识。但是只有极少数人能够把它用作指南，去认识上帝或者认识灵魂——不论是我们里面的灵魂，还是世界灵魂。① 这不是由于别的，而是因为对任何已经走向感官对象的人来说，要回转到自身极为困难。因此，尽管人努力在那些很容易骗人的事物上充分发挥理性的作用，却极少有人知道理性是什么，或者它有什么性质。这看似奇怪，但事实无情。不过，就目前来说，我们只要说这些就够了，因为如果我想要向你们阐释这个问题——就如它应当被理解的那样——那我是显示自己的无能，就如同如果我宣称自己已经理解了它，是在表明自己的傲慢一样。然而，因为理性已经俯就显现在你们熟悉的那些事物里面，所以现在我们要根据讨论的需要，尽我们所能考察它。"

---

① 关于柏拉图的世界灵魂理论，《论灵魂的不朽》（15.24）有更加直接也更清晰的论述："因此身体借着灵魂存续，并因它被赋予生命这一事实而存在；不论是普遍的，比如世界，还是个别的，比如世界里每个有生命的事物"（参《论音乐》6.14.44）。在《订正录》里，奥古斯丁既没有赞同也没有拒斥世界灵魂理论，但他承认自己接受某种既没有理性证明也没有信仰证明的观点为真理是很草率的（temere）："不是因为我能够证明世界是某种生命体这一点是假的，而是因为我并没有理解它必然是真的"（1.11.4）。

什么是有理性的（rationale），什么是合理性的（rationabile）。

31. "首先让我们看看这个被称为理性的词通常是用于何种情形。我们尤其感兴趣的应该是古代哲学家对人的定义：人是有理性的和可朽的动物。[①] 在这个定义里，我们可以看到，人被归于动物这个属（genere）。然后我们注意到，在属前面加了两个表示特征的限定词。我认为这两个限定词，就是要告诫人应当归向哪里，以及应当逃离什么；正如灵魂向外运动就坠落到可朽的事物，同样它应当向理性回归。这个定义通过'有理性的'这个词，使人区别于野兽；通过'可朽的'这个词，使人区别于上帝。因此，人若不紧紧依附于理性元素，就可能成为野兽；若不越超可朽这个元素，就不可能成为神圣的。

但是，由于饱学之士习惯于敏锐又巧妙地区分有理性［rationale］的与合理性［rationablile］，所以，我们的讨论绝不能忽视这样的区分。他们指出，凡使用理性或者拥有推理能力的，都是有理性的；而凡是根据理性所做或所说的，可以称为合理性的。所以，我们可以说这些浴室或者我们的讨论是合理性的；但建造浴室的人，或者正在讨论的我们自己，应该称为有理性的。这样说来，理性从有理性的灵魂流入所做或所说的合理性的事物。"

理性的力量通过看和听实施。

32. "因此我看到有两样东西，让我们甚至可以通过感官认识理性的官能和力量：一样是人的作品，是可见的；另一样是人说的话，是可听的。在每一种情形中，心灵都根据身体的需要使用了两位报信者，眼睛和耳朵。因此，当我们看到某物的各部分适配完好时，就可以说它看起来很合理［时尚］。同样，当我们听到一首曲子非常协调，就会毫不

---

① Aristotile, Top. 132b2；Sesto Emp.，Pyrr. Hyp. 2. 25；Cicerone, Lucullus 7, 21.

犹豫地说它听起来很合理［和谐］。但是如果有人说某物闻起来合理，或者尝起来合理，或者温和得合理，就会被人嘲笑，除非人们为了某些特定目的而设计的事物，让它们有这样的味道，发出这样的光芒，诸如此类的。比如，某人在思考某个地方放置刺鼻的东西是要驱赶蛇时，他可以说这个地方的气味闻起来是合理的；我们也可以说，医生准备的药剂苦得合理或甜得合理；可以说他吩咐为某个病人特制的浴室暖和得合理或温热得合理。但是如果有人走进花园，拿起玫瑰花放到鼻子下，他绝不会说：闻来甜得多么合理啊！不可能，即使是医生命令他去闻——如果是那样，可以说药方开得合理，但不能说闻起来合理——也不能这么说，因为那是一种自然气味。尽管经厨师调了味的食物，我们仍然可以说这味调得合理。但根据通常的用法，如果没有任何外在原因，它只是满足当下的食欲，那就不能说它品尝起来合理。然而，如果医生给了他一剂药，有人问他为何应该认为这药是甜的，那么这里意味着之所以让他这么认为必定另有原因，那就是他疾病的性质，它不是呈现在感官中，而是以另外的方式存在于他身体里。另一方面，如果某人因为味觉受到刺激，去舔食某物——当有人问他该物为何甜时，他可能会回答'因为它可口'，或者说'因为我喜欢它'，但没有人会说它甜得合理，除非它的甜味是某个目标所必需的，他所吃的东西就是为了那个目标才做成甜的。"

视觉和听觉是包含理性和愉悦的感觉。

33. "我们尽我们所能作出了这番考察，然后我们发现感官中有某些理性的痕迹；就视觉和听觉来说，我们发现，理性甚至存在于愉悦（voluptate）本身之中。其他感觉，通常也要求有这种特性，但不是因为它们提供的愉悦，而是因为别的目的，因为有目的的行为是有理性动物的特征。就视觉来说，各个部分和谐一致，就是通常所说的'美'，往往被称为合理的；关于耳朵，当我们说一曲和声谱得合理，一首律诗写得合理，我们专门称之为'悦耳'（suavitas）。但是当美物的颜色吸引我们，或者当振动的琴弦发出清晰、透明的声音使我们愉悦时，我们一般不说它是合理的。因此我们必须承认，在那些感官的愉悦中，与理性有关的东西包含某种尺度（dimensio）和节律（modulatio）。"

尺度和节律与理性和愉悦相关。

34."因此，当我们仔细观察这幢楼的各个部分时，我们感到很不舒服，因为我们看到，一个门开在边上，而另一个门的位置——虽然不是完全，但几乎——位于中间。在人手所造的事物中，如果不是出于特定的目的，那么毫无疑问可以说，各个部分之间比例失调对人的视觉是一种伤害。然而，再看室内的三扇窗。一扇在中间，两扇在边上，光线同等间距地照射在浴池上——当我们专注地凝视时，我们感到多么愉快多么喜悦，这一点已经显而易见，不需要用很多语词加以描述。用建筑师自己的术语，他们称之为'设计和比例'（design, rationem）。他们说，把各部分不协调地搭配，那就失去了'比例'。

这非常普遍，它渗透于人的所有艺术品和创造物中。我们可以说诗歌有悦耳的比例，谁不知道正是节律创造了这种悦耳的比例？当一个演员跳舞时，虽然他肢体的有序运动确实因那种节奏为人提供愉悦，但对专注的观赏者来说，他的所有动作都是指向事物的符号。舞蹈本身之所以被称为合理的，正是因为它恰当地指示并展现了越超于感官愉悦的东西。即使他表演带双翼的维纳斯和穿斗篷的丘比特，不论他通过多么精彩的肢体动作展现如何高超的表演技艺，他冒犯的似乎不是眼睛，而是通过眼睛冒犯了心灵，那些事物的符号是在向心灵展示。如果动作不优美，眼睛会不舒服，那是由于与感官相关。灵魂能在感官中感受到愉悦，恰恰因为它与身体是统一的。

因此感官的愉悦是一回事，通过感官获得的愉悦是另一回事。优雅的动作使感官愉悦，但唯有动作所包含的合宜内容通过感官愉悦心灵。

从听觉我们可以更好地看到这一点。不论什么事物，只要发出好听的声音，就是愉悦并吸引听觉本身的东西。但那种声音所真正表示的含义才与心灵相关，虽然它通过我们的听觉这个信使才得到传递。所以，当我们听到这样的句子——'为何冬天的太阳迅速沉入海里？为何夏天的夜晚如此姗姗来迟？'① ——我们赞美它的节奏是一回事，而我们赞美它的含义是另一回事。当我们说'这话听起来合理'与说'这话说得合理'，它们所指的含义不一样。"

b. 谈话涉及到哪些学科（12.35—13.38）

第十二章
首先，我们通过文字能学到什么。

35. "所以，可以在三类事物中看到'某些合理的东西'。一类是指向目的的行为；一类是谈话，还有一类是愉悦。第一类事物提醒我们不要做毫无目的的事；第二类提醒我们要教导正确的事；最后，要在沉思中找到喜乐。第一类与正当生活相关，其他两类涉及我们正在思考的那些学科。我们里面那个有理性的（rationale）部分，也就是使用理性创造或者追求合理事物的部分，认为必须把名称即有意义的声音分配给事物，这样人才能利用感官，就如同诠释者，把它们联系在一起，因为人们不可能看到彼此的心灵。理性本身是人类共同的遗产，有一种自然纽带使它紧紧扎根于人类共同体中。因为人若不交谈，彼此倾诉自己的思想和观点，可以说就不可能紧密地联系。但是，他们听不到那些不在场的人说的话。因此，理性在仔细留意并区分了嘴巴和舌头发出的所有声音之后，发明了字母（文字）。但是，如果数目庞大的事物无限延伸，没有任何固定的界限，那么无论声音还是文字都无济于事。因此在

---

① Virgil, *Georgics* 2. 481—482.

这种现实需要刺激下，理性想到了算术的巨大效用。有了这两项伟大的发明，就出现了记录员和计算员的职业——可以说，这是初级文法，瓦罗称之为 litteratio，希腊语里称为什么，我一时无从想起。"

其次，我们通过文法和音节的长短能学到什么……

36. "当理性继续前进的时候，它注意到我们用于说话并且已经由文字表示的那些口腔音，有的通过双唇不同程度的调整，清晰地从喉部发出，没有任何摩擦；有的需要双唇不同程度地抿紧，通过爆破获得某种声音；还有的，如果不与以上这些联合，就发不出声音。所以理性按这些字母发音的顺序给它们命名：元音字母、半元音字母和默音字母。然后它开始考虑音节。再后它把词分成八个类别和形式，巧妙而精细地区分了它们的所有变化、各种结合以及完整性和纯粹性。同时，它也没有忽视数目和尺度，引导心灵注意元音和音节的不同长度，由此它发现音节持续的时间间隔有长有短，有些是双音节，有些是单音节。它也把这些记录下来，纳入到既定的规则中。

以及通过初级文法能学到什么。

37. 文法这门学科现在应该完成了。但是由于它的名称本身就表明它知道文字①——其实它在拉丁语里被称为'文学'（litteratura）——所以，凡是作为值得记忆的东西交给文字记录下来的，必与这门学科相关。于是历史也加入了这门学科。虽然名称只有一个，但所包含的问题多种多样，无穷无尽，并且与其说充满乐趣或真理，不如说充满烦恼；与其说是历史学家的负担，不如说是文法学家的麻烦。说实话，如果一个不曾听说过代达罗斯（Daedalus）飞行的人就被指责为无知，而杜撰出这个故事的人却没有人指责他谎话连篇；不是指责相信这个故事的人

---

① 文法 grammar 源于 grapho，写作，以及 gramma，文字。

愚蠢，而是指责向人询问这个故事的人冒失，谁能忍受这样的情形呢？或者我们的一些家人只要无法回答欧吕阿鲁斯（Euryalus）的母亲叫什么名字，① 就被指责为无知，因为他们不敢反过来质问提问的人的无聊、可笑或者猎奇。我总是对他们深表同情，谁愿意容忍这种情形呢？"

第十三章
最后，我们通过辩证法和修辞学能学到什么。

38. "当文法这门学科完成并体系化之后，理性接着想起要探求并思考使它创造艺术的那种力量，因为通过定义、分类以及综合，它不仅已经使这门学科规整有序、有章有法，而且使它能够对付任何错误的悄然侵入。因此，若不是它首先把它自己的资源——可以说它的工具和器械——分类、记录并分门别类，并且形成那样一门学科中的学科，就是他们所说的辩证法，它怎么会去继续新的发明呢？辩证法这门学科既教导如何教，也教导如何学。理性在这门学科上充分展示自我，显明自己的本性、愿望和力量。它知道知识是什么；它不仅希望而且能够使人通过它自身成为有知识的人。然而，在追求被正当地赞为有益而正直的事物过程中，不明智的人往往跟从自己的感觉和习惯，而不是真理的精华——这确实只有异乎寻常的心灵才能看见——所以他们不仅必需尽自己的能力接受教导，还必须不断强烈地激起他们的情感。它自身中能完成这一使用的那部分——与其说它充满启发，不如说充满缺乏，它的腿上堆满小饰品，它将它们撒向人群，使人群俯就为它自己的好处而改变——对于这一部分，它取名叫修辞学。这样，谈话中被称为合理的部分被自由艺术和各门学科推进到了这一步。"

---

① 参 Virgil, *Aeneid* 5. 294 ff.

c. 使人感受愉悦的学科（14.39—15.43）

第十四章

我们首先通过听演唱、吹笛和弹琴得到愉悦。

39. "理性希望从这里直接转向对神圣事物最幸福的沉思。但是为了避免从高处坠落，它寻求上升的阶梯，通过它自己拥有的资源为自己设计了路径和顺序。它渴望一种仅凭它自己而不需要我们的这些眼睛就能看见的美；但它受到感官阻碍。因此，它稍稍转向这些感官，它们声称自己拥有真理。当它真想急切地转向其他事物时，它们却叫着闹着让它回来。于是，它先从耳朵开始，因为它们声称，使它形成文法、辩证法和修辞的那些语词是它们自己的。但是理性赋有最敏锐的洞察力，它马上看出声音本身与声音作为符号指向的事物之间存在区别。它明白了属于耳朵管辖范围的只有声音，没有其他；而声音有三种：生命物发出的声音；吹奏乐器发出的声音；以及敲击发出的声音。它认为悲剧和喜剧演员或者类似的演唱表演者属于第一类，事实上，所有专门通过口腔表演的人都属这一类。第二类包括笛子以及类似的乐器；属于第三类的有竖琴、里拉、铙钹以及所有敲击、弹奏发出音调的东西。"

其次是诗歌。

40. "然而理性认为，如果声音没有按某种固定的时间尺度以及高低音的各种变化作出有序安排，那这种质料就没有什么价值。它认识到它勤勉思考音节时文法上称为'音步'（pedes）和'腔调'（accentus）的那些元素，正是出于这个源头。另外，因为在语词本身里，可以很容易注意到，'长音节'与'短音节'几乎以同样频率分布于一篇谈话中，所以理性努力安排这些音步，并将它们纳入固定的秩序。它在这一点上首先遵从听觉，并加上标准的连接单位，也就是'诗节'（caesa）

和'诗句'（membra）；然后为了防止音步序列无穷无尽，超越它的洞察力的把握范围，它设置了一个界限，在此处返回到开头，并因此确切地称之为'诗行'（versum）。但凡没有被某个确定的界限限制，跟随有序安排的音步的，它用'旋律'（rhythmi）一词命名。因此，诗歌产生于理性。当它在诗歌中间看到伟大的成就，不只表现在声音上，在语词和事物上也如此，它就大大尊崇它们，允许它们无论想创作什么，只要合理，都可以尽情发挥。然而，因为它们源于文科的第一门学科，所以它准许文法学家做它们的评判者。"

最后是脱离声音的数，它就是音乐。

41. "因此，理性明白，在这上升的第四步——不论是具体的旋律还是一般的节拍——中，数的比例占据支配地位，并生产出成品。它对它们的本性深入考察，主要是因为借着它们的帮助。它详尽阐述了前面所说的所有发展步骤，所以得出结论说它们神圣而永恒。再往前，它完全不能容忍它们的华美和安详被口腔发出的物质材料遮盖。因为凡心灵能够看见的，就是永远存在的，就被认为是不朽；数的比例似乎就具有这种性质。而声音因为是可感的，所以它流逝成为过去，停留在记忆里面。在神话故事里，通过合理的虚构，缪斯被传说是朱比特和记忆女神（Memory）的女儿。既然是理性宠幸诗人，还有必要问会孕育出什么样的后代吗？既然这门学科既包含感觉，又分有理智，就把它取名为'音乐'。"

第十五章
我们首先因看见数目与尺度（几何学）、看见数目与时辰的变化（天文学）感到愉悦。

42. "理性从这里前进到眼睛的领域。它扫视了大地和诸天，然后认识到，除了美，没有其他东西让它感到愉悦；而在美里面，让它愉悦的是设计（figuras）；在设计里，愉悦的是尺寸（dimensiones）；在尺寸里，是数目（numeros）。它问自己，眼睛领域的直线或者曲线或者其他任何形式和图形，与智力所理解的这些事物是否属于同类？然后它发现它们都要低级得多，眼睛所看见的无论如何都不可能与心灵所洞察的东西相提并论。这些清晰而独立的事物，它也归入一门学科，称之为'几何学'。

诸天的运动也激发理性努力思考。因为季节持续不断的轮换，星辰恒常而确定的运行，以及稳定适当的间隔距离，所以它也明白，在那里占支配地位的正是尺度和数目。它通过定义和划分，把这些也纳入有序的整体，由此就产生了'天文学'——对敬畏上帝的人来说是门伟大的学科，但对喜好猎奇的人来说是一种痛苦的折磨。"

然后因看见数目本身感到愉悦。

43."因此，在所有这些学科中，所有事物都向理性显现为数目上的比例关系。它们在那些尺度上显得更加清楚，理性通过反观和沉思，认为这些尺度完全真实。而留在那些可感事物中的，只是这些尺度的影子和痕迹。然后，理性获得更大的勇气，构思更大的成果；它敢于证明灵魂的不朽。它努力思考所有事物。它渐渐感到自己拥有伟大的力量，认为它的所有力量归功于数目的比例。某种神奇的事物催促它前进。它开始怀疑它自己或许就是使万物被数算的数本身，不然这个数就存在于它一直努力到达的地方。我们讨论怀疑论时，阿利比乌斯曾提到的那个人，①用他全部力量抓住这个可能揭示普遍真理的数，似乎普洛丢斯（Proteus）②已在他的掌控之中。但是我们数算的那些事物的假象慢慢游离那最隐秘的某物——我们根据它才能数算——使我们的注意力转向

① 参《驳学园派》3.5.11.
② 海神，被认为能够千变万化。

126

它们，并经常使那隐秘的事物溜走，即使它已经进入我们的理解领域。”

什么是知识和智慧（16.44—20.54）

a. 所有知识归于一门学科（16.44—17.46）

第十六章
从学科中引出什么知识。

44．"如果一个人没有屈从于这些影像，如果他将所有广泛地散布于这么多不同学科之中的事物全都归到一个单一、真实而确定的统一体上，那么他完全配得'博学'这个称号。然后他可以不急不躁地寻求神圣事物——它们不仅是必须相信的真理，而且也是沉思、理解和保守的对象。但是，如果他还受制于自己的情欲，或者热切渴望可灭的善，或者尽管脱离了这些东西，过着正直的生活，但如果他不知道虚无（nihil）是什么，无形式的质料（informis materia）是什么，一个被赋予形式的无生命物（formatum exanime）是什么，身体是什么，身体里的无生命部分（exanime）是什么，时空是什么，'在一个地方'、'在一段时间里'是什么意思，位移是什么，非位移的运动是什么，稳定的运动是什么，永恒（aevum）是什么，既不是存在一个地方又不是不在任何地方的（nec in loco esse, nec nusquam）是什么，在时间之外并永远的是什么，既不在任何地方又无处不在的（nusquam esse et nusquam non esse）是什么，从来不是又从来就是的（numquam esse et nunquam non esse）是什么——人若不知道这些问题，却想探求并讨论自己的灵魂——更不要说考察至高上帝，对于这位上帝，知道他不是什么才能更好地认识他①——这样的人必会陷入所有可能的错误。

但是，人若领会了单一和可理知数目的含义，就会欣然理解这些问题。再者，任何既有好的天赋又有闲暇——或者因年龄的优势，或者因某种时运——的人，如果他热切地致力于学习，如果他遵循以上提到的学习秩序，按照所要求的步骤学习，他必定能够理解这样的数目。但是由于人们学习所有博雅知识部分是为了实用，部分是为了获得知识和沉思事物，所以要使用它们非常困难，只对极少数人才有可能。他们天赋特异，甚至从孩提时就开始热切而持续地致力于这项事业。"

第十七章
什么样的知识依赖于节制和美德。

45. "尽管这些问题看起来像一片广袤无垠的森林，但是母亲，我恳请你，不要让它阻断你的脚步。我之所以将它们一一列出，只是因为我们讨论的问题需要其中一些内容。我们可以从所有这些学科中挑选出少量内容一些，数量虽少，但意义重大。可以肯定，对许多人来说，要学习这些学科极其艰难。但是对你，你的天赋日日都令我耳目一新；而且我知道，由于你的年龄以及你非同寻常的节制，你的心灵已经完全剔除了轻率的毛病，现在正超越身体的粗鄙和不幸，已经在自身里上升到一个高度。所以对你来说，那些问题会很容易，就如同对那些生活境况极其可悲的愚拙灵魂会很困难一样。当然，如果我说你会轻易获得一种表达方式，发音准确，措辞无误，那我其实误解了真理。即便是我，出

---

① 在认识神性这个难题上有两种极端观点，一种是本体论，另一种是不可知论；奥古斯丁在这段话以及第十八章里，勾勒了一条介于两者之间的明智而合理的中间道路。他描述的这种关于上帝的否定性知识与经院哲学家著名的 via negationis seu remotionis（否定法或减除法）相一致，后者就如同圣托马斯所说的，构成了我们关于上帝本性的认识的主要源泉："否定方法主要用于对神圣实体的思考之中"（*Contra Gentiles* 1. 14）。在《论三位一体》（8. 2）中，奥古斯丁强调，使用对上帝的否定性知识是一种初级辩证法，通向对神性的更直接的理解："如果在我们能够知道上帝是什么之前，能够知道上帝不是什么，那也是知识的一部分，是很重要的部分。"

于迫切需要，全面地学习了这些学科，但仍然被意大利人指责许多词发音不准；而反过来，我也指责他们的发音问题。来自于理论的知识是一回事，因母语而拥有的优势完全是另一回事。所以，任何一位博学的人，只要仔细留意，很可能会在我的讲话中发现所谓的语法错误。也不是没有人非常巧妙地让我相信，西塞罗本人就犯过许多类似错误。事实上，在我们时代已经发现很多不规范的使用，甚至他的那篇演讲，就是使罗马得救的演讲，① 今天看来也不规范。但是你无视这些以及其他无关紧要或者幼稚可笑的问题，去领会文法的属天权能和本质。你敏锐的洞察力似乎一下子就抓住了它的灵魂，而把它的身体留给口若悬河之人。"

通过哪些学科（scientia）走向智慧。

46. "其实，关于其他任何学科我都可以这么说。如果你完全鄙弃它们，我建议你——就我来说，作为你的儿子，冒昧这么建议，但必在你允许的范围内——坚定不移、小心谨慎地守护你的信仰，你借着神圣的奥秘对它有彻底的领悟；再者，我建议你持之以恒且不失警觉地在这条路上继续前进，继续保持这种生活习惯。但是，关于上帝的那些极其晦涩的问题——（1）既然上帝是全能的，不会导致任何恶，那为何出现如此多的恶呢？（2）既然上帝根本无所需要，那他创造世界的目的是什么？（3）恶是从来就有的，还是在时间中产生的？（4）如果它始终存在，那它是否在上帝的掌控之下？（5）如果它从来就存在，那么这个世界——存在于它里面的恶受神圣秩序管理——是否也始终存在？（6）如果这世界有时间上的开端，那恶在时间之前是如何被神圣秩序管束的？（7）要构造这样一个世界——它包含恶，作为对灵魂的惩罚，但神圣权能已经控制了恶——需要什么？（8）然而，如果曾有一段时

---

① In Catilinam.

间，恶并不是处在上帝的掌管之一，那么究竟突然发生了什么事——在以前永恒的时间中从来不曾发生过的事？要知道，认为上帝曾经改变心意的观点不仅非常荒谬，而且非常不敬。但是，如果我们说，恶曾经烦扰上帝，并且可以说与上帝作对——许多人就是这么想的——有学识的人必会忍不住大笑，无学识的人必会愤慨不已。说真的，那难以描述的恶的本性对上帝能有什么伤害？如果他们说它不可能有任何伤害，那么就会得出结论说创造世界毫无理由；如果他们说它可能有所伤害，那就是主张上帝会受伤，或者说至少他的权能没有保证让他的本性不受任何伤害，这样的主张岂非犯了不可饶恕之罪？事实上，他们承认灵魂在这里遭受惩罚，虽然他们会指出，上帝的实体与灵魂的实体之间没有绝对分别。[1] 然而，如果他们说这个世界不是被造的，那么相信这一点就会导致既不敬又忘恩，不然就必然会得出这样的结论：上帝不曾创造世界——对所有这些以及类似问题的考察，都必须根据那个（知识的）秩序展开，否则根本无法讨论。"

b. 所有智慧都被引回到一 (18.47—19.51)

第十八章
智慧通过数归向一

47. "或许有人会认为我们讨论的问题太过宽泛，那我就用几句话简洁明了地予以说明：若没有那两门学科，也就是关于正确推理和数的力量的学科，谁也别指望能对这些问题有所了解。如果有人认为这两门学科实在太大了，那就让他掌握一门，或者数目的知识，或者辩证法知识。即便这样，如果看起来仍然太大，那他至少对数目里的一是什么，

---

① 指摩尼教的教义，即人的灵魂是上帝的同质成分（members）和部分。（参 Contra Faustum 22.98）

它的重要性有多大有一种彻底的理解——这还不是指至高法律和万物之秩序里的一，而是指我们每天时时想到、随处接触的事物中的一。哲学学科已经采纳这种知识，发现它里面包含的就是一的所是，只不过哲学是以深奥得多也神圣得多的方式发现的。

属于哲学的问题有两个：第一个讨论灵魂；第二个讨论上帝。[①] 第一个使我们认识自己；第二个让我们认识自己的起源。前者对我们来说比较愉快，后者则更加宝贵。前者使我们配过幸福生活，后者使我们获得幸福。第一个适合初学者，第二个适合训练有素的人。这就是智慧的各门学科的秩序。人藉此就能理解事物的秩序，看到两个世界以及整个宇宙的创造主——灵魂若不知道如何知道他不是什么，就不可能对他有任何知识。"

因为有一种能力叫作理性

48. "因此，灵魂紧紧抓住这个秩序，开始致力于哲学。先是内省自己，然后当这种学习方式使他相信理性或者就是灵魂本身，或者属于灵魂，相信理性里面最优秀或者最有力量的莫过于数，或者相信理性不是别的就是数本身，此时他就会这样独语：'通过我的某种内在而隐秘的活动，我已经能够对应当知道的事物进行分析和综合；我的这种能力就叫作理性。'事实上，应当分析的不就是这一个问题，什么被认为拥有一，但并不拥有一，或者并不像人们所认为的那样拥有一。同样，为何某物必须被综合呢？不就是为了使它在力所能及的范围内成为一吗？因此，不论是在分析还是在综合中，我所寻求的就是一，我所热爱的就是一。但是当我分析时，我寻求一种同质的一（purgatum）；当我综合时，我寻求一种整体的一（integrum）。在前者，异质的因素被剔除；

---

① 奥古斯丁关于哲学两重对象的简洁描述在他下一部作品《独语录》（1.2.7）里有多次复述，《独语录》把上帝和灵魂作为两大主题："我渴望认识上帝，我渴望认识我的灵魂。别无其他了吗？别无其他！"（参同上 2.1.1.）

在后者，适合的因素被结合，形成某种统一而完全的事物。一块石头要成为一块石头，它的所有部分以及它的整个性质都得统一为一。一棵树呢？如果它不是一，它就不可能成为一棵树难道不是吗？任何一个生命的肢体和内脏，以及它的任何组成部分又怎样呢？毫无疑问，如果它们从整体的一中分离出来，它就不可能再是一个生命物了。朋友之间追求的是什么？不就是成为一吗？他们越是成为一，就越是朋友。一定的人口构成一个城市，而纷争——意见不合 [dis - sentire] ——对它来说充满危险。那是什么？不就是你想你的，我想我的？一个军队由许多士兵组成。任何一群人不都是这样吗？越是紧密地联合，就越不容易被打败。事实上，联合（coitio）本身被称为一种铸造，可以说是一种共同结合。每一种爱怎样呢？它岂不是想要与它所钟爱的对象合而为一吗？如果它获得了自己的目标，它不就是与目标成为一了吗？肉体欢愉之所以能有如此强烈的享乐，不是别的原因，就是因为爱人的身体合而为一。不幸（dolor）为何令人烦恼？因为它试图分离原本合一的东西。因此，与那可以被分离的事物成为一是件麻烦而危险的事。"

第十九章
理性优于事物，是真实的。

49. "原本是几块，零散堆放在地上的木料，我把它们收集起来，按照一定样式加以组织，就能造出一幢房子。确实的，如果我是建造者，我建造了房子，那么我比房子更优秀。我之所以更优秀乃因为我是建造者。毫无疑问，我比房子优秀就是出于这个原因。然而，我比燕子或者小小的蜜蜂优秀却不是出于这个原因，因为燕子能够灵巧地建造鸟巢，蜜蜂能高超地建造蜂窝。我之所以比它们优秀乃是由于我是理性的动物。

如果理性可见于精确的尺度中，那么是否可以说鸟类的工作就没有准确而恰当的尺度？不是的，它具有非常精确而恰当的比例。因此，我比它们优秀不在于创造结构匀称的事物，而在于对数目本性的领会。那又怎样？鸟类没有任何关于鸟巢的知识是否能够建造出精致的鸟巢？肯定能够。如何知道？就拿我们来说，当我们说话时，我们并没有在思想口腔的运动，思想我们应该怎么做。我们只是按照固定的尺度，让舌头配合牙齿和上腭，文字和词语就从嘴里流畅流出。再比如一个优秀的歌唱者，就算并不精通音乐这门艺术，但凭着同样的自然感觉，在唱歌时岂不是能够与凭记忆知道的节奏和旋律完全合拍？还有比这更能说明尺度的支配性吗？未受训练的人虽然对它毫无知识，但通过自然本性的作用也能做到。那么一个人为何优于野兽，为何被列于它们之上？因为他理解自己的所作所为。能让我超越于兽类的，就在于我是有理性的动物。"

因为理性是真实的，所以理性不朽。

50. "因此理性是不朽的。那么我为何被定义为某种既有理性又必死的存在？或许理性并非是不朽的？然而，一比二，二比四，是最真实的比例。它不会昨天比今天更真实些，也不会明天或者明年比现在更真实些。即使整个世界都毁灭了，那个比例也必然始终如此，它必永远就是现在这个样子。相反，这个世界今天拥有的，昨天并不拥有，明天也将消失不再有。事实上，就是在今天某一个小时中，它拥有的太阳就不是处在同样的位置。所以，没有任何事物是持久的，它甚至不能在最短时间内拥有同样不变的事物。

因此，如果理性是不朽的，如果我这个对所有那些事作出分析和综合的人是理性的，那么使我被称为必朽的那部分就不是我的。或者如果灵魂不同于理性，而我仍然使用理性，如果通过理性我才是优秀的，那么我们应当逃离那小的善，去追求大的善，逃离可朽的，奔向不朽的。受教良多的灵魂告诉自己这一切以及其他更多的事物，并思考它们。但是我现在不想讨论更多。不然，我这个渴望教导你们秩序的人，自己倒不守节制原则——节制是秩序之父。事实上，灵魂不只是靠信仰，也依赖可靠的理性，才使自己逐步走向最圣洁的习性和完全的生活。因为对勤勉思考数的本性和权能的灵魂来说，它能根据这种知识写歌弹琴，但它的生命和自我本身——也就是灵魂——仍然偏离正道，走上歪路，受制于情欲，因可耻恶习的干扰而完全跑调。这是多么不相称，多么可悲啊！"

引向对最高美的沉思。

51. "但是，当灵魂适当调整和正确安排自己，使它变得和谐美好之后，它就有胆量抬眼去看上帝，就是整个真理的源泉，真理的父亲。伟大的上帝啊，那该是怎样的眼睛！多么纯洁！多么美丽！多么强大！多么坚定！多么清澈！多么有福！它们能看见的又是怎样的对象！那究竟是什么呢？我问。我们该作怎样的推测？我们该相信什么？我们该说什么？日常的术语一个个蹦出脑海，但它们因毫无价值的事物已经肮脏不堪。我不必多说，只说一点：我们必能看见美——通过对她的模仿，所有事物都变成美的；通过与她比较，所有事物都是丑的。无论谁，只要好好生活，好好祷告，好好学习，必将看见这美；而当他看见这美之后，他怎么还会为那些曾经困扰的问题烦恼呢？——为何此人想要有孩子却没有，那人因为孩子太多就抛弃自己的骨肉；为何此人在孩子出生之前就恨他们，彼人在孩子出生之后疼爱不已；或者为何可以合理地说，若不是与上帝同在，无物能够形成——因而，所有事物都不可避免地按照秩序形成——然而，求告上帝不是徒劳的。

最后，无论是重负和危险，还是嘲笑和时运的诱惑，怎么能困扰一个义人呢？在这个感觉世界中，确实有必要仔细考察时空是什么，从而知道在某个局部范围内——不论是一个地方，还是一段时间内——的美好事物，相比于那个局部所在的整体来说，就远没有那么美好。再者，一个有学识的人很清楚局部范围内的烦恼事之所以令人烦恼，正是因为整体——那个局部与整体完美一致——是不可见的。但是在可理知的世界中，每个部分都与整体一样美好，一样完全。

如果你们的热情决定遵循我们所提到的那个秩序，或者另一个更加简明而恰当的秩序——但无论如何是一个正确的秩序——并且决心认真持久地遵守它，这正是我真诚建议和热切希望的，那么我们就可以对这些问题作出更详尽的讨论。"

c. 劝勉并离开（20.52—54）

第二十章

劝勉母亲坚守信仰，劝勉阿利比乌斯坚守理性。

52. "为了让我们能够实现这样的愿望，我们要尽最大的努力寻求一种完全正直的生活；否则，上帝不会愿意垂听我们。[①] 而那些生活正直的人，上帝非常乐意垂听。因此，我们不要求告赐予我们财富、荣耀或者诸如此类变化无常的事物，不论你如何努力抓住它们，它们都转瞬即逝；相反，让我们求告能使我们变得善良而幸福的事物。为了保证祷告能尽心尽意，我们委托你来负责，通过你的祷告，我毫不犹豫地相信并且宣称，上帝已经赐给我这样的立志：把发现真理作为最高的价值追求，不盼望、不思考、不热爱其他任何东西。我还进一步相信，通过你的求告，我们将获得伟大的恩福——而正是通过你的功德，我们才开始欲求这样的恩福。至于你，阿利比乌斯，我又何必给予劝告或建议呢？事实上，你现在还不算过度热情的唯一原因在于，对这样的事物的爱，即使已经非常多，也永远不能称之为过多，相反，再怎么多，它也总是不够。"

---

① 参《订正录》1.3.3.

阿利比乌斯祝贺奥古斯丁阐释了毕达哥拉斯的神秘教义。

53. 阿利比乌斯说："你确实做到了这样的事。我们由于平时的思考以及对你个人的尊敬，不仅不怀疑那些博学之伟人的记忆——鉴于他们的成就是如此宏伟壮观，他们的记忆有时候看起来简直不可思议——而且我们现在能够发誓证实它，如果有必要的话。你今天在我们眼前展现的是什么呢？不就是毕达哥拉斯那可敬的且几乎是神圣的教义么？[①] ——确切一点说，表明是他的理论。你已经指出生活的法则和获得知识的途径——并非广阔的平原和宁静的海洋——以及为那人赢得尊敬的观点：真理的神龛在哪里，它们是怎样的，哪一些人力图找到它们？你非常简洁但十分完整地阐述了所有这些，虽然我们有点怀疑甚至相信你可能知道更为隐秘的真理，但我们如果认为可以向你强求更多的东西，那只能说我们自己过于粗暴无礼了。"

54. "我欣然接受，"我回答。"与其说是你的话——你的话说得不对——不如说是你的话里渗透的真挚的感情使我感到高兴和安慰。我们决定把这些文字寄给一个总是很喜欢对我们说许多不实之词的人，这倒是挺适合的；即使其他人可能读到它们，我也不担心他们会对你发怒。说真的，对于一个热情的拥护者，谁不心甘情愿地宽恕他所犯的判断的错误呢？

但是你提到了毕达哥拉斯——我真心相信你想到这一点是出于那看不见的神圣秩序，不论它是什么。因为我完全忽视了非常重要的一点，对于毕达哥拉斯的这一点——如果我们应当相信历史的记载，或者至少谁不愿意相信瓦罗呢？——我一直都深表尊敬，并且如你清楚知道的，我几乎每天赞美它；赞美他最后教导的管理国家的学科，赞美他把这知识教给已经有学问、年龄也成熟、拥有智慧和幸福的学

---

① 参《订正录》1.3.3.

生。他确实认为政治风暴太大，不希望任何人卷入其中，除了这样一个人，如果他掌权的话，就会——几乎像神一般——避开毁灭的礁石；即使一切努力都告失败，可以说，他本人，就成为一块礁石，抵挡风浪。对于这样的人，只能用这样的话才能够恰当地描述：'他巍然屹立，就像波涛汹涌的大海中寂然不动的礁石'①，以及其他诸如此类的精妙描述。"

到此我们的讨论告一段落。夜幕降临，华灯初上，我们各自散去。大家充满喜乐，满有盼望。②

---

① Virgil, Aeneid 7.585.

② 脚注里几次提到《订正录》，需要进一步解释。奥古斯丁在离开卡西西阿库之后的四十五年里，心灵变得更加成熟，他回过头去看，有必要对他最初在哲学上的一些努力作出修正。在《订正录》里，他这样谈到《论秩序》："我觉得这个题目——确实难以理解——不可能通过讨论让我的那些对话者理解，所以我选择了讨论'学习的秩序'（Order of Study），由此使他们从有形事物进展到无形事物。""在这两卷书中，让我感到不满的还有：（1）不断地插入时运（fortune）这个词；（2）当我提到身体感官时，没有加上有形的这个术语；（3）我对博雅知识谈论得太多，其实许多圣徒般的人对这些学科知之不多，而许多道德并不高尚的人倒非常精通；（4）我提到了缪斯是某类女神，虽然带着开玩笑的方式；（5）我把好奇称为一种缺点；（6）我说缺乏真正敬虔的哲学家闪耀着德性之光；（7）我宣称存在两个世界，即可感世界和可知世界时，似乎那不是根据柏拉图或者柏拉图主义哲学家的理论，而是出自我自己之口，似乎他自己也想要指出这一点，因为他没有说'我的国不属世界'，而是说'我的国不属这世界'，尽管这话确实是他说的［约18.36］。但是，即使主基督指出了另一个世界，更确切的理解应该是这样的世界，即当我们祷告时所说的'你的国到来'得以实现时，在那个世界里有新天新地。不过，如果我们注意柏拉图的真实意思，而不只是留意他的措辞——这个词当然也在教会使用，但不是用在那样的背景下——那么他论断了一个可理知世界的存在，就这一点而言他并没有错。永恒不变的智慧本身，就是上帝借以创造世界的智慧——柏拉图称为可理知的世界。如果有人否认这个永恒智慧的存在，那么从逻辑上说——如果没有创世的计划向上帝显现——他必然会主张，上帝没有任何计划地创造了他所造的一切，或者认为，当上帝创造时或者在创造之前，他并不知道他要创造什么。如果上帝有一个计划，就如事实表明的，那么柏拉图似乎就把它称为可理知的世界。然而，如果我们当时对教会著作有充分的了解，就不会使用那个术语。""我感到不满的还有一点，当我说'我们应当作出最大的努力，追求一种最正直的生活'时，我又说'否则我们的上帝就不可能垂听我们；相反，对于那些生活正直的人，上帝非常乐意垂听。'这话似乎暗示上帝不会垂听罪人。福音书里确实有某个人物说过这话，但那个人当时还没有认识基督，基督刚刚使此人恢复视觉能力。我还向哲学家毕达哥拉斯不吝溢美之词，任何读到或听到这些话的人，可能会相信我肯定认为毕达哥拉斯的教义毫无错误，而事实上那里有很多错误，并且都是些原则性的错误。"

论 教 师

奥古斯丁《订正录》I, xii 回顾《论教师》:

差不多同时我写了《论教师》一书。在书中我们经过讨论和探求，发现除了上帝，没有教师能教导人知识，这也就是福音书上记载的:"只有一位是你们的师尊，就是基督。"（太 23：10）《论教师》开篇一句说:"你认为当我们说话时希望达到什么目的?"

导　论

　　奥古斯丁在《订正录》里简短回顾了《论教师》，顺序处于《论音乐》与《论真宗教》之间。据他自己说，该作品与《论音乐》写于同一时间即约 389 年，是回到塔加斯特之后所作。这是他与亲生儿子阿得奥达多斯的一篇对话，儿子当时十六岁，不久就不幸夭折。对于阿得奥达多斯，《忏悔录》（IX，vi. 14）有一处非常有趣的记载。他与父亲及阿利比乌斯于 387 年复活节那天在米兰由安波罗修施洗，"加上我孽海中得来的儿子阿得奥达多斯。这个孩子，你给他很好的资质，还不满十五岁，而聪慧超过许多青年博学之士。……万有的创造者，我在这孩子身上，除了罪业之外，一无所赐。至于我们所以能遵照你的法度教养他，也是出于你的启发，不是别人指导。因此我只能归功于你的恩赐。在我所著《师说》一书中，记述了他和我的谈话。你知道书中所列和我交谈者的议论，便是他十六岁时的思想。我记得他还有许多更突出的见解。这样的天赋真使我惊悚，除了你之外，谁能制造这样的奇迹？你不久就使他脱离尘世，我对此感到安心，他的童年、青年以及他的一生，我可不必为抱杞忧了。"[①] 阿得奥达多斯也出现在《论幸福生活》的讨论中，当时奥古斯丁一行在卡西西阿库小住："最年轻的成员，他的才能——除非做父亲的因宠爱蒙住了眼睛——显示他必有远大前

---

　　①　中译文采用周士良译本，文中提到的《师说》即《论教师》——中译者注。

程。"他在对话中虽然只扮演一个小角色，但他提出的"拥有上帝"就是"拥有清洁之灵"，不仅莫尼卡表示赞同，奥古斯丁也深表认可，并且温和地指出那相当于"拥有幸福生活"。

如果《论教师》确实显示了阿得奥达多斯在对话中的真实贡献，那么他父亲赞赏他的才能就完全合理。如我们看到的，他是作为一个基督徒成长的；我们也可以推断，他的通识教育从来不曾被忽视。这篇父子之间的对话非常清楚地体现了父亲为提高儿子能力的良苦用心，无论如何，在某种程度上，这是一次辩证法的练习。对话最吸引人的特点之一就是再现了父子之间的私人情怀——双方都不时地打趣玩笑，父亲赞赏儿子的机敏、谨慎和虚心，一旦有错，愿意改正，不发脾气；儿子则表现出对父亲的衷心敬仰，还带着几分对辩论的执拗。

该对话是一篇认识论的文章。如何认识真理？如何交流观念？教导在学习过程中起什么样的作用？可以确定，第一部分（1—18）是一次纯粹的辩证法练习，没有什么目的，只是练习而已。幸运的是，阿得奥达多斯以非常精致的方式对它作了简洁清晰的概述（19—20）。10.29开始部分很重要，讨论语词与实物的关系。语词只是符号，因为指向背后的实物才是重要的，但它们自身并不传授知识，最多起激发探求的作用。只有在学生心里经过一个内在过程之后才有可能获得知识。教师通过语词所能做的不过就是引出真理。真理内在于心灵深处，不可能从外部传授。但这并不意味着真理是主观的。它源于上帝，上帝的永恒真理即基督，住在预备接纳他的心灵中。基督是所有能够或者愿意受教的人的内在教师。当然，基督所教导的事也是理性的普遍真理所主张的。历史事件，比如《但以理书》3：27里记载的三少年的故事，不是知识的问题，而是"有益的"信仰问题。

内容提要

1. 1—3. 6　导论

（1）我们使用语词让别人知道我们在想什么，教导或者提醒他们我们所想到的事。（2）我们祷告时也使用语词，尽管我们不必告诉上帝什么。我们思考时也使用语词，但只是为了提醒心灵它们所表示的事物。语词是指示性的符号。（3）几乎不可能越过符号到达"事物本身"。（4）同义词也是符号。（5）手势也是，比如指向一个有形物体。手势符号可以很精致，比如聋哑符号，比如哑剧。（6）但是动作可以不需要符号，只要做动作就可表明。

4. 7—6. 18　语词：只表示符号的符号（同义词）。

（7）我们首先要思考表示符号的符号，尤其是言说或书写的语词。（8）符号与符号表示的事物（significabilia）之间的区分，（9）"符号"；"语词"；"名称"。一个语词就是一个清晰说出的符号。一个名称就是一个特定的语词，表示一个特定的事物，比如河流。（11）"语词"和"名称"在一般意义上（不是在"动词"和"名词"的特定意义上）几乎是同义词，（12）语词（verbum）表示物理特征，名称（nomen）表示心理特征。（13）任何语词，句子的任何部分，都可以用作一个名词。然后是一些证明（13—17）。

7. 19—8. 21　概要重述；对练习的价值的评估。

7. 22—9. 28　表示事物的符号。

（22）homo 这个词表示一个人，但不是一个人。（23）一个人说狮子这个词时，不会有狮子从他嘴里跑出来！（24）当我们使用 homo 这个词时，可能只是意指一个名字，也可能指一个真实的人。（25）被表示的事物比表示事物的符号更重要，因为（26）目的比手段更重要。就语词是传达知识而言，它们是有价值的，但没有知识本身更为珍贵。（28）教育是好事，因为它不仅提供关于"美德"、"邪恶"这些词的知识，而且提供关于美德和邪恶的知识，这些知识是美好生活所必需的。

10.29—13.45　最后的问题。不需要符号所知道的事物。

（30）我们通过给出符号来教导人，没有符号就不能教导任何东西；然而（32）许多事物，比如，自然物体，不需要符号，只要眼睛看见了就能知道。（33）事实上，从符号或语词不能学到任何东西。如果我知道一个词的含义，那这个词没有给我任何新的知识。如果我不知道这个词的含义，那它同样不可能教我任何东西。（34）如果我通过个人经验知道一个词所指的事物，那它只是可理解的。否则，它只能激发我们去探求。（37）我们可能知道用来描述一个历史事件的所有词，但仍然不能知道这个事件本身。我们只能相信它。（38）知识是关于普遍性的，而普遍性不是靠语词能够习得的。我们必须求教上帝的永恒智慧即基督，他住在内在的人里面，根据各人的能力使人看见真理。这种能力依赖于意愿的道德品质。（39）知识或者是感觉知识，或者是理智知识。两者都不是靠语词传达。前者源于感知觉，后者源于沉思。对过去事物的感觉知识作为影像储存在记忆里，除了那些一同经历过的人，不可能向其他人传递。（40）理性的普遍真理不是受教而来的，而是以某种方式存在于心灵里，通过巧妙的提问只是要求人去发现它们。它们不是教师放在学生的心灵里的。（41）学生根据内在真理对教师所说的话作出判断。可能会有欺骗或者误解。（45）即使我们承认，一般而言，语词确实揭示说话者的思想，但这些例外岂不表示语词与思想的对应从来不是非常准确的？教师不是声称教导他们自己的观点，而是教导客观真理，学生是对这些真理作判断。没有哪个人是真正的教师。有些人是教师这个观念源于这样的事实，即对真理的理解与教师的语词之间没有任何可察觉的间隔，但这两个过程是分离的。

16.46　结语

语词只是让我们密切注意着，让我们随时准备学习。知识不是靠外在手段从外面获得，而是从住在我们里面的导师获得。他就是基督，上帝的真理。

论教师
——奥古斯丁与儿子阿得奥达多斯的对话

我们使用符号说话（1.1— 7.20）

我们说话或者是为了教导或者是为了回忆（cmmemoramus）

1.1 奥古斯丁（以下简称奥）：你认为当我们说话时希望达到什么目的？

阿得奥达多斯（以下简称阿）：此时我能想到的答案是，要么想教别人知道些什么，要么想从别人学些什么。

奥：对前者我没有疑义。因为显然，当我们说话时，我们是想让某人知道某事。但是对于后者，我们何以表明想从别人学习呢？

阿：当然是我们提问的时候。

奥：即便那样的时候，按我的理解，我们也是想让某人知道某事。你提问难道不就是为了向被问的人表明你想要知道什么吗？还会有别的原因么？

阿：没有。

奥：所以，你看，当我们说话时，我们所希望的不是别的，就是教某人知道某事。

阿：或许并非完全如此。如果说话是指使用语词，我想当我们吟唱时也是在说话。而我们常常会独自一人吟唱，并没有人聆听。此时我不能认为我们是想要告诉某人某事。

奥：然而我认为有一种教导，一种非常重要的教导，就是提醒人们想起某事。我相信随着我们讨论的展开，这一点会很清楚。然而，如果你不认为我们通过记忆可以学习什么，或者提醒我们想起某事的人并非真的在教导我们，那我也不会强你所难。无论如何，我认为我们使用词语说话有两个目的，一个是教导，另一个是提醒别人，或者也可能提醒我们自己。当我们吟唱时也是如此。你不认为是如此吗？

阿：噢，勉强吧。因为我吟唱很少是为了提醒自己什么事，基本上总是为了自娱自乐。

奥：我知道你的意思。但你没有注意吟唱时使你感到高兴的是旋律吗？旋律可以加上歌词，也可以不加歌词，所以吟唱与说话并不是一回事。笛子和竖琴发出旋律；鸟儿鸣叫；有时候我们哼一段没有词的曲子。所有这些都可以称为吟唱，但不是说话。你不同意么？

阿：没有，完全同意。

我们祷告时并不需要说话

1.2　奥：那么你同意说话没有别的原因，就是为了教导或者为了回忆？

阿：如果我没有深深记得我们祷告也用语词这一事实，我可能会同意你的观点；然而，若以为我们在教导上帝什么或者提醒他想到什么，肯定是不当的。

奥：我想你不会不知道我们一直被要求进入内屋里祷告①吧，所谓内屋，就是我们心灵最深处（mentis penetralia）。之所以如此要求，不外乎上帝并不需要靠我们的话提醒或告知，以便给予我们所欲求的东西。说话者通过发出清晰的声音这种外在符号，表明他想要的东西。但是寻求上帝、向上帝祷告是在理性灵魂的隐秘之处，那里被称为"内在的人"（homo interior）。他希望这地方成为他的殿。你没有读过使徒

---

① 《马太福音》六章6节。

的话么？"岂不知你们是上帝的殿、上帝的灵住在你们里头吗？"①又说："使基督……住在你们心里。"② 你没有注意先知的话么？"你们在床上的时候，要心里思想。当献上公义的祭，存盼望在耶和华里。"③ 你认为公义的祭该献在哪里呢？不就是在心里的殿里、心里的床上么？在哪里献祭，就在哪里祷告。因此，当我们祷告时，并不需要说话，即不必说出清晰的词，除非是祭司，或许要说某些词表明他们心里的思想，但不是为了让上帝听见，而是为了叫人听见，使他们进入回忆，然后产生几分意愿，同意把自己交托在对上帝的依靠之中。你觉得呢？

阿：我完全同意。

奥：我们伟大的主在教导门徒祷告时，教给他们一些话④，所以看起来似乎他是在教导门徒祷告时应当使用哪些话，这一点让你感到困惑么？

阿：不，我没有感到困惑。因为他不只是教他们话语，而且通过话语，通过能让他们不断回忆的方式，教导他们真实的事物——当他们在心灵最深处（如我们所说）祷告时，应该祷告什么，向谁祷告。

奥：你理解得完全正确。我相信你还注意到另外一点。有人会提出异议说，虽然我们没有发出声音，但我们在思想时仍然要用到语词，因而是在心里说话。然而，这样的说话不过是呼唤回忆，想起真实的事物，语词只是它们的符号，因为记忆保留着语词，把这些语词不断地翻来翻去，事物本身就浮上了心田。

阿：我明白，请继续。

① 《哥林多前书》三章16节。
② 《以弗所书》三章17节。
③ 《诗篇》四篇4—5节。
④ 《马太福音》六章9—13节。

语词是符号……

2.3　奥：那么我们同意语词是符号。

阿：没错。

奥：那怎样？符号若不表示某物，它能是符号么？

阿：不能。

奥：在以下这句诗里有多少个词？ Si nihil ex tanta superis placet urbe relinqui[①]（"如果让如此伟大的城片甲不留使诸神高兴。"）

阿：八个。

奥：那就是有八个符号喽？

阿：是的。

奥：我想你明白这句诗的意思。

阿：我想是的。

奥：请告诉我每个词是什么意思。

阿：我知道 si（如果）指什么，但我想不出另外的词来解释它。

奥：不论这个词表示什么，至少你可以发现它所表示的心理状态。

阿：我想它表示怀疑，而怀疑不就是在心里吗？

奥：我同意。请解释下面的词。

阿：Nihil 不就是指那不是的东西么？

奥：或许你是对的。但是你上面刚刚承认的话使我不能表示同意。你承认只要是符号就表示某物。而这里，不是的东西无论如何不可能是某物。所以句子中的第二个词不是符号，因为它不表示某物。因此我们规定所有语词都是符号，或者所有符号必然指某物，是错误的。

阿：你把我逼到绝境了。但是可以肯定，如果我们使用语词却不赋予它意义，那是完全荒谬的。当你与我说话时，我相信你不会只是发出

---

① 维吉尔《埃涅阿斯纪》，2，659。

一些空洞的声音，从你嘴里发出的每一个词，都是给我一个符号，让我明白某个事。所以，你若不是要用这两个音节（ni'hil）来表示什么意思，你就不应在说话时发出它们。如果你觉得要阐述某个观点、教导或者提醒我们某事必须发出这两个音节，那么你肯定也知道我想说但说不清楚的意思。

奥：那我们要怎么做呢？我们是否可以说，nihil 这个词表示心灵的一种状态，而不表示是"无"（nulla）的某物？我的意思是说，心灵此时不是看到了某个事物，而是发现或者认为自己发现了虚无（non esse）。

阿：或许那就是我试图解释的意思。

奥：无论如何，让我们继续往下，免得出现非常荒谬的事。

阿：什么意思？

奥：如果"无"（nihil）阻止我们，使我们耽搁不前。

阿：这确实荒唐可笑，不过，我看这有可能发生，事实上已经发生了。

或者表示其他符号……

2.4　奥：如果上帝允许，我们会在适当的时候更清楚地明白这类难题。现在回到那句诗上，请你尽你所能解释其他词表示什么意思。

阿：第三个词是介词 ex，我想我们可以用 de 来解释。

奥：我不是要求你用一个你认为意思相同、众所周知的词来代替另一个同样众所周知的词，就算它们真的意思相同。不妨暂且承认可以那样吧。如果诗人写的不是 ex tanta urbe，而是 de tanta urbe，而我问你 de 是什么意思，你可以说是 ex，因为这两个词，即两个符号，在你看来表示同一个意思。但现在我要寻找的是这两个符号所表示的那个事物是什么。

阿：我想，它们表示一物 A 从另一物 B 的分离，A 原本存在于 B

中，所以说 A 属于 B，或者来自于 B。这里有两种情形。或者 B 不再留存，如在该诗句中，因为特洛伊城已经被毁，但属于特洛伊的一些人可能仍然存在；或者 B 留存，比如我们说来自罗马城的商人在非洲。

奥：我愿意承认你的观点，不再列举许多可以找到的与你的规则相左的例外情形。但是你至少应该注意到，你一直在用词来解释词，即用符号来解释符号，用众所周知的词和符号解释同样众所周知的词和符号。而我希望你告诉我，如果能够，这些符号表示什么事物。

或者表示事物……

3.5　阿：我很吃惊你竟然不知道，或者毋宁说假装不知道，你所要求的不可能在谈话中做到，因为在谈话中，我们只能用语词来回答问题。你要求指出事物本身，不论它们是什么，事物当然不是语词，但你也在使用语词问我问题。你先做到不使用语词提问，那我也不使用语词回答。

奥：我承认你的质问是正当的。但是如果我问，当你发出 par－i－es（墙）这三个音节时，它们意指什么，你难道不会用你的手指给我看，这样我就马上明白这三音节的词是表示什么事物的符号了吗？这样，你指出了它却没有使用任何语词。

阿：我承认这是可能的，但唯有当这个词表示形体（corpora），而这个形体就在身边时才行。

奥：不过，相信我们不会把颜色称为形体吧？它岂不应该是形体的一种性质？

阿：是这样的。

奥：那为何它也可以用手指指出来呢？你是否把形体的性质包括在形体里？至少就它们也可以不用词语而被人认识这一点来说如此。

阿：我说的形体是指所有我想要认识的有形事物，即感知可感知到的物体的所有性质。

奥：但是请想一想，是否应该有些例外。

阿：你提醒得很及时。我不应该说所有形体，而应说所有可见形体。因为我得说，声音、气味、品位、重量、热量等等，属于其他感官，虽然离开身体不能感知它们，因而是属于形体的，但不能用手指把它们指出来。

奥：你没有看到过人们如何通过手势与聋人交谈，同样，聋人也通过手势问答，指教和表明他们的种种意愿，或者至少表达大部分意愿？因此，不仅可见的事物可以不使用词语指出来，而且声音、味道以及其他诸如此类的事物也可以。演员也常常在剧院里通过单纯的舞蹈，不使用任何语词就展现并演绎出完整的故事。

阿：我没有什么反对的话，只有一点，不论我，还是你那个舞蹈演员，都永远不可能不用语词向你指出介词 ex 意指什么。

或者我们甚至意指行为

3.6　奥：或许你是对的。但假设他能。我想你可能会毫不犹豫地说，无论他用怎样的身体动作努力向我表明那个词所表示的事物，它仍然是一个符号，不是事物本身。因此，虽然他没有用词来解释词，但仍然是用符号来解释符号。所以，不论是这个单音节的词 ex，还是他的姿势，都表示一事物，我要求不用任何符号直接向我指出这是什么。

阿：拜托！这怎么可能呢？

奥：墙做到了。

阿：即使是墙，按照我们的推理，没有指示的手指也不能把它指出来。伸出手指这并不是墙，而是符号，通过这个符号指出了哪个是墙。就我所知，没有事物可以不用符号就能指示出来。

奥：假设我问你行走（ambulare）是什么，你就站起来做走的动作，那么难道你不是用事物本身向我表明，而是用词语或者符号？

阿：当然，没错。我很惭愧没有想到这么明显的事实。现在我想到了成千上万的事都可以直接表明，而无须符号，比如吃、喝、坐、站、喊，以及其他数不胜数的事。

奥：那好，请回答我以下问题。假设我不知道"行走"这个词的含义，当你正在行走时我问你"行走"是什么，那么，你会怎么教我呢？

阿：我会走得更快一点。速度的变化会让你注意到我在回答你的问题，并且我会一直做这个动作，没有比这样做更能表明它的含义了。

奥：但你知道行走与急赶（festinare）两者是有分别的。行走的人不会突然急赶，急赶的人不是非走路不可。我们可以说在写作、阅读以及许多其他事上急赶。所以，如果听了我的提问，你仍然做一直在做的动作，只是速度加快一点，那我就会得出结论说，行走不是别的，就是急赶，因为加速是你动作的新特点。这样我就会被误导。

阿：如果有人问我们一件事，而这事就是我们正在做的行为，那么我承认，没有符号，无论如何都无法表明它是什么。如果我们不给正做着的动作增添新的动作，那我们的提问者会以为我们不愿向他表明，对他不加注意，只是重复原来的动作。但如果他的提问是关于我们可以实施的行为，而且当他提问时我们没有在做这些行为，那么如果他问了，我们就可以做给他看，这样就能通过事实本身而不是符号表明他所问的事了。但是有一个例子很特殊：如果我在说话时，有人问我"说话"是什么。为了让他知道说话是什么，我必须说话，不论我实际上说的是什么。我会一直这样教，直到他弄明白了他所要知道的事，我既不离开他希望向他表明的事物本身，也不寻求事物本身之外的符号来表明这件事。

因此有三类符号

4.7　奥：说得非常精辟。现在，我们是否同意有两类事物无须符号就可以表明：一类是当有人问我们时，我们没有做，但可以马上开始做的事；一类是其行为就在于给出符号？比如我们说话，就是作符号，也就是用符号来表示，由此引申出动词"表示"（significare）。

阿：同意。

奥：如果问及的只是符号，那么符号可以用符号来表明。如果问及的是并非符号的事物，那么只要可能，就在问题提出之后直接实施行为来表明，或者提供能让人想起事物的符号。

阿：确实如此。

奥：所以，这里我们有了三个类别。首先我们来思考，如果你愿意，用符号来表明符号的情形。语词不是唯一的符号吧？

阿：不是。

奥：在我看来，我们说话时，可以用语词表示语词或其他符号，比如我们说"姿势"或"字母"，因为这两个词也表示符号。或者我们也可以用语词表示不是符号的东西，比如我们说"石头"。这个词是符号，表示某物，但它所表示的东西不是符号。不过，这一类，即语词表示不是符号的事物，目前与我们的讨论无关。我们要思考的是用符号来表示符号的情形，我们发现它们可分为两类。一类是我们通过符号教导或回忆类似的符号；另一类是我们通过符号教导或回忆不同的符号。你认为呢？

阿：很清楚。

符号或者表示其他符号或者表示事物

4.8　奥：请告诉我，口头的文字符号与哪一种感官相关？

阿：听觉。

奥：那手势呢？

阿：视觉。

奥：书写的文字怎样？可以肯定它们是文字吗？或者把它们看作文字的符号更恰当？一个词就是清晰发出的有意义的声音，而声音只能被耳朵听到。当文字书写下来，就成了给予眼睛的符号，由此，原本属于耳朵的东西被引入了心灵。

阿：我完全同意。

奥：我想你也会同意，当我们发出"Nomen"（名称或名词）这个词时，我们是在指某物。

阿：没错。

奥：那怎样呢？

阿：也就是用来称呼某物或某人，比如罗姆鲁斯（Rumulus）、罗马、德性和河流等等。

奥：这四个名称都是指某物。

阿：确实如此。

奥：这些名称与它们所指的事物之间有区别吗？

阿：区别很大。

奥：我希望你能告诉我有什么区别。

阿：首先，名称是符号，事物不是。

奥：对于我们能用符号表示但又不是符号的事物，我们可否称之为"可指示的"（significabilia），就如我们把可以看见的事物称为可见的（visibilia）？它会使我们的讨论更加简洁有序。

阿：很好。

奥：你刚刚提到的这四个符号是否可以用其他符号来表示？

阿：我很奇怪，难道你认为我会忘记我们已经发现，书写的文字是言说文字的符号？因此，它们是符号的符号。

奥：那分别在哪里呢？

阿：书写的文字是可见的，言说的文字是可听的。既然我们可以说"可指示的"，为何就不能使用"可听的"（audibilia）这个词呢？

奥：我完全同意，很感谢你的提议。但我要再问，这四个符号是否能被其他任何可听的符号以及你想到的可见的符号表示呢？

阿：我记得我们在刚刚的讨论中也谈过这一点了。我说，名称表示某个事物，然后举了四个例子。我知道"名称"这个词和这四个名称只要说出来都是可听的。

奥：那么，一个可听符号与它所表示的其他可听符号之间有什么区别呢？

阿：就我所知，"名称"这个词与四个例子之间的区别在于，前者是可听符号的符号，后者不是符号的符号，而是事物的符号。有的是可见事物的符号，比如罗姆鲁斯、罗马、河流，有的可理知事物的符号，比如德性。

在宽泛的意义上语词就是有含义的符号

4.9　奥：我明白，也赞同。不过，你知道凡是清晰发出且有一定含义的声音都称为词吗？

阿：我知道。

奥：因此，一个名称，当它清晰发出来且带有一定意义时，就是一个语词。当我们说，说话流利的人使用了好词，我们的意思是说他使用了名称。当特伦斯笔下的仆人赶回来他对年老的主人说"我向你寻求美言"① 时，他用了多个名称。

阿：我同意。

奥：所以当我们发出 ver－bum （词）这两个音节时，我们也指一个名称，而且这一个（词）是另一个（名）的符号。

阿：同意。

奥：这里还有个问题我希望你能回答。你说，"词"是指向"名"的符号，"名"是指向"河流"的符号，"河流"是某个能看见的事物的符号。你还解释了这"事物"与它的符号"河流"之间的区别，以及"河流"与"名称"——符号的符号——之间的区别。那么某个名

①　Trence, *Andria* 204.

称的符号，也就是一个词，与名称本身——词是它的符号——之间，你认为有什么分别？

阿：我认为，用"名称"表示的也就是用"语词"表示。一个名称就是一个词，"河流"是一个词。不过，并非凡是用语词表示的，都用名称表示。比如，你引用的那句诗第一个词 si，还有 ex——我们这个漫长的推理就是从那里开始的——它们是语词，但不是名称。这样的词还有很多。也就是说，所有名称都是语词，但并非所有语词都是名称。所以我想，显然，一个语词与一个名称之间的区别是两种符号之间的区别，一种符号，它所表示的符号不指向别的符号；另一种符号，它所表示的符号又指向其他符号。

奥：每匹马都是动物，但每个动物不都是马吧？

阿：毫无疑问。

奥：名称与词语之间的分别就如同马与动物的分别。除非你考虑到一个情况，或许你不同意这一点，这个情况是，我们在某种特定的意义上使用"动词"（verbum）这个词来表示那些有时态的事物。比如我写，我曾经写过；我读，我已经读过。显然，这些词不是名称。

阿：你提到的恰恰是使我感到犹豫的情形。

奥：别为此困惑。无论如何，凡是使用语词，表示某物的时候，我们都是宽泛地谈论符号，没有任何限制。另一方面，我们谈到军事符号，那是专门称为符号的，因为没有使用语词。如果我对你说，正如每匹马都是动物，但并非每个动物都是马，同样，每个语词都是符号，但并非每个符号都是语词，我相信你不会犹豫不决的。

阿：现在我明白了。在宽泛意义上，一个语词与一个名称的区别就等同于动物与马之间的区别。我同意这一点。

列举表示自身的符号……

4.10　奥：你知道当我们说"animal"（动物）时，我们用声音发出的这个三音节名称与它所表示的那个事物是两回事？

阿：我们前面已经承认，所有符号与"可用符号表示的"事物都如此。

奥：你是否认为所有符号都表示不同于它们自己的某物，正如"animal"（动物）这个三音节词不能表示这个词自身？

阿：不完全如此。比如，当我们说"signum"（符号）这个词时，它不仅表示所有其他符号，也包括它自己。因为它是一个词，而所有词都是符号。

奥：当我们说 verbum（语词）这个双音节词时，岂非也是如此？如果这个词表示所有清晰发出的有意义的声音，它自身就包括在这样的类别里。

阿：没错。

奥："名称"这个词岂不同样如此？它表示所有类别的名称，而它自身不是任何类别的名称。如果我问你，在一句话里哪个成分是名称，你只能说名词（nomen），不然你的回答怎么可能正确？

阿：确实。

奥：因此有些符号既表示其他符号，也表示自己。

阿：有这样的符号。

奥：你是否认为当我们说四音节的"连词"（coniunctio）这个符号时也同样如此？

阿：决不可能，因为它虽然是个名称，它所表示的事物却不是名称。

以及指向彼此的符号……

5.11 奥：你一直很专心。现在请思考，是否有一些符号彼此表示，这一个由那一个表示，那一个由这一个表示。"连词"这个词以及它所表示的语词，比如：如果、或者、因为、因此、由于以及诸如此类的，不属于这种情形。因为所有这些词都由那一个词（连词）表示，但它们中没有哪一个表示那个词。

阿：我明白。我很想了解哪些符号彼此表示。

奥：你知道，当我们说"名称"和"语词"时，我们用了两个词。

阿：没错。

奥：你也知道，当我们说这两个词时，我们同时使用了两个名称。

阿：是的。

奥：所以"名称"表示"语词"，正如"语词"表示"名称"。

阿：我同意。

奥：除了它们的发音不同，拼写不同外，你还能说出它们有什么分别吗？

阿：或许我能。记得我前面说过，"语词"这个词我们指一切清晰发出声音且具有某种含义的东西。所以每个名称，包括"名称"这个词，都是一个语词；但并非每个语词都是名称，尽管"语词"这个词本身是一个名称。

正如语词和名称

5.12　如果有人断定并且证明，正如每个名称是一个语词，同样每个语词也是一个名称，那怎样呢？除了发音和拼写之外，你能指出两者的区别吗？

阿：我不能。我不认为有什么区别。

奥：如果所有清晰发出且有含义的声音既是语词又是名称，只是出于这种原因，被称为语词，出于那种原因则被称为名称，那怎样呢？名称与语词之间就不会有任何分别了吗？

阿：我不明白怎么会这样。

奥：无论如何你总明白，凡是有颜色的事物（coloratum）都是可见的（visibile），凡是可见的事物都是有颜色的，尽管这两个词具有完全不同的含义。

阿：我明白。

奥：如果同样，每个语词就是一个名称，每个名称就是一个语词，尽管语词和名称这两个词有不同的含义，那怎样？

阿：我现在知道很可能是这样，但我期待你说明是怎么回事。

奥：我想你知道，每个清晰发出且有意义的声音撞击耳朵，使自己被听到、被记住和被认识？

阿：我知道。

奥：因此，每当我们说话时，就有两件事发生。

阿：确实如此。

奥：如果其中一件事使词称为词，另一件事使名称为名，那怎样？也就是说，如果 verbum（语词）源于 verberare（敲打），nomen（名称）源于 noscere（知道），前者因耳朵所遭受的事，后者因心灵里所发生的事，各得其应得之名，那怎样呢？

每个词都是它所表示的含义

5.13　阿：当你说明了我们如何可以恰当地说所有语词都是名称之后，我会同意这一点。

奥：那容易。我想你曾经学过现在还记得，一个代词之所以这么称呼是因为它可以代替一个名词（nomen），尽管它对事物的特征描述不如它所代替的那个名词充分。我相信你过去常常向你的语法老师重复这样的定义：代词是句子中的一个成分，可以取代名词描述同一个对象，只是不如名词那么充分。

阿：我记得，我也赞同。

奥：所以，根据这个定义，你知道代词只能用于名词，只能放在名词的位置。比如，我们说"这个人"、"国王本人"、"同一个女人"、

"这金子"、"那银子"。"这个"、"那个"、"本人"、"同一个"是代词，"人"、"国王"、"女人"、"金子"、"银子"是名词，名词描述事物比代词更全面。

阿：我明白并同意。

奥：现在请随便说出几个连词。

阿："和"、"但"、"也"。

奥：你认为你提到的所有这些是名称（名词）么？

阿：根本不是。

奥：当我说"你提到的所有这些"时，你认为我用词是否准确呢？

阿：非常准确。现在我明白你用一种了不起的方式向我表明我提到的这些是名词，否则就不可能用"这些"来指代。但我仍然有点疑惑。我判断你的用词正确是因为这些连词不可否认是词，因此我们可以正确地说它们"所有这些"，即"所有这些词"。如果你问我句子中的哪个成分是"词"，我只能回答"名词"。因此，你的表述正确或许是因为这个代词无疑附属于这个名词。

用保罗的话证明……

5.14　奥：非常精辟的观点，不过你错了。为纠正你的错误，请仔细听我讲，但愿我能表达清楚。用语词来讨论语词太复杂了，就如同手指与手指交叉摩擦，若不是行为者自己，别人难以分辨哪几个手指在摩擦，哪几个在协助它们摩擦。

阿：我正全神贯注哪，因为你的比喻引起了我的极大兴趣。

奥：语词是声音和字母的结合。

阿：没错。

奥：我们不妨引用那位伟大权威的话，他就是我们最敬爱的使徒保罗。当他说："在基督，总没有是［est］而又非的，在他只有一是

［est］"①，我想，我们不能认为在基督里的是这三个字母 e－s－t，而要认为是它们所表示的含义。

阿：一点没错。

奥；当保罗说"在他只有一是［Est］"时，你要理解，他的意思就是说"在他里面的是我们所说的是"。如果他说："在他有的是美德［virtue］"，他可能意指"他里面有的是我们所说的美德"。当我们说在他有美德［virtue］时，我们不能认为我们使用的是两个音节，而是指"美德［virtue］"这个词所意指的性质。

阿：我听着哪。

奥：你知道"被称为美德"与"被叫作美德"两者没有什么区别，是吗？

阿：很显然。

奥：同样清楚的是，"在他有那称为是的"与"在他有那叫作是的"两者之间没有分别。

阿：我看没有任何分别。

奥：你明白我现在要努力向你指明的是什么吗？

阿：不太明白。

奥：你知道一个名称就是称呼一个事物的东西。

阿：没有比这更清楚的了。

奥：这样你就知道，如果在他有称为是［est］的，这［est］就是一个名［名词］。

阿：无可否认。

奥：但如果我问你，这句话里的 est 是什么成分，我想，你会说它不是名词，而是动词，尽管我们的推论告诉我们它也是名词。

阿：你说得一点没错。

---

① 《哥林多后书》一章 19 节。

奥：你仍然不情愿按我们所表明的方式把这个句子的其他成分看作名称（名词）么？

阿：既然我得承认它们可能是某物的符号，就不会不情愿了。但是如果你问它们所表示的具体事物被称为或叫作什么，我就无法回答了。我只能指出，这个句子的哪些成分我们通常不叫作名称，但现在我知道我们不得不这样称呼。

与希腊语对应……

5.15. 奥：万一有人说，我们不应在使用语词上，而应在实在问题上诉诸使徒的权威，这样就可能动摇我们的论证，这种可能性难道不会让你不安么？因为这样一来，我们论证的根据就没有我们当初设想的那么确定。有这样的可能：虽然保罗行得绝对正当，教得完全正确，但当他写"在他只有一是"时，所用措辞并不十分准确，尤其是他本人也承认他对说话不太擅长①。你认为我们该如何反驳这样的人？

阿：我提不出什么反驳他。请你在公认的语言大师里找个人，借助他的权威来说明你想要说明的问题。

奥：你认为不借助于权威，理性本身不足以说明。但是理性本身表明，这个句子的所有部分都可以表示某物，因此它们都可以是名称或名词。比较一下不同的语言，可以非常明显地看到这一点。如果你问，我们说的 quis，希腊语的称呼是什么，回答是 tis；对应 volo 的，是 thelo；对应 bene，是 kalos；对应 scriptum，是 to gegrammenon；对应 et 的，是 kai；对应 ab 的，是 apo；对应 heu 的，是 oi。因此，如我所列举的，对句子的所有部分都可以提问。除非它们都是名词，不然不可能这样提问。当我们通过这样的推理过程，不借助于任何雄辩家的权威，证明了使徒保罗说得正确，何必再去寻求什么人，以他的个人权威来支持我们

---

① 《哥林多后书》十一章 6 节。

的观点呢？

图利乌斯和大师们的教导

5.16　不过，万一有人因生性比较愚笨或者轻率表示不同意，反而说他只服那些得到普遍认可、能够制定语言法则的权威，那么，在拉丁语上还有比西塞罗更杰出的人么？然而他在其最高雅的演讲——被称为威里奈演讲（Verrine orations）——中，说 coram 是个名词[①]。其实，coram 是个介词，或者在那个具体段落里可能是个副词。当然也有可能我没有准确理解那段话，其他人或许会作另外的解释，但是我想，这是谁也无法断定的问题。最优秀的辩证法大师告诉我们，一个完整的句子，不论是肯定句还是否定句（图利乌斯在某个地方也称为论断[②]），由一个名词和一个动词构成。如果动词是第三人称的，那么——他们说，并且说得对——名词必然是主格。现在请思考：当我们说"人坐着"，"马奔跑"时，你知道这是两个论断。

阿：是的。

奥：每个论断中都有一个名词，在一个论断里是"人"，另一个是"马"。同样两个论断各有一个动词，一个是"坐"，另一个是"奔跑"。

阿：我注意到了。

奥：如果我只是说"坐"或"跑"，你就会非常恰当地问我"谁或什么"？我就得回答："人"、"马"、"动物"或者其他名词，把这些词加到动词上，就完成了一个论断，或肯定或否定的句子。

阿：我明白。

奥：现在听好。假设我们看到某个对象非常远，不清楚它是动物、

---

① Cicerone, *In Verr. act. sec.* 2, 42, 104.

② Cicerone, *Tusc.* 1, 7, 14.

石头抑或别的什么。假设我对你说："因为它是个人，所以它是动物。"我难道不是说得太草率了吗？

阿：没错。不过，如果你说"如果它是人，它就是动物"，那就不见得草率。

奥：你说得对。所以在你的句子里，"如果"使我们俩都感到满意，而在我的句子里，感觉"因为"用得不对。

阿：我同意。

奥：那么这两个论断是完整的句子么？"'如果'使人满意"（placet Si），"'因为'是错的"（displicet，quia）。

阿：是的，是完整的句子。

奥：请告诉我，哪个是动词，哪个是名词？

阿：动词是"使人满意"和"是错的"，那名词必然是"如果"（si）和"因为"（quia）。

奥：由此足以证明这两个连词也可以是名词。

阿：充分证明。

奥：你自己是否能够证明这个句子的其他成分符合这个法则？

阿：可以。

名词与实词（vocabulum）相互表示

6.17　奥：我们继续吧。告诉我，你是否认为，正如我们发现所有语词都是名称，所有名称都是语词？同样，所有名称都是实词（vocabulum），所有实词都是名词（名称）？

阿：除了音节的发音，我看不出它们之间有什么分别。

奥：我暂时没有异议，尽管有人认为它们的含义也有区别，但我们现在不必考虑他们的观点。不过，至少你注意到，我们已经找到彼此表示的符号，它们除了声音之外不存在什么区别，与句子的其他部分一起表示它们自己。

阿：我不明白。

奥：你不明白"实词"表示"名词"，"名词"表示"实词"，并且就"名词"的一般概念而言，除了发音不同，它们之间没有任何分别么？当然，当我们用"名称"（或名词）来表示句子八个部分中的一个部分，而区别于其他七个部分时，我们是在具体的意义上使用它。

阿：我明白。

奥：当我说实词和名词彼此相互表示时，指的就是这个意思。

除了发音外完全相同

6.18　阿：我明白，但我不知道你说"它们与句子的其他部分一起表示它们自己"是什么意思。

奥：我们前面的讨论不是告诉我们，句子的所有部分都可用作名词和实词，也就是可以用名词和实词这两个符号来表示？

阿：没错。

奥：如果我问你 no－men 是什么意思，也就是由这两个音节发出的声音是什么意思，你难道不会准确地回答说是 nomen（名词）？

阿：会的。

奥：但是不能肯定，当我们拼读四音节 con－junc－ti－o（连词）时，这个符号是否也表示它自身？事实上，这个名词不可能属于它所表示的连词之列。

阿：我承认如此。

奥：所以你可以明白，当我说一个名词连同它所表示的其他所有事物表示它自己时所指的意思。你如果愿意，可以自己以"实词"为例得出这一点。

阿：易如反掌。不过此时我想到一点，"名词"既在一般意义上也在特定意义上使用，但"实词"并不属于句子的八个部分。所以除了发音不同外，必然还有含义的不同。

奥：nomen 与 onoma 除了拉丁语与希腊语之间的发音不同外，还有什么区别？

阿：就这个词而言，我认为只有发音不同。

奥：所以我们发现了既表示自己又彼此表示的符号。一个表示什么，另一个也表示什么，它们只有发音的区别。我们刚刚找到这第四种特征。另外三种我们在关于名称和语词的讨论中已经知道。

阿：没错，那就是我们所发现的。

阿得奥达多斯概述讨论……

7.19　奥：我希望你能回顾一下我们从讨论中得出了什么结论。

阿：我会尽我所能。首先我记得，我们花了一段时间探讨我们为何使用语词说话，我们发现我们这样做是为了教导或者回忆。甚至当我们提问时，我们的动机也只是让被问者知道我们想听到什么。我们唱歌似乎是为了娱乐，但乐趣源于旋律，并非因为所唱的歌词。在向上帝祷告时，我们不可能认为上帝需要指教或者回忆，所以当我们使用语词时我们是为了提醒自己或者告诫、教导别人。然后我们认定语词就是符号。除了自身之外不表示某物的不能算符号。再后你引用了诗句 "si nihil ex tanta superis placet urbe relinqui"[①]，我试图表明每个词都有意指。但我们找不到第二个词意指什么，尽管众所周知它显然是个词。我认为我们把它放在句子里并非毫无意义，总是要表达某物，或许说明人的心理状态，他发现所探索的对象不存在，或者至少认为他有了那样的发现。你提出一种打趣的回答，以避开问题的艰涩，把它放到另外时间讨论。别以为我会忘记你还欠我一个解释。然后我试图解释第三个词，你敦促我不要用同义词来解释它的意思，而要表明这个词所表示的事物本身。我说在讨论中不可能这样做，于是我们谈到可以用手指指出的事物。我

---

① 维吉尔《埃涅阿斯纪》，2，659。

想所有形体都属于这一类，但我们发现唯有可见事物属于这一类。然后不知为何我们谈到聋子和演员，他们不置一词，只用手势不仅表示可见事物，而且还表示很多意思，几乎包括我们所谈论的一切事。于是我们认定这些手势也是符号。然后我们开始探讨如何能够不用符号指出实际的事物，因为墙壁、颜色和所有可见事物，只要手指一指就可指明，但这手指本身就是符号。然后我说，没有任何事物可以不用符号来表明，但这是错误的。我们同意在行为中这是可能的，只要有人问我们时，我们没有在做这些动作，但一旦被问，就可以开始做。不过，说话不属于这样的行为，因为即使我们在说话时有人问何谓说话，显然可以轻而易举地通过说话本身表明这个行为。

以及所谈到的符号

7.20 因此我们知道，符号可以表示符号，也可以表示不是符号的事物。同样，没有符号，也可以表明一旦被问就可以做的行为。关于这三种情形，我们艰难地思考了第一种情形。讨论显示，一方面有些符号不能由它们自己所表明的符号来表明，比如"连词"这个词。另一方面，有些符号则能，比如"符号"这个词表示一个词，"语词"这个词表示一个符号，所以"符号"和"语词"既是符号也是词。在这种相互表示的符号里，可以看到不同程度的对应性。这个双音节的 sig - num（符号），当我们说出这个词时，它意指一切可用来表示任何事物的东西，但 verbum（词）这个词并非一切符号的符号，只是那些可清晰拼读出来的符号的符号。因此显然，虽然 sig - num（符号）是 ver - bum（语词），verbum（语词）也是一个 signum（符号），但 signum（符号）应用范围比 verbum（语词）更广。不过，在一般意义上，verbum（语词）和 nomen（名称、名词）应用范围相同。我们的讨论表明，说话的所有部分都可以是名词，因为代词可以取代它们，或者加在它们之前。关于所有部分，都可以说它们"命名"某物，它们没有哪个不能成为动词的主语，构成一个完整的句子。不过，虽然"名词"和"语词"有同样的使用范围，因为所有词都是名，但它们在含义上并不相同。我们提出一个可能的理由说明"词"和"名"之间的分别，即 verbum 源于 verberare，敲击耳朵，nomen 源于回忆的心理过程。当我们想要记起某物时，我们会正确地说："它叫什么名？"但我们通常不说："它的词是什么？"关于完全同义，除了发音和拼写不同外，并不存在其他区别，我们找到的唯一一例子是 nomen 和 onoma，拉丁词和它对应的希腊词。在相互表示的符号中，有一点被我忽略了，即我们找不到任何符号只表示其他符号而不表示自身的。就是这些！我已经尽我所能回忆了。我相信在我们的谈话中，没有哪一点不是你精心设计的，你会知道我是否准确而有序地概括了我们的谈话。

通过探讨引导

8.21　奥：你其实如我所愿地回顾了谈话内容。我得承认，现在我看这些区别比我们在讨论中刚把它们从未知的隐蔽之处提炼出来时要清晰多了。不过，现在还很难说我们如此费力而曲折地前进，究竟能达到什么目标。你很可能会认为，我们不过是在玩一个游戏，通过这些显然挺幼稚的问题使理智暂时离开那些严肃的问题，或者也产生了一点微不足道的益处，如果有的话。或者你猜想我们的讨论应该产生某种更大的益处，你现在想要知道它是什么，或者至少能告诉你是什么。我希望你相信，尽管我们可能在自娱自乐，但我在这样的谈话中从来不玩无聊的游戏。事实上，不能把这游戏看作幼稚可笑的，也不能认为它给人的益处微不足道或者并不太多。如果我说，有一种永福的生活存在，我渴望上帝，也就是真理，能根据我们可怜的能力，一步步地将我们引向那里，如果我这样说，我怕会显得可笑，因为我经历了这么长的行程，思考的是符号，而不是它们所指示的事物。因此，如果我跟你游戏，不是为了好玩，而是为了练习我们的理智能力，使其变得敏锐，这样我们才能不仅承受幸福生活所在的那个领域的热和光，而且热爱它们，那么你会宽恕我的。

阿：按你的思路继续进行吧。凡你认为必须说、必须做的事，我绝不会认为不值得专注。

被指示的事物比符号更好（22—23）

8.22 奥：那我们要思考问题的另一方面，就是符号指示的不是别的符号，而是我们已经同意称为"可指示的"事物。首先告诉我，人（homo）是否是人。

阿：我不敢确定你是否在开玩笑。

奥：为什么？

阿：因为你认为有必要问我这个问题。

奥：我敢说，如果我问你那个名词的第一个音是否 ho，第二个是否 mo，你也会认为我是在开玩笑。

阿：肯定会。

奥：但这两个音节合起来构成 homo，你同意吗？

阿：谁会否定呢？

奥：现在我要问，这两个音节合起来构成你吗？

阿：当然不。不过，现在我明白你的意思了。

奥：那你请说，免得我看起来似乎是在滥用语言。

阿：你认为结论是：我不是一个人。

奥：既然你同意得出这一结论的所有前提都是对的，你难道还不同意这一结论吗？

阿：我不会告诉你我的观点，除非你先告诉我，你在问人是否是人的时候，你是意指这两个音节构成的词 homo，还是这个词所表示的事物。

奥：毋宁说你告诉我，你是在哪种意义上理解我的问题。如果它模棱两可，你就应当小心，不可轻率回答，直到你完全确定问题的含义。

阿：含糊性也不会妨碍我回答说，在两个意义上，homo 就是 homo。因为这两个音节就是这两个音节；而它们所表示的事物就是被它们所表示的事物。

奥：没错，但是为何你只对 homo 这个词作两个意义上的理解，而对我们所用的其他词却不这样呢？

阿：我不是这样做的吗？

奥：拿我的第一个问题来说。如果你认为它不是别的，就是一串音节，你就不会作任何回答，因为我显然没有提任何问题。当我问：utrum homo homo sit（人是否是人）时，我用了三个词，有两个词重复了两次。显然，你认为第一个词和最后一个词并不只是音节，而是有意义的词，所以你认为你可以确定而自信地回答。

阿：没错。

奥：那你为何只想对中间的词作两个意义上的理解，既根据它的发音，也根据它的含义？

阿：现在我根据词的含义来理解整个句子。我同意你的观点：如果我们听到的词没有使我们想到它们所指的事物，那我们就不可能进行讨论。现在请表明，证明我不是人的推论错在哪里。

奥：我会再次提出问题，好让你自己检查你的错误。

阿：那更好。

8.23　奥：我不再重复第一个问题，因为你已经没有异议了。现在请认真思考，是否音节 ho 不是别的，就是 ho；mo 不是别的，就是 mo。

阿：显然如此。

奥：两个合起来就是 homo。

阿：这里我犯了错。我认为看到一个符号就应当注意它所表示的事物，并以此来回答是或否。这是对的。但是我以为独立的音节也有意义，事实上它们并没有意义。

奥：那你完全确定，除非以语词所表示的事物为依据，不然问题就没有答案。

阿：既然用了语词，为何不这样呢？

奥：我很愿意听你如何回答这样一个人：在一个娱乐故事里，他推导出狮子从他对话者的口中出来。他先是问：是否我们所说的皆出于我们的口？这自然是无可否认的。然后他毫不困难地让对方，讨论中的对话者提到狮子。由此他取笑对方并坚持认为，他既然承认我们所说皆出于口，并且他不能否认说了"狮子"，所以一个并无恶意的人从口里吐出了一头可怕的巨兽。

阿：不难回答那个聪明的玩笑者。我不会同意无论我们说什么，都从我们口里出来。因为我们的语词只是事物的符号，从说话者口里出来的是符号，不是它所表示的事物本身。在有些情形中，它可能只是另一个符号的符号，如我们前面讨论中所说到的。

也好于那指示自身的

8.24　奥：我看你对付这样的对手准备有素。但是如果我问，homo 是否一个名称（名词），你会怎样回答我？

阿：若不是名词，它还是别的什么吗？

奥：当我看见你，我是否就是看见了一个名称（名词）？

阿：不。

奥：我可以指出从你的回答所推导出的结论么？

阿：千万别。我自己知道，结论必然是：我不是人。因为当你问 homo 是否名称（名词）时，我回答说是，尽管我已经认定在给予肯定或者否定回答时要注意词的含义。

奥：我仍然认为你不经意给出的回答并非毫无意义。理性法则印刻在我们心里，使你操持警惕。如果我只是问何谓 homo，你很可能会回答是动物。但如果我问 homo 在句子中作什么成分，唯一正确的回答是名称（名词）。所以 homo 既是一个名称（名词），也是一个动物。当它被认为是符号时，它是名称（名词），当它被认为是符号所指的事物时，它是动物。如果有人问我 homo 是否名称（名词），我会回答是的，因为提问的形式充分表明应该在何种意义上理解这个词——作为一个符号。如果他问，homo 是否是动物，我会更加欣然地肯定。但是如果他只是问 homo 是什么，没有提到名词或者动物，那我的心灵遵循我们为讨论制定的规则，会马上转向由这两个音节所表示的事物，从而回答说是动物，甚至对这个词作出完整的定义，即"理性而可朽的动物"。你不这么认为吗？

阿：确实如此。但如果我们承认 homo 是名称（名词），如何避免那个侮辱性的结论，即我们不是人呢？

奥：那就解释推出这个结论是因为赋予这个词另一种含义，不同于我们作出肯定回答时所理解的含义。如果他说那就是他所意指的含义，无论如何这个结论都不必害怕，何必害怕承认我不是"hominem"，这三个音节呢？

阿：一点没错。既然是在那个意义上说他不是人，那有什么可生气的呢？根据我们的讨论，没有比这更正确的了。

奥：有一条规则，至关重要的规则是，只要听到符号，就应把注意力指向它所表示的事物。所以听到 ho - mo 这个词的发音时，我们不可能认为那个结论是指 ho - mo 这两个音节。

阿：我明白，同意你所说的。

用符号表示的事物优于符号

9.25、奥：我想你现在应该明白，被表示的事物比它们的符号要更加重要。凡是因别的事物而存在的事物必然不如使它存在的事物更有价值。你同意吗？

阿：在我看来，我们不能轻率地认同那样的论断。比如 caenum
（污秽）这个词，我想远比它所表示的事物好。提到这个词时使我们不
舒服的东西与这个词的发音没有任何关系。改动一个字母，caenum
（污秽）就成了 caelum（天），这两个词所指的事物之间存在何其大的
分别！因此，我不能将符号所表示的事物的令我厌恶的性质归咎于符
号。我们宁愿听到这个词，不愿让我们的其他感官与这个词所指的事物
接触。因此，我喜欢符号胜过它所指的事物。

奥：你很警觉啊。所以，笼统地说事物好于它们的符号是错误的。

阿：似乎如此。

奥：那么请告诉我，人们把那个名字赋予污浊、令人讨厌的对象
时，你认为他们想要得到什么呢？你是否赞成他们所做的呢？

阿：我不赞成，也不敢反对，也不知道他们想要做什么。

奥：但是你可以知道，当你提到这个词时你想要做什么。

阿：当然。我想要给我的对话者一个符号，通过这个符号让他知道
我想他应当知道的事物。

奥：那么通过这个词从你传递给他或者从他传递给你的知识，比这
个词本身更有价值吗？

阿：我承认符号所传递的知识比符号本身更重要。但是这并不是说
符号所指的事物比符号更好。

使用符号本身也优于符号

9.26　奥：因此，尽管笼统地说事物好于它们的符号是错误的，
但仍然可以说，凡是因别物存在的事物不如使它存在的事物优越。比
如，关于污秽的知识——发明这个名词就是为了传播这种知识——就
比这个名词更重要，尽管如我们所发现的，与这个名词所指的事物相
比，名词更好一点。知识高于符号完全是因为知识是目的，而名词是通
向这个目的的手段。如果一个贪吃的人，一个只服侍自己肚腹的人，如

使徒所说①，声称他活着是为了吃，而一个节制的人听了他的话，觉得
无法忍受，就可能会反驳说："如果你吃是为了活着岂不更好吗？"这
一论断应该出于同样的法则。他之所以感到不满，乃是因为对方如此不
看重自己的生命，对它无所思，倒想着贪吃的快乐，说活着是为了吃。
为了活着而吃，而不是为了吃而活着，这一告诫是值得赞美的，因为它
表明了对何为手段何为目的的理解，也就是说，哪个应当服从哪个。同
样，你或者另一个具有洞察力的人，听到某个爱好冗长议论的健谈者
说："我教导是为了说话。"就会反驳说："你这个人啊，为何不反过来
说，说话是为了教导呢？"果真如此——如你知道的，确实如此——那
么你马上就明白，我们应当认为，语词所具有的价值比我们使用语词所
指向的事物的价值要小得多。对语词的使用优于语词，因为语词存在是
为了被我们所用，使用语词是为了教导。正如教导比言说更好，同样，
言说比语词更好。而知识更是比语词好得多。如果你有什么异议，我愿
洗耳恭听。

关于事物的知识或许优于关于符号的知识（27—28）

9.27 阿：我同意知识好于语词。但我不能确定，对于凡是通向目
的的手段都低于手段所指向的目的这一普遍法则是否没有任何异议。

奥：我们会有更好的机会在另外时间更加仔细地讨论这个问题。同
时你所认可的对于我现在想要确立的论点已经足够。你承认关于事物的
知识比事物的符号更好。所以关于符号所表示的事物的知识优于关于它
们的符号的知识。不是吗？

阿：其实我并没有承认关于事物的知识优于关于符号的知识，而只
是认为优于符号本身。所以我恐怕不能同意你所说的。如果污秽这个名
词（名称）比它所指向的事物好，那么关于这个名词（名称）的知识

① 《罗马书》十六章18节；《腓立比书》三章19节。

就应该比关于那个事物的知识好，尽管这个名词（名称）本身低于知识。这里有四个术语：名称和事物、关于名称的知识和关于事物的知识。为何不是第三个好于第四个，正如第一个好于第二个？就算不优先，至少也不应该是从属的吧？

9.28　奥：我看你有惊人的记忆，保留了你所承认的东西，也有绝佳的方式阐述自己的观点。不妨拿"恶"（vitium）这个词为例。当我们拼读 vi－ti－um 这个词，你知道它比它所指向的事物要好。然而关于这个词的知识远远低于关于各种恶的知识。我们来思考你的四个术语：名称和事物、关于名称的知识和关于事物的知识。我们认为第一个好于第二个，这是对的。当佩尔修斯（Persius）在诗里说："这个人因恶变得麻木。"① 他使用了"恶"这个词，但他并没有对诗律使坏，相反，他为诗句添加了一种修饰。但是这个词所指向的事物使表现出这类事物的人必然是邪恶的。不过，你的第三个与第四个术语之间并不是这样的关系。第四个显然比第三个好，关于恶这个词的知识低于关于各种恶的知识。

阿：即便那种知识使我们变得更不幸，你也认为它是更好的吗？佩尔修斯把这种惩罚放在所有惩罚——暴君出于残忍或者贪婪设计出来的各种惩罚——之上，因为这种惩罚使人备受折磨，他们不得不承认无法避免的恶。

奥：这样的话，你也可以否认关于德性的知识比关于"德性"这个词的知识更好，因为明白但不拥有德性是这位讽刺作家希望暴君所遭受的惩罚②。

阿：愿上帝阻止这种疯狂！现在我明白了，一种好的教育传授给心灵的知识必然是无可指责的，而那些感染无法治愈之疾病的人可以说是

---

① Persio, *Sat* . 3, 32.

② Persio, *Sat* . 3, 35—38.

最可怜的。我想，这也是佩尔修斯的观点。

奥：一点不错。不过，佩尔修斯怎么想与我们无关。在这些问题上我们不屈从于像他这样的权威。至于一种知识为何比另一种更好，很难解释。我目前的目标是，我们一致同意，关于符号所指的事物的知识，即使不比关于符号的知识好，也比符号更好。就这个目标来说，我们的讨论已经足够。现在我们要讨论更大的问题，即我们所说的，哪一类事物可以不借用符号而靠自身指明？比如说话、行走、躺卧以及诸如此类的事属于这一类别吗？

阿：我记得这个问题。

教导必须通过符号表明

10.29　奥：你是否认为所有一旦被问就可以做的事都无须符号来表明？或者还是有例外？

阿：全面考虑这类事物之后，我发现没有哪个无须符号就可以表明的，也许只有说话或者教学例外。因为当有人问我问题时，不论我做什么动作，我看他也不能马上从动作中得知他希望我向他表明的事。比如当我静止不动，或者正在做另外的事，此时有人问我行走是什么，于是我马上开始行走，力图不借用任何符号来回答这个问题，但是我又如何确保他没有把"行走"理解为走那一段我实际走过的距离？若是那样，提问者就被误导了，以为任何人走得比我走过的距离更远或更近，都不是真正的行走。我关于这一动作所说的适用于所有那些我原本以为可以不用符号就能表明的行为，除了我提到的那两种之外。

或者通过言说

10.30　我同意。不过，你不认为说与教是不同的两回事吗？

阿：当然。如果它们相同，谁也不可能不说话就教导人。谁会怀疑两者存在差别呢？因为事实上，除了语词外，我们还可用其他符号教许多东西。

奥：教导与给出符号之间有什么分别吗？

阿：我想它们是一回事。

奥：所以正确地说，我们给出符号是为了教导？

阿：完全正确。

奥：如果有人说我们教导是为了给出符号，前面那句话就可以轻易驳斥他。

阿：没错。

奥：如果我们给出符号是为了教导，但教导不是为了给出符号，那么给出符号与教导是两回事。

阿：你说得对，我前面说它们是一回事是不对的。

奥：好，现在请回答：有人为了向我们表明教导是什么，他是否只需给出符号，或者用其他方法？

阿：我不知道除了给出符号，他还能怎么做。

奥：所以你前面回答教导是什么时，说不用符号就可以给出正确答案是错的。即使这个问题，我们看到，没有符号也不可能回答，并且你也同意，给出符号与教导是两回事。如现在所表明的，如果两者不是一回事，那么教导不可能如你原来所以为的那样无须符号，单靠它自身就能表明。到此为止，除了说话之外，我们还没有发现哪个事物可以通过单纯的做动作来表明，而做动作意味着给出符号。但就是说话本身也是符号，所以看起来根本没有什么事物可以不用符号就能教导的。

应当质疑什么

10.31　奥：我们确立了以下几个观点：（a）没有符号不能教任何东西；（b）知识比使我们获得知识的符号更宝贵；尽管（c）并非所有被符号表示的事物比表示它们的符号更好。

阿：似乎如此。

奥：请想一想，经过这么漫长而曲折的道路，却只获得如此微小的结果。自从我们开始讨论——我们已经讨论很长时间了——我们一直费尽心力要回答三个问题：（a）是否有什么事可以不通过符号来教导；（b）是否有一些符号比它们所指的事物更可取；（c）是否关于事物的知识好于关于它们的符号的知识。但是还有第四个问题我希望能听听你的回答。你是否认为我们的结论无可置疑了呢？

阿：我非常希望经过所有这些曲折和不顺，我们真切地获得了确定性。但是你的问题不知怎么地让我担忧，使我无法作出肯定性回答。因为在我看来，你若不是想到某种困难，你是不会提出这个问题的。我们的问题都很复杂，我无法考察得面面俱到，或者作出完全自信的回答。我担心这些复杂性背后总是隐藏着什么，而我的理智又不够敏锐，无法参透。

奥：对你的疑惑，我欣然接受，没有丝毫不快，因为这表明你很谨慎小心。谨慎是平静最好的卫士。世界上最困难的事乃是，当我们主张的观点——而且是太轻易、太固执地赞成的观点——被相反的观点击溃，就如同兵器从我们手上折断，此时仍然不骄不躁。平静地服从思考周密、分析透彻的论证是好事，正如对于我们其实不知道的事以为知道是危险的一样。我们应当保持警惕，免得当我们原本以为坚固而持久的事物不断受到破坏之后，就陷入仇恨或者害怕理性，以致我们连最清楚明白的真理也不能相信了。

许多事并不通过符号来表明

10.32 不过，现在我们要马上思考你对我们的结论置疑是否有道理。设想有人不知道鸟是如何被树枝和鸟胶蒙骗的，然后遇到一个捕鸟人，他带着工具，但只是旅行，并不真正干活。设想此人跟着捕鸟人亦步亦趋，心生疑惑，探究捕鸟人如此装备的目的是什么。设想捕鸟人看他全神贯注，就想展示自己的技能，于是准备了树枝、软管和鹰，然后捕到了鸟。他岂不是通过行为本身而不用任何符号就让旁观者知道想要知道的事了？

阿：我想会产生同样的难题，就如我描述的何为"行走"的例子。就我而言，捕鸟的整个技术并没有表明捕鸟的含义。

奥：只要作进一步的假设，就可以轻易解决那个难题。假设旁观者很聪明，能从眼见了解整个技艺。就我们目前的目标，即有人可以不用符号了解某些事，不是所有事，这就足够了。

阿：在"行走"的例子里我也同样可以提出进一步的假设。一个足够聪明的人能从"行走"的动作知道"行走"的确切含义，尽管用行动表明这个意思时只走了几步。

奥：你这样做我不反对，事实上我很赞成。我们俩现在都证明了，有些人可以不通过符号了解某些事，而我们前面的观点，即没有任何事可以不用符号表明是错的。因此我心里想到的不是一件两件，而是成千上万的事，可以通过自身而不需符号来表明。我们为何怀疑这一点呢？我无需提到人在剧院里表演的无数场景，无须任何符号，展现的就是事物本身。想想太阳和它那充满万物、普照一切的光，月亮和星辰，大地和海洋，以及它们所包含的无数事物。上帝岂不是向那些观看它们的人如其所是地展现它们？

如果我们不知道事物，那么我们想用符号表明是徒劳的（33—34）

10.33　如果我们更深入地思考这一点，或许你会发现，甚至没有任何事是通过相应的符号习得的。如果我得到一个符号，但我不知道它所指示的事物是什么，那么这个符号不能告诉我任何东西。如果我知道这事，我又何必从符号学习呢？当我读道："他们的 saraballae 并没有变化。"①saraballae 这个词并没有指明它的意思。如果有人告诉我头上的某种盖

① 《但以理书》三章 27 节，七十子希腊文本三章 94 节。

巾对应的是这个名，我若不是已经知道头是什么，或盖巾是什么，从这个名我能知道什么？关于这类事物的知识不是在它们被别人命名之后给我的，而是在我真实地看见它们之时产生的。当 ca – put 这两个音节第一次敲打我的耳朵时，我不知道它们是什么意思，正如当我第一次听到或读到 saraballae 这个词时一样。但是当 caput 这个词被不断地重复，我就开始留意，然后发现它原来是一个我经常看到、非常熟悉的东西的名称。在还没有这种发现之前，这个词对我只是一种声音而已。但当我知道了它所表示的事物是什么之后，它就成了一个符号。我不是从符号得知这一点，而是从观察真实对象得知。所以从认识事物中习得符号，而不是相反。

10.34　为了更好地理解这一点，设想我们第一次听到 caput（头）这个声音，不知道它只是一种声音，还是包含某种含义。于是我们问，caput 是什么？请记住，我们想要知道的不是所指的事物，而是这个符号，但是只要我们不知道它是什么事物的符号，我们就不可能有那种知识。然后，在回答我们问题时，有手指指出那个事物，我们看着它，就知道那原来是一个我们早就听过但一直不知道的符号。在这个符号里有两样东西即发音和含义。当它敲打我们的耳朵时，我们感知到声音；当我们看到所指的事物时，就明白了它的含义。用手指只能指出被指的对象，它指的不是符号，而是我们称为 caput（头）的那个身体部位。这样说来，我不可能由此学到事物，因为我早就知道它；我也不能由此学到符号，因为它没有被指。我对指这个动作并不太感兴趣。作为一个手势，它表示某物正在被指出，而不是被指对象的符号，就好比我们说"lo"（看，瞧），因为当我们用手指指的时候习惯于用这个副词，以防一个符号不够。我真正想要让你相信——如果能够——的是，通过这些称为语词的符号，我们学不到任何知识；相反，如我所说，当我们知道了这个词所指的对象之后，我们才学到这个词的力量，也就是存在于词的发音里的含义。这时我们才明白这个词原来就是传达那个意思的符号。

我们教导并非必须借助符号

10.35　我关于"caput"（头）所说的，也适用于"盖巾"（tegmina）这个词，以及所有其他语词。但是，就算我对所有这些都有了知识，我仍然不知道 saraballae 是什么。如果有人把它们指出来，或者把它们画出来，或者把与它们相似的某物指给我看，我不能说他没有教我关于它们的知识，尽管我用多一点论证就可以轻易证明确实没有。我之所以能说出非常相近的事物，并不是他用语词教我的。如果我在场时他看见了它们，然后叫我注意，说："看，那就是 saraballae，"那么，我会学到我原本不知道的事物，并不是从言说的语词，而是通过看那个指给我看的对象。这样我定能知道并记住那个赋予这个词意义的事物。在认识这个事物时，我不是依赖别人的语词，而是依靠我自己的眼睛。我对语词的信赖只在于它引导我的注意力转向所指出的事物，也就是通过看一个可见物找到我的答案。

在里面说话的教师教导外面的教师（11，36—14，46）

我们认识符号所指的事物不是通过符号，而是通过事物本身（36—37）。

11.36　我认为语词的最大价值就在于此。它提示我们，让我们去探寻事物，但它并不把事物指给我们，使我们知道。唯有那将我想知道的事物放在我的眼前，或者其他感官前，或者心灵前的那位，才教导我知识。从语词我们只能学到语词，事实上，我们只能学到它们的发音，甚至只是含糊不清的声音。尽管语词要成为真正的语词，必然也是符号，但是我并不知道我听到的声音是一个词，除非我知道它所指的是什么。关于语词的知识是由关于事物的知识成就的。仅靠听到语词，甚至连语词也无法学到。如果我们已经知道语词，那我们没有学到任何新知识；如果我们不知道语词，那我们不可能说我们已经学到什么，除非我们知道了它们的含义。而它们的含义我们不是在言说它们时从它们的发音学到，而是因为知道了它们所指的事物才了解的。合理的推论或正确的说法是，当语词被言说时，我们或者知道或者不知道它们的含义。如果我们知道，我们就没有学到知识，毋宁说让我们记起所知道的。如果我们不知道，那就连回忆也无法引起，或许只是受到催促，而去探求。

11.37 不过，你或许会说：关于那些头巾，尽管我们记住它们名字的发音，我们不能知道它们，除非我们看见它们；我们也不能完全知道名称，除非我们知道事物本身。但是我们听到的那些少年（《但以理书》三章）如何如何，他们怎样凭着自己的信心和虔敬战胜尼布甲尼撒王和他的火窑，他们怎样歌颂上帝，赢得敌人的尊敬？除了语词，我们还有其他方式了解他们么？我回答说，确实如此，但我们已经知道所有这些词的含义，知道"三少年"、"窑子"、"火"、"王"、"未被火伤"等等的含义。但是亚那尼亚（Ananias）、亚撒利雅（Azarias）、米撒（Misael）这些名字就如 saraballae 一样是我所不知道的，名字本身并没有帮助我也不可能帮助我知道他们是谁。我们所读到的是发生在那个时代并被记载下来的故事，所以我得承认我必须相信，而不是知道。我们所信任的作者并非不知道两者的区别。先知说："我们若不相信，就不能知道。"[①] 如果他认为两者没有区别，他就不会这么说了。我所知道的，我也相信，但我所相信的，我并不一定知道。凡是我理解的，我都知道，但并非凡我相信的我都知道。我知道相信许多我并不知道的事是多么有益，其中包括这个三少年的故事。我知道相信许多不可能知道的事是多么有益。

---

① 《以赛亚书》七十子希腊文本七章 9 节。

基督在内在的人里教导

11.38 关于我们可以理解的普遍事物，我们不是听从别人言说，在我们自身之外发出声音；我们是听从真理，他掌管我们里面的心灵，尽管可能要借助语词命令我们听从。我们真正的教师是基督，也就是上帝永不变化的权能和永恒的智慧①，他是我们完全听从的教师，就住在内在的人里。每个理性灵魂都听从这智慧，但每个人只能根据自己的善恶意愿，得到他能领接受的那一份。如果有人受骗，那不是真理的错，就如同肉眼常常受骗不是普照万物之光的过错一样。众所周知，我们必须留意光，它使我们能按自己的能力看见可见事物。

我们通过语词教导的不是可感之物……

12.39 一方面，我们需要光看见颜色和其他可感性质，需要这个世界的各个部分和有感觉的物体，还需要感官本身，它们是心灵探求感觉知识时的翻译者。另一方面，对于那些可知的事物，我们需要通过理性关注内在真理。那么，如何能够表明，语词除了敲击耳朵的声音外，还能教导我们什么别的东西？我们所感知的一切，要么通过身体感官，要么通过心灵。前者我们称为"可感之物"，后者我们称为"可知之物"。或者，使用我们基督徒作者的术语，前者我们称为"属肉之物"，后者称为"属灵之物"。当有人问及前者，我们回答，它们是否呈现在我们感官前，比如，我们正在看新月的时候，有人问它是什么或者它在哪里。如果我们的提问者没有看到它，那他可能相信我们的语词；不过，他往往并不相信，那么除非他亲眼看见所问的事物，否则他什么也学不到。当他看见之后，他就不是从所说的语词得知，而是从所见的事物以及他的视觉器官得知。不论他看见与否，语词的发音都是同样的。

---

① 《以弗所书》三章16—17节；《哥林多前书》一章24节。

如果问题不是关于当下呈现于我们感官的事物，而是曾经呈现的，那我们所说的不是事物本身，而是源于事物、留在记忆中的形象。我不知道我们为何说这些东西是真实的，因为我们心中拥有的只是虚幻的形象，除非因为我们谈论它们时不是把它们作为看见、感觉到的事物，而是作为曾经看见并感觉到的事物。因此，我们在记忆库里保留着曾经作为记忆物感知的事物的形象，我们可以通过理智思考它们，也可以凭着良知真诚而不虚枉的谈论它们。但这些记忆物只属于我们自己。如果有人听到我谈论这样的事物，除非他亲眼见过它们，否则他不是从我的话里知道，而是通过他自己记忆中的形象判断我所说之话的真实性。但是如果他不曾有过这些感知，那么显然，他只是相信我的话，而不是从我的话获得知识。

也不是可知之物

12.40　当我们要处理我们心灵，即理智和理性看见的事物时，我们谈论的就是我们直接在内在的真理之光里凝视的事物，这光照亮内在的人，是内在的人享有的。同样，如果我们的听众以他内在而单纯的眼睛看见了这些事物，他就会知道我所说的意思，但不是从我的话得知，而是从他自己的思考得知。即使当我言说真理，他也看见了真理，那也不是我教他的。他不是由我的话得知，而是由上帝显现在他内心里的事物本身得知。所以，关于这些事，只要问他，他就能回答。既然在我谈论这些事之前，只要问他，他就能解释这些事，那么他若以为是我的话教导了他，岂非荒谬至极？经常会发生这样的事，一个人在刚被问到问题时，给出的是一个否定的回答，但经过进一步的提问，他可能就给出肯定的回答。究其原因，在于他的理解力有软弱性，他无法让光照亮整个问题。虽然他无法一下子看到整体，但只要问他构成整体的各部分的问题，就可以引导他一点点地把答案揭示出来。提问者的话语就这样一步步引导他，但请注意，这不是教导的话语，而是通过提问迫使被问者从内心学习的话语。比如，如果我问你现在正在讨论的问题："通过话语是否无物可教？"乍看一下，你可能会觉得可笑，因为你无法想象整个问题是什么。所以我必须用一种与你的能力相适应的方式提问，使你能听从内在教师的教导。然后，你承认我说得没错，你肯定它，明确地知道它，于是我就会说："你是从哪里得知的？"你可能会说是我教你的。然后我说："如果我告诉你我见过一个人飞，我的话是否会让你确定它的真实性，就如同我说'智慧人比愚蠢人好'？"你肯定会说："不，我不相信你的第一句话，或者如果我相信，我肯定也不'知道'它是真的；但你的第二句话，我非常确定地知道是真的。"这样，你就会认识到，不论是你不知道我所说的话，还是你知道得很清楚，无论哪种情形，你都没有从我的话语学到什么，因为在回答每个问题时，你能够确信地回答你不知道这个，你知道那个。当你认识到构成整体的各个部分都清晰而明确，你就会承认你原本否定的东西。你会同意一个人听到我所说的话，必然或者不知道它是否真实，或者知道它是假的，或者知道它是真的。就第一种情形，他必然或者相信它，或者假定它，或者怀疑它。第二种情形，他必然反对或者否定它。第三种情形，他必然证实它的真实性。因此，无论哪种情形，他都不可能学到什么。当我说了所说的话，无论是不知道我的话是否为真的人，还是知道它们为假，被问时能够给出同样回答的人，都表明没有从我的话里学到任何知识。

我们不是从语词中学习

13.41　因此，就那些靠心灵分辨的事物来说，凡是不能自己分辨的人，听能分辨的人言说是枉然的，除非对于无知的事，相信它们是有益的。凡是自己能分辨的人，内在地是真理的弟子，外在地是说话者的判官，或者毋宁说是说话者所说之话的判官。因为对所说的内容，甚至说话者自己还不知道时，听者已经知道得很充分。比如某个信奉伊壁鸠鲁学派、主张灵魂可朽的人，听说某人能看见属灵的事，就会阐述智慧人论述灵魂不朽所使用的论证。能看见属灵之事的人论断他说的是真理，但说话者并不知道自己的话是真的，事实上相信它们是完全错误的。我们是否会认为他能教导他自己也不知道的事？然而他使用的话语很可能与知道的人使用的一样。

话语不传达思想

13.42　因此，既然说话者是否知道自己所说的都无法确定，那么话语甚至不具有指示说话者所想的作用。何况还有说谎者和欺骗者，所以你很容易明白，话语不仅没有揭示思想，甚至还帮助隐瞒真相。我当然毫不怀疑，诚信之人的话总是努力表达、揭示说话者的想法，只要不允许说谎者说话，所有人都会同意这一点，也都会这么做。然而，我们常常在自己和他人身上经验到，话语并没有正确地传递思想。我想，这里可能存在两种情形。当我们心里在思考别的事时，嘴里可能会说出记忆中的往往是错误的话。比如，我们在唱曲时就常常出现这样的情形。或者由于口误，想说的是这个词，说出来的却是另外的词，这样，那些说出来的话并不是我们心里意思的符号。说谎者也想着他们谈论的事，所以即便我们不知道他们是否说真话，至少我们知道他们意向他们所说的，除非出现我所提到的以上两种情形之一。如果有人争辩说，这样的事时有发生，发生时可以注意到，那我不反对，但是当我一直在聆听时它往往是隐藏的，我常常无法注意到。

有时听者没有注意

13.43　还有一种情形非常普遍，导致无数的分歧和纷争。说话者确实表述了自己的思想，但只有他自己和别的一些人理解。他所说的是一个意思，听他说的人所理解的是另一个意思。比如，有人在我们听来可能说，有些野兽在德性上超过人。我们的第一反应是不能接受这样的话，要尽一切努力拒斥这种错误而可恶的观点。但很可能他是把体力称为德性，并且正确地表达了自己的想法。他没有说谎，对事物的认识也没有错；他不是心里想着另外的事，嘴里说出记忆中的话；他也没有由于口误而说了错话。他只是用不同于我们习惯使用的词来称呼他想到的事物。如果我们能够洞悉他的想法，就会马上同意他的观点，但是他没有用他所用的语词清楚地表达自己的观点。有人说定义可以治疗这种错误；他们说，如果在这个问题上，他能定义什么是德性，那么显然，争论就不会针对他话的本质含义，而是关于一个词。我很愿意赞同这种说法，但是遇到一个刚好精于下定义的人有多大几率？而且争论的许多事也违背定义的法则。不过，现在不是处理这个问题的时候，我不赞同他们的说法。

有时听者没有听清楚

13.44　更不必说，我们常常没有完全听懂所说的话，就开始长篇大论地争论我们错误地以为自己听清楚了的事。比如，最近当我说某个迦太基词意思是怜悯时，你说，你早就从更精通那门语言的人那里听说，那个词的意思是敬虔。我不同意，坚持认为你完全误解了你所听到的话的意思，因为我认为你说的不是敬虔（pietatem），而是信仰（fidem）。然后你紧挨着我坐下，这样，两个词在发音上不至于相像到可以欺骗耳朵。有很长时间我以为你并不知道你听到了什么，事实上是我一直不知道你所说的意思。如果我一开始就听清你的话，理解你的意思，我就不会认为迦太基语用同一个词表示敬虔与怜悯是荒谬的。这样的误解时常发生，但如我所说，让我们忽略它们，免得我似乎在指责词语，其实这是听者不经心造成的，或者由于耳朵失聪，使人困惑。我的主要困难就是上面我所提到的，即虽然清晰地听到了语词，也就是拉丁语词，因为拉丁语是我们的母语，我们仍然无法得知那些向我们说话的人的意思。

学的人不是学到教的人所想的

13.45 把所有这些可能的情形放在一边。我承认，当一个人听到语词并知道它们的意思时，他能知道说话者想到了这些词所表示的事物。现在的问题是，他是否也能知道他所听到的话是真实的？

14.45 教师是否承认学生所学并保留下来的是他们的思想，而不是他们以为他们通过说话传递了的知识？谁会有如此愚蠢的求知欲，竟然把儿子送到学校去学习老师自以为是的东西？当教师通过语词阐述各门学科的知识，他们宣称这是在教导，包括德性和智慧的学科，然后，他们的学生在自身内思考他们所听到的是否为真，并尽他们所能凝视内在的真理。这样他们就有了知识。当他们从内心里发现他们所听到的话是真的，他们就赞美教师，却不知道他们赞美的其实不是教导的人（doctores），而是学到知识的人（doctos），如果教师真正知道他们用词语表达的是什么。人们错误地称呼那些不是教师的人为教师，但是因为说话与知道之间往往没有间隔，也因为他们就在说话者提出告诫的瞬间就从里面学得知识，所以他们以为那个给予他们告诫的人以外在的方式使他们得到教导。

而是被告诫回转内心

14.46 语词的用处很大，这样说一点不错。不过，关于语词的用处问题。如果上帝允许，我们要换个时间完整地讨论。现在我得警告你，我们不能过分看重它们，过于它们应有的程度。这样我们现在不仅相信而且也开始明白，神圣权威写得多么正确：地上没有谁能称为我们的教师，因为只有一位在天上的是你们的教师①。"在天上"是什么意思，他会教导我们，他通过属人的媒质、外在的符号告诫我们要从内心

---

① 参《马太福音》二十三章 10 节。

里皈依他，从而得到教导。知道他并爱他就是幸福生活，所有人都宣称他们在追求这样的生活，但极少有人享有真正发现这种生活的喜乐。现在，我希望你告诉我，你对我们整个讨论有什么想法。如果你知道我所说的是真的，如果你在每个观点上都受到质问，你就会回答说，你知道它是真的。于是你就明白是谁教了你；当然不是我，因为每次我问你，你都根据你自己的意愿作出正确回答。另一方面，如果你不知道我所说的是真的，那么不论是我，还是内在的教师，都没有教导你。我没有教导你，因为我从来没有能力教导任何人；里面的教师也没有教导你，因为你还没有能力学习。

阿：从你告诫的话里我得知，通过语词只是让人产生警觉，让他可以学习；还有，说话者通过说话只能阐明非常少的思想。至于所说之话是否真实，唯有住在里面的那位才能教导，他对耳朵从外面听到的话提出建议。蒙他恩惠，我越是炽热地爱他，在学习上就进展得越快。我尤其感激你最后一直连续、未有中断的谈论，因为你提出并解决了我原本准备询问你的所有难题，你没有忽略任何引起我疑惑的事。总而言之，你所讲到的神秘谕言通过你的话语准确地回答了我的问题。

论真宗教

圣奥古斯丁在《订正录》I, xiii 回顾《论真宗教》：

1. 同时我还写了《论真宗教》一书，详尽且多方面地论证了真宗教就是对独一真上帝，即圣父、圣子和圣灵三位一体上帝的崇拜。我指出他的怜悯是何等伟大，通过某种时间性的安排赐予人类基督宗教，也就是真宗教；也指出人应当如何改变自己的生命去崇拜上帝。但该书主要还是为反驳摩尼教徒的两个本性而写的。

2. 在该书的一个段落（第十章）里我说："如果灵魂崇拜的只是上帝，而不是另一个灵魂，不是身体或它自己的幻觉，……那么宗教里就不可能有任何谬误。"这里的"灵魂"我指的是整个非形体的造物界。我没有使用《圣经》里的措辞。它谈到灵魂时，似乎不是指别的，乃是指活的生命存在物，包括必死的人。稍后我更清楚也更简洁地表明了我的意思，"我们不能事奉造物，而不事奉造主，或者让我们的思念变为虚妄。"这里的"造物"既包括属灵造物，也包括有形造物。不要"让我们的思念变为虚妄"，对应"它自己（灵魂）的幻觉"。

3. 在同一章我还说"这就是我们时代的基督宗教。知道它并跟随它就是最安全最可靠的得救之路"。这里我指的是名称，而不是被称为这个名称的事物。因为现在被称为基督宗教的那个事物早就存在，从人类被造之初起就一直存在，直到基督道成肉身。这之后，早就存在的真宗教开始被称为基督宗教。基督复活并升上天之后，使徒开始传他的道，许多人就信了，最早的门徒在安提阿（Antioch）被称为基督徒，如我所说的，"这就是我们时代的基督宗教"。我的意思不是说它在以前的时代原本不存在，而是说它是后来才被称为基督教的。

4. 在另一处我说，"请你尽可能认真而敬虔地聆听，因为上帝帮助那样的人。"这话不能理解为他只帮助认真而敬虔的人；他帮助那些不是这样的人成为这样的人，认真而敬虔地寻求。这样寻求的人，他帮助他们，好让他们寻见。另外，我说（十二章），"身体死后——我们将身体的死归咎于原罪——它将在自己的时间、自己的顺序中恢复到原初的稳定。"这只能说部分是对的。身体原初的稳定拥有极大的幸福，不可能因着年老而走向衰微。到了死人复活之时，身体必将恢复这种状态。但是它会拥有更多，因为它不再需要物质性的食物来维持。当它复活为一个富有生机的灵之后，就只靠灵获得充足的生命力。因此它必将是属灵的。人原初的本性——如果人不犯罪，它就不会有死——原是一个永生的灵魂。

5. 在另一处（十四章）我说，"罪完全是一种意愿的恶，所以如果不是出于意愿的，那就根本不能是罪。"乍看一下，这似乎是一个错误的界定，但认真讨论之后就会发现，这是千真万确的。我们只是把罪看作罪，而不考虑对罪的惩罚，如我在上面谈到《论自由意志》第三卷的段落时所表明的。出于无知或者强迫所犯的罪不能无可辩解地说是完全非自愿的，因为这样的罪不是在毫无意识下犯的。因无知而犯罪的人仍在某种程度上使用自己的意愿，因为他认为他应该做事实上他不应该做的事。如果一个人做的事是他所不愿的，因为情欲与圣灵相争，那他可能是不情愿的，但他仍然在欲求，从而他所做的是他所不愿的事。如果他被情欲战胜，那他就是自愿认同情欲，因而所做的仍是他希望做的，于是就脱离了公义，成了罪的奴仆。我们所说的婴儿的原罪，虽然婴儿还不曾使用自由意志，但称之为自愿也并不荒谬，因为它源于人最初的恶意，这种恶意以某种方式成为遗传的东西。因而我的话并没有说错。借着上帝的恩典，不仅所有在基督里、藉着叫人复活的灵受洗的人过去的罪责被免除，而且已经成长的人的意愿本身也得医治，依着主，靠着信和爱的灵成为预备好的。

6. 在另一处（十六章）我说到主耶稣基督，"他不做任何强迫的事，任何事都通过劝说和告诫。"我忘了他曾用鞭子赶走圣殿里的买卖人。但是这算什么呢？他还赶走人身上的鬼魔，不是用劝说和告诫，而是用他大能的力量。我还说（二十五章）"必须跟从那些主张独一的至高上帝是唯一真上帝且是唯一崇拜对象的人。如果真理并没有把明亮的光照在他们中间，到那时，也只有到那时，我们才必须转向别处。"这话看起来似乎暗示对这种宗教的真理性有某种怀疑。我当时是考虑到接受者的处境才选用这样的措辞。就我本人而言，我毫不怀疑真理必照在他们中间。使徒也说："如果基督不复活。"但他绝不怀疑基督复活了。

7. 我还说（二十五章）："不允许那样的神迹继续存在于我们的时代，免得心灵总是寻求可见之物；而且，那些原本新奇从而能点燃信心的事物，人们若是习以为常了，就会对它们变得冷漠。"这话没错。当洗礼时手按在头上，人接受圣灵，但他们并没有说万国的语言。病人得医治也不是靠基督传讲者经过时的影子。显然，当时发生的这些事在后世已经不再。但是不能认为我的意思是说，今天不应再相信有神迹以基督之名出现。因为当我在写这本书时，就亲耳听说了这样一件事，米兰的一个盲人在两位米兰殉道士普洛泰修（Protasius）和格瓦修（Gervasius）的尸体旁边恢复视力，重见天日。即使在当代，这样的事情发生得很多，只是我们无法一一得知，即使我们知道的那些事，也无法一一罗列。

8. 在另一处（四十一章）我说，"就如使徒所说：'整个秩序都是出于上帝。'"使徒虽然说过类似的意思，但并没有使用这样的措辞，他实际说的话是"凡存在的事物都由上帝命定"。（参见《罗马书》十三章1节。和合本"没有权柄不是出于上帝的"。）我还说，"不要让任何人蒙骗我们。任何可指责的事物都是与更好的事物相比才被鄙弃的。"这是指当时讨论的实体和本性，不是指善恶行为。另外（四十六章）我说"人对人的爱甚至不应当像爱肉身的兄弟、子女、配偶、家人、亲戚和同胞那样，因为那种爱是短暂的。如果我们的本性始终顺服于上帝的诫命，始终保守与他形象的相似性，它就不会被放逐到现在这种败坏状态，我们也就不会有这种随生而来随死而去的关系。"我完全不赞同这种观点，我在回顾《论〈创世记〉，驳摩尼教徒》第一卷时已经批判了这一观点。它会导致这样的结论：第一对人若不犯罪，就不可能生育后代，似乎男女交媾生育的后代必死。我当时还不明白这样的事是可能的，即如果人性没有因最初的大罪而变坏，那么不会死的父母完全可以生育不会死的孩子。果真那样，父母与子女身上都既保留生育能力，又保守幸福快乐。人出生就不再被注定继承父母的死，而是与父母一同在生命里作王，直到满了上帝所预定的圣徒的固定数目。如果没有罪或死，那这些亲属和关系就会存在。

9. 在另一处（五十五章）我说，"倾向于独一上帝，将我们的灵魂完全与他相联［religantes］——可以相信，宗教之名正是源自于此——我们就没有任何迷信。"这段话谈到宗教一词的出处，是让我最满意的。当然我并非不知道拉丁语作者们提出了另外的词源学，即宗教一词源于 religere，这个词又是源于 legere（选择）的一个合成动词。Religo 似乎是正确的拉丁语格式，相应的，legere 的正确格式就是 eligo。

导　论

　　《论真宗教》一书是献给罗马尼亚努斯的，于 390 年连同一封短信一并寄给他。罗马尼亚努斯是塔迦斯特的一名富人，奥古斯丁年轻时的朋友，曾资助他在迦太基的学习。罗马尼亚努斯在一次因公出差到罗马时，再次遇到奥古斯丁。当时曾有一些人讨论这样一个计划，要筹建一个准修道团体从事宗教和哲学研究（《忏悔录》六卷 14 章），罗马尼亚努斯就是其中一位。他的儿子利凯提乌斯师从奥古斯丁，并随他一起到卡西西阿库，在早期对话中担当角色。《驳学园派》也是献给罗马尼亚努斯的，书中（II，iii，8）提到了他儿子的能力和进步。奥古斯丁还在书中承诺，如果有机会，要与罗马尼亚努斯讨论真宗教问题。奥古斯丁一回到非洲，罗马尼亚努斯就催促他兑现承诺，并且提议把他在塔迦斯特的房子交给奥古斯丁和他的朋友们使用。奥古斯丁婉言谢绝了关于房子的提议。《论真宗教》是奥古斯丁于 394 年寄给诺拉的保利努斯（Paulinus of Nola）的五篇作品之一，保利努斯高兴地称之为"反驳摩尼教的五部曲"（《信札》25）。415 年，在回复埃沃狄乌斯（Evodius）的疑问时，奥古斯丁指出该作品——也提到《论自由意志》（De Libero Arbitrio）——至少基本上包含了对埃沃狄乌斯的难题的回答（《信札》162）。

　　关于《论真宗教》，有人说："奥古斯丁的所有著作中没有哪一篇比它更能表现出他伟大的天赋。"但同时也必须承认，该作品极其冗长散漫，几乎难以分析。奥古斯丁希望埃沃狄乌斯从作品中引出的推论，即理性无法提供证明上帝存在的令人信服的证据，似乎难以从以下观点中显现出来，即上帝在自然本性（nature）和历史中的经世安排，与柏拉图关于自然本性和至善的教导是一致的，证实了后者并使它惠及所有人。如今，仁慈的上帝为所有人的救赎显明了基督宗教，它是真宗教，但柏拉图及其跟随者没有清晰地看见。基督宗教正确描述了人的堕落，当前的境状，以及重生的道路。接受这种真宗教的人即使在今世也能过美好生活，只要他们只寻求朝向上帝的恩福即至善。我们可以注意到这里已经包含了《论上帝之城》二十七章 50 节的思想萌芽。

内容提要

第一章 1—第六章 11：柏拉图努力寻求但无功而返的，基督成就了。

（1）真宗教是通向幸福生活的道路，与多神论和偶像崇拜格格不入。（2—6）柏拉图远远地瞥见了这种宗教；基督使它成为普遍可得的。（7）柏拉图主义者若不是被嫉妒困扰，都可以成为基督徒。（8—11）哲学家、犹太人、异教徒和分裂主义者，只能促进大公教会的思想发展。

第七章 12—第十章 20：致意罗马尼亚努斯；论证的概要。

（13）正确理解上帝为人的得救而作的经世安排，为（14—16）反驳一切异端，尤其是摩尼教提供可靠的保障。（18）一切异端的根源在于没有区分创造主与被造物。（19）一切被造物都服从上帝的律法，见证永恒的造主。上帝已经开始帮助人，赐给人基督宗教。（20）奥古斯丁在举荐它时的各种不同经验。

第十一章 21—第二十三章 44：人的堕落和救赎。

（21—15）灵魂因悖逆陷入物质性事物中，成为"属肉的"。借着上帝的恩典它可以回归上帝。即使身体也可以复兴。（27）罪是自愿的，因而对它的惩罚，包括道德上的无能，是公正的。但是得救是可能的。（30）基督荣耀了人性，因为他为使它自由而穿戴了它。（31—34）他教导完全的生命，并为此确立榜样。（35 以下）罪就是爱低级的而不是高级的好，它的原因在于造物的可变性以及对上帝命令的违背。（42）甚至短暂的事物中也有美，比如一首诗中。（43）在历史中也同样，只是我们作为历史的一部分介入历史之中，不可能看到它的整体。（44）历史是一个净化的过程，是为义人的得救，不义者的最后审判而设的。

第二十四章45—第三十八章71：上帝使人从短暂转向永恒的方法。A 是权威（45—51），B 是理性（52—71）。

A 权威。（45）在时间上权威先于理性。（46）属于那些呼吁我们敬崇拜独一上帝的人，因为一是最高的。（47）教会初期神迹是必不可少的，但现在不是。（48）个体自然生命的五个阶段。（49）灵性生命的七个阶段，即脱去"旧人"，穿上"新人"。（50）从亚当到最后审判的世界历史；人分为两类，重生者和不义者。他们最后的命运。（51）上帝教育人类的经世计划：在以色列和在教会。

B 理性。（52）生命高于无生命。（53）理性高于生命。（54—58）高于理性的是理想的世界；真理，永恒法，上帝。（59—64）使人超越感性认识的困难。（68—69）于是就有偶像崇拜，更糟糕的是，对恶习的崇拜。（71）基督所受的三次试探表明如何战胜恶习。

第三十九章72—第五十四章106：理性认为被造世界是通向上帝的。

（72）到处都有真理的痕迹，甚至肉体享乐中都有。被享有的事物都是善好的；只是与更好的事物相比才有恶。（73）甚至知道自己在怀疑就是真理的开端。（74）整个物质序列中，包括最低级的事物中都有善好。（76）宇宙作为整体是美的，甚至一只虫子也有自身的美。（79）万物中的数。（84）想要得胜这种欲望是好的，甚至骄傲也是对全能上帝的一种歪曲模仿。（85以下）想要成为不可战胜的这种欲望里包含善好，尤其是想要成为恶所不可战胜的这种欲望。把人作为人来爱，由此我们战胜愤怒、嫉妒、偏袒。(94) 好奇是对想要认识真理这种可赞美的欲望的歪曲。无聊的好奇是罪。但是想要认识上帝以及圣经的意思这种欲望完全是善的,并且是得救的路径。(106) 比喻中所说的五塔兰特就是五官。如果善用它们,就赐予额外的天赋,即理解永恒事物的能力。

第四十五章107—113:最后的告诫,要崇拜独一的真上帝。

第一章　哲学家的宗教观在学派里教导是一回事，在神庙里公开宣称是另一回事

1. 美好而有福的生活方式必然完全确立在真宗教中。真宗教就是敬拜一位上帝，以最纯洁的敬虔认识到这位上帝就是一切存在之物的开端，借着他，宇宙得以开始、成全并存续。由此很容易发现那些宁愿崇拜多神，而不愿崇拜真上帝和万物之主的民有多么错谬，因为他们的智慧人，就是他们称为哲学家的人，一方面拥有各自的学派，彼此争论不休，同时对神庙却不加区别地共同使用。众人和祭司都非常清楚地知道，哲学家在诸神本性问题上如何各抒己见、各不相同，因为他们全都公然宣称自己的观点，争执己见。事实上，每个人都在尽其所能努力说服其他人。然而，尽管他们观点各异，彼此对立，却带着各自的门徒全都参加共同的宗教仪式，毫无禁忌。现在的问题不是：谁的观点更接近真理？就我所能理解的来说，有一点非常清楚，哲学家在宗教仪式上与民众一起遵守的规范完全不同于他们私下里捍卫的观点，或者甚至完全不同于他们教导别人的观点。

第二章　苏格拉底的神观。这个世界因上帝而产生

2. 据说苏格拉底要比其他人大胆一些。当他需要起誓时，他就会指着，比如一条狗、一块石头，或者正好出现在身边或手边的任何事物起誓。我想他肯定知道，有多少神意（divina providentia）创造并管理的自然作品，要比人工作品好得多，因而要比神庙里崇拜的偶像更配得

神的荣耀。倒不是说智慧人拜狗、拜石头这些东西是对的，而是通过这种方式，让凡是有理智的人能明白人们陷入了怎样的迷信之中。他想要表明的是，这样一种起誓确实代表一种进步，尽管不能算很大的进步。如果人们羞于走到这一步，那他们至少应当明白，固守着他们习以为常的更低劣的宗教习俗是何等可耻。同时，那些把可见世界当成至高上帝的人会由此认识到自己的堕落，因为他们得到这样的教导：如果按照他们的观点，那么任何一块石头都可能作为至高上帝的一部分受到崇拜。如果他们认为这令人反感，那他们就可能改变思想，去追寻那位独一神，唯有他超越我们的理智，每个灵魂和整个世界都是他创造的。柏拉图后来把所有这些都记载下来，这些作品读起来令人愉悦，劝导起来却不那么有效。这些人还不适合改变他们同胞的观念，使他们离开偶像迷信和世俗虚枉，皈依对真上帝的真崇拜。因此苏格拉底本人也与自己的人民一起敬崇偶像，当他受审死后，没有人再指着狗起誓，或者把石头称为朱庇特。但是这些事被记载下来，在记忆中留存。至于这是出于对惩罚的畏惧，还是由于时代的影响，我不作判断。

第三章　基督教是真宗教，它使人信服，柏拉图不相信它能使人信服

3. 尽管有那么多人如此顽固地热爱哲学家的著作，然而我要非常自信地说，在基督时代，关于应当接受并坚持哪种宗教，关于哪条道路通向真理和福祉，不会有任何疑问。假设柏拉图还活着，并且不看轻我向他提的问题，或者不如假设他的一个学生与他生活在同一时代，这样对他说："你说服我相信，真理不是肉眼可见，而是纯粹的理智才能看见，任何依赖真理的灵魂由此才获得幸福，成为完全。妨碍认识真理的，唯有致力于情欲和可感事物的虚假形象的生活，这些形象源于可感

世界，通过身体中介印在我们心里，滋生出各种意见和错谬。因此，必须治愈心灵，使它能看见永恒同一的事物的不变形式，感知它不变的且不可变的美，这种美没有空间距离，没有时间变化，永远保持绝对的同一。人们不相信这样的东西存在，尽管唯有它是真正的至高存在。其他事物生生死死，分分合合，但是就它们确实存在而言，它们从永恒上帝分有存在，由他的真理所造。他赐给有理性、能思考的灵魂，能充分享有对他的永恒的沉思，并因那种沉思而获得装备，变得强大，配得永生。然而，只要它因追逐或丧失来来去去、生生灭灭的事物而变得软弱，易受伤害，只要它沉迷于此生的习惯、身体的感官，在虚妄的形象中变得虚妄，它就嘲笑那些说出以下这话的人：有些事眼睛不能看见，幻象无法构想，只能靠心灵去看，靠理智去理解。我的夫子啊，你说服我相信这些事。现在，如果有个伟大而神圣的人起来劝导人们说，如果他们不能用心灵领会这些事，至少应当相信它们；如果他们能领会，就不得让自己陷入众人的谬见之中，不能被粗俗的错误压倒。这样的一个人，你难道不认为配得神圣的荣耀吗？"我相信柏拉图会这样回答："人不可能成就这样的事，除非神的德性和智慧使他脱离自然环境，从他在婴儿时就教导他，不是用人的教义，而是用最内在光照亮他，恩宠他，使他得尊荣，巩固他，使他变坚毅，抬升他，使他拥有权柄，叫他能够鄙视恶人所欲求的一切，承受恶人所畏惧的一切，践行恶人所惊异的一切，从而以最大的爱和权威使人类转向完全正当的信仰。但不必问我这样的人该得怎样的尊荣。因为上帝的智慧该得怎样的尊荣，是很容易估算的；作为上帝智慧的担当者和管理者，这样的人代表人类真正的救赎，必将获得他应有的位置，超越于整个人类的位置。"

4. 现在这样的事已经发生。各类书籍和文献都记载了对它的颂扬。独一上帝原本只在地上一个特定的地方受到崇拜，也只有那一个地方出生了这样一个人。然而，被拣选的人从那个地方被派送到整个世界，并靠着他们的德性和话语，点燃了圣爱之火。他们的正当教义得到确证，他们把遗产留给了被照亮的世界。我们不是要谈论古代历史，任何人都可能拒不相信那样的事，但如今这样的宣告向全地的民发出："太初有道，道与上帝同在，道就是上帝。这道起初与上帝同在。万物是藉着他造的；凡被造的，没有一样不是借着他造的。"① 为了让人能接受这道，爱他，享有他，使灵魂得治，心眼有能力接纳光，经上有话向贪婪者说："不要为自己积攒财宝在地上，地上有虫子咬，能锈坏，也有贼挖窟窿来偷；只要积攒财宝在天上，天上没有虫子咬，不能锈坏，也没有贼挖窟窿来偷。因为你的财宝在哪里，你的心也在那里。"② 有话对放荡者说："顺着情欲播种的，必从情欲收败坏；顺着圣灵播种的，必从圣灵收永生。"③ 有话对高傲者说："凡自高的，必降为卑；自卑的，必升为高。"④ 对发怒者说："有人打你的右脸，连左脸也转过来由他打。"⑤ 有话对反抗者说："要爱你们的仇敌。"⑥ 有话对迷信者说："上帝的国就在你们心里。"⑦ 有话对好奇者说："不是顾念所见的，乃是顾念所不见的；因为所见的是暂时的，所不见的是永远的。"⑧ 最后，有话对所有人说："不要爱世界和世界上的事。因为凡世界上的事，就像肉体的情欲，眼目的情欲并今生的骄傲。"⑨

5. 如今这些事向地上所有的民宣告，聆听者欢欣雀跃、满心敬仰。当基督流出宝血，殉道者被焚烧、被钉十字架之后，教会更加蓬勃发展，遍地开花，直到化外民族。成千上万的年轻男女鄙弃婚姻，过着贞洁的生活，并没有人对此感到吃惊。柏拉图可能也提出过这样的建议，

---

① 《约翰福音》一章 1—3 节。
② 《马太福音》六章 19—21 节。
③ 《加拉太书》六章 8 节。
④ 《路加福音》十四章 11 节。
⑤ 《马太福音》五章 39 节。
⑥ 《马太福音》五章 44 节
⑦ 《路加福音》十七章 21 节。
⑧ 《哥林多后书》四章 18 节。
⑨ 《约翰一书》二章 15、16 节。

但他害怕自己时代的顽固观点，所以据说他屈从于本性，宣称禁欲是罪①。曾经被看作怪异的观点已经为人所接受，如今去争论这些观点反倒显得怪异。地上凡有居住的地方，都把基督教仪式交托给愿意认信并担当所需职责的人。神父日日在教会里诵读并阐释基督教的诫命。那些努力成全诫命的人在忏悔中捶胸顿足。各族万民中有数不胜数的人接受了这样的生活方式，抛弃现世的财富、荣誉，渴望把他们的整个生命献于一位至高上帝。曾经荒凉的孤岛，许多被弃的土地如今住满修士。城镇和乡村、城堡和郊区以及私人领地，到处公开传讲并践行这样一种生活，弃绝世俗之事，皈依独一真神，于是，全世界的人几乎每日都用同一个声音作出回应：你们当诚心向主②。那么，我们为何依然对昨日的迷醉充满敬佩地渴望，在死畜的内脏里寻求神谕？每当争论时，我们为何还如此热切地念叨柏拉图的名，而不是在我们自己心中拥有真理？

第四章　追随感性事物的哲学家被完全鄙弃

6. 有些人认为鄙弃感性世界，顺服至高上帝，通过德性洁净灵魂，这样的事是虚妄的，甚至是邪恶的。对这样的观点，必须用另外的论证给予驳斥，如果它真的值得讨论。但那些承认那是值得追求的美好理想的人，应当认识上帝，顺服于他，因为他已经使全世界的人都信服这些事是应当相信的。如果他们有能力，他们愿意自己成就这样的事；既然他们没有能力成就这样的事，那就无法避免妒忌的指控。因此，就让他们顺服于使这样的事发生的那位。不要因为好奇或者虚荣，就认识不到极少数人的胆怯

---

① 据拉丁文"这样的错误行为（罪）被废止了"，也就是说，禁欲被认为是罪，禁止做这样的事。英文"宣称禁欲不是罪"显然有误。——中译者注

② 弥撒曲：《耶利米哀歌》三章 41 节（参和合本"我们当诚心向天上的上帝举手祷告"。——中译者注）。

推测与显而易见的所有民族的得救和改邪归正之间的分别。如果柏拉图和其他人，人们以其名为荣耀的那些人，重返人间，发现教会里济济一堂，神庙里空空如也，人类被呼召抛弃对短暂易逝之好的欲求，转向对属灵和可理知之好的欲求，盼望永生，并且真正关注这些事，那么他们或许会说（如果他们真的是人们传说的那种人）：那正是我们不敢向人们传讲的；我们选择了屈服于大众的习俗，而没有把人们领入我们的所信和所求之中。

7. 所以，如果这些人今天还活着，他们就会看到，靠谁的权威为人的得救采取了最佳措施，并且只要改变几个词和几句话，他们就能成为基督徒，就如近代和我们时代的许多柏拉图主义者那样。如果他们不承认这一点，或者不这么做，而是固守他们的傲慢和妒忌，那么他们被这些破布和鸟胶充塞，我不知道他们是否可能飞回到他们曾说要追寻和欲求的事物。我不知道这样伟大的人是否被另外一种恶习——也就是在究问鬼魔问题时的好奇——所困，就如今天的异教徒那样，使他们不愿接受基督教的救赎，其实这种恶习完全是幼稚可笑的。

第五章　真宗教属于哪一派。神圣恩赐（Munus divinum）。圣灵

8. 然而，哲学家会自夸说，任何人都能轻易明白宗教不是他们所要追求的。因为他们虽然参加同胞的宗教仪式，但在他们的学派内，关于他们诸神的本性和至善，他们教导不同甚至相反的观点，就如众人能证实的。如果我们可以看到这一大恶被基督教教义治好，谁也不该否认那应该是配得任何赞美的伟大成就。数不胜数偏离基督教法则的异端，证明那些没有按照真理要求思考并努力教导别人思考父上帝、他的智慧和神圣恩赐［圣灵］的人没有被圣餐礼接纳。所以，要知道并相信，人的救赎中首要的一点是哲学，即对智慧的追求，不可能与宗教完全脱

离，因为那些我们不赞同其教义的人不能与我们共享圣礼。

9. 毫不奇怪，有些人选择与我们不同的宗教仪式，比如奥弗斯教徒（Serpentini, Ophites），不论他们是什么样的人，或者摩尼教徒（Manichaei），或者其他人。但是，更值得注意也更要提防的是那些与我们的宗教仪式相似但教义不同的人，这些人积极地捍卫自己的谬误，而不是小心地改正。这些人被排除在大公教会之外，尽管奉行与我们相似的礼仪，但不能参加我们的圣礼。他们应当有自己的名称，独立的聚会，不仅因为传讲的与我们不同，也因为他们是迷信者，比如波提努派（Photiniani）、阿里乌派（Ariani）和其他许多人。至于那些引起分派结党的人又是另一个问题。主的打谷场很可能把他们当作谷壳，直到最后审判、分出好坏日子的到来，除非他们因极度轻浮被自傲之风吹走，自愿与我们分离。诚然，犹太人也崇拜一位全能的上帝，但他们只指望从这位上帝得到暂时可见的好处。因为太封闭，他们不愿看到他们的《圣经》里有指示，表明上帝的新选民从卑微的地产上升高，所以他们仍然固守在"旧人"里。既然如此，宗教就不能在混乱无序的异教中寻找，也不能在污浊不堪的异端中寻找，不能在虚弱无力的分裂者中寻找，也不能在蒙昧无知的犹太人①中寻找，只能在那些被称为大公的或正统的基督徒中，也就是真理的守卫者、公义的跟随者中寻找。

第六章　真宗教在唯一的大公教会里，它利用所有谬误协助自己前进。骚乱有时把好人逐出教会

10. 这个大公教会蓬勃地向全世界广泛传播，利用所有犯错的人协

---

① 参《以赛亚书》六章9—10节。

助自己前进，也纠正他们的错误，只要他们愿意变得警醒。它利用万邦作为自己活动的素材，利用异端锤炼自己的教义，利用分裂者证明自己的稳固，利用犹太人衬托自己的大美。有些人它欢迎，有些人它排斥，有些人它弃绝，有些人它引导。对所有人，它让他们有能力分有上帝的恩典，不论他们是刚出生的，还是重生的，不论是重新和好的，还是最近皈依的。至于它自己的属肉肢体，也就是那些行为和观点都还属肉体的人，它视之为糠容忍他们，因为场上的麦子透过这些糠为人所见，直到把它们扬弃①。这在场上，每个人按意愿使自己或者分为麦子，或者成为糠。因此，每个人的罪或错都被容忍，直到他找到指控者，或者带着顽固的恶意维护自己的不当观点。那些被驱逐的人或者通过悔改返回，或者任由其陷入邪恶，成为我们的警示，告诫我们要勤勉；或者引起分裂训练我们的忍耐，或者产生异端磨炼我们的智力，使它变得更加敏锐。通过这些途径属肉体的基督徒离开我们，因为他们不可能改邪归正，也不可能得到容忍。

11. 神意甚至常常让属肉体之人的骚乱把好人赶出基督的会众。为了教会的和平，他们耐心忍受那种侮辱或者伤害，决不尝试提出新的异端或造成新的分裂，他们会教导人们应当怎样以真实的意向和伟大而真诚的爱事奉上帝。当骚乱平息之后，这些人意愿回到教会。但是如果因为风暴还未停息，或者因为他们回来可能激发更大的风暴，而没有允许他们回去，那么他们坚守自己的目标，甚至注意那些制造暴动和骚乱驱赶他们的负责之人的好处。他们没有形成任何自己的私人集会，而是誓死捍卫他们知道在大公教会里传讲的信仰，并借他们的见证促进信仰。在暗中察看的父②秘密地加给他们冠冕。看起来，这样的基督徒有但似乎很少；而事实上，这样的例子多得令人难以置信。所以，神意利用各

---

① 参《马太福音》三章 12 节。
② 参《诗篇》五篇 13 节；《马太福音》六章 4 节。

类人为灵魂的管理树立榜样，也为他属灵之民的教导确立典范。

第七章　我们必须信奉大公教会的宗教

12. 我亲爱的罗马尼亚努斯（Romanianus），几年前我曾答应为你写下我关于真宗教的意见，现在，我想该是了却心愿的时候了。鉴于我对你的挚爱，我再也不能让你迫切的问题一直被搁置。所有那些没有将哲学带入宗教仪式，或者在宗教精神中进行哲学探讨的人；那些因邪恶观点或某种纷争而傲慢之心膨胀，从而脱离信仰法则，脱离大公教会团契的人；那些拒不承认圣经的光，上帝属灵之民的恩典，就是我们所说的《新约》的人——所有这些人，我已经尽我所能简单地予以谴责；同时我们必须坚守基督宗教以及教会团结，这教会是大公的，不只是它自己的肢体称之为大公教会，它的仇敌也这么称呼。异端分子和分裂主义者，不论他们愿意与否，当他们不是在自己人中间，而是在外人面前说话时，都用大公这个名称，而不是别的名称称呼它。他们若不用这个普遍使用的名称指称它，就不可能让别人明白他们的意思。

13. 在追寻这一宗教时，我们关注的要点是神意在时间中展开的历史和预言——这是上帝为人类的救赎所做的，使人类得到更新，恢复永生。一旦相信这一点，与神圣诫命相吻合的生活方式将洁净心灵，使它能够感知属灵事物，这些事物既不是过去，也不是未来，而是始终保持同一，不会有任何变化。那就是存在一位上帝；有圣父、圣子和圣灵。当它在今生尽其所能认识这三位一体，它就确定无疑地领会到任何造物，属理智的、属生命的和属形体的，事实上都源于这创造的三位一体，获得各自的形式，顺服于最完美的秩序。这不是说要这样理解：似乎父创造了造物界的一部分，子创造了一部分。圣灵又创造了一部分，事实上，父藉着子和圣灵的恩赐共同创造了万物以及每个具体的事物。

因为每一事物，实体（substantia）、本质（essentia）或自然（natura），或者用任何更恰当的术语描述，都同时拥有这样三种性质，即：它是一个特定的事物；它与其他事实的区别在于它自己独特的形式；它不违背自然的秩序。

第八章　我们先是由权威引导相信，然后通过理性理解。异端对教会有益

14. 明白这一点之后，人们就会非常清楚，由于必然的和不可违背的公正之法，万物都顺服于它们的主上帝。因此所有那些我们开始时只是跟从权威单纯相信的事物①，现在我们都渐渐地理解；有一些是因为我们看到它们确定无疑，有一些则是因为我们认为它们可能成就并且适合成就。我们对那些不相信这些事的人感到遗憾，这些人宁愿嘲笑我们的相信，而不愿分享我们的信念。只要明白了三位一体是永恒的，被造物是可变的，那么所有这些——道成肉身，童女生子，上帝的儿子为我们受死，他从死里复活，升上天，坐在父的右边，赦免罪，审判的日子，身体的复活——这些事就不只是相信，还被认为是至高上帝向人类显现出来的怜悯的一个部分，一个片断。

15. 有话说得十分确切："在你们中间不免有分门结党的事，好叫那些有经验的人显明出来。"② 我们也要利用神意的恩赐。那些成为异端的人，很可能在教会里面时就持有错误观点，现在他们既成了教外的，对我们有更多的好处，不是说他们教导真理，其实他们不知道真理，而是说他们激发属肉体的大公教徒去寻找真理，也激发属灵的大公

---

① 参《以赛亚书》七章 9 节。
② 《哥林多前书》十一章 19 节。

教徒去阐释真理。在圣教会里有数不胜数的人是上帝赞许的（有经验的人）①，但是如果我们耽于我们无知的黑暗，宁愿沉睡，也不愿看真理之光②，那这些人就没有在我们中间显明出来。所以，许多人被异端分子刺激，从睡梦中惊醒，才可能看见上帝的光，既看见了，就快乐③。因此，即使是异端分子，我们也要使用，不是赞同他们的错误，而是用大公教教义反驳他们的阴谋，即便我们无法把他们拉回到救赎的路上，至少我们自己会变得更加警醒而谨慎。

第九章　摩尼教关于两个原理和两个灵魂的谬论

16. 我相信上帝会帮助我们，所以，圣经通过良善之人的敬虔诵读，不仅有益于反驳一种错误而邪恶的观点，而且能反驳所有这样的观点。但是它主要驳斥那些认为有两个本性或者本体各自为战，各有自己原理的人。有些事物是他们喜欢的，有些是他们不喜欢的。他们喜欢的，他们就说上帝是其创造主；他们不喜欢的，就说那不是上帝创造的。当他们无法克服诱惑，被属肉体的陷阱困住，他们就认为同一个身体里有两个灵魂，一个源于上帝，分有他的本性；另一个源于黑暗一族，不是上帝所生（genuerit），所造（fecerit），所产（protulerit），也不是从他铸造出来（abiecerit）；它有自己独立的生命，自己的地盘，自己的后裔和动物。总之，有它自己的王国和永生原理。在某个时间，它反叛上帝，而上帝因没有别的资源，找不到别的方式抵制这个敌人，在万般无奈之下，他派遣了这个良善灵魂，他本体的一部分。他们天真地幻想，这个灵魂混合黑暗元素之后，征服了敌人，构

---

① 参《哥林多前书》十一章 19 节。
② 参《约翰福音》三章 19—21 节。
③ 参《约翰福音》八章 56 节。

造了世界。

17. 这里我不是要驳斥他们的观点，部分原因是我已经驳斥过他们，还有部分原因是我打算以后还要反驳他们，如果上帝允许。在本文中，我要尽我所能，根据上帝俯就赐予的证据表明，大公教信仰怎样立场坚定地反对他们，而引发人们接受他们观点的那些事未必能扰乱心灵。你非常了解我的心灵，我首先希望你坚定地相信，我作出这样庄严的宣告并没有任何傲慢之处，傲慢恰恰是我们应当避免的。当然，本文中出现的任何错误，全由本人负责。凡阐述得正确而恰当的，则完全归于上帝，他是一切美好恩赐的给予者。

第十章　讲述上帝对我们得救如何安排的故事，表明它首先发生在教会的错误里

18. 在你看来，应该很清楚，也很明白，如果灵魂崇拜的只是上帝，而不是另一个灵魂，不是身体或它自己的幻觉，或者崇拜其中两者，甚至崇拜所有这些东西，那么宗教就不可能有任何谬误。在此生中，灵魂诚然应当真诚地接受人类社会的暂时状况，但也应当沉思永恒事物，敬拜独一上帝，没有他不变的恒在，任何可变之物都不可能存续。任何人，研究一下自己的情感，就可以知道，灵魂是可变的，当然不是空间上的变化，而是时间中的变化。身体在时间和空间上都是可变的，这一点人人都可轻易看到。幻觉不是别的，就是对呈现于感官的有形物的虚构。世上最容易的事，莫过于把它们如其所显的那样交给记忆，或者通过对它们的思维加以分割或增加，压缩或扩展，有序组织或搅乱，或者赋予它们任何一种形状。但是如果要寻求真理，要对它们保持警觉并避开它们就没那么容易了。

19. 所以我们不能事奉造物，而不事奉造主，或者让我们的思念变

为虚妄①。那就是完全宗教的法则。如果我们忠于永恒的造主，我们必然或多或少受永恒影响。但是由于灵魂涉及犯罪，并被自己的罪控制，所以不可能靠自己看见并领会真理；如果在人的经验中没有任何中间阶段，人就无法努力超越属地的生命，恢复上帝的形象，于是上帝出于不可言喻的仁慈，通过一种时间性的安排，利用可变的造物界——它总是服从他的永恒法——提醒灵魂记起自己最初完全的本性，从而实现对个体人以及整个人类的恩助。这就是我们时代的基督宗教。知道它并跟随它就是最安全最可靠的得救之路。

20. 我们可以从多个方面捍卫这种宗教，反驳好争之人，向寻求真理的人阐释。全能的上帝可能会亲自显明真理，或者利用善良的天使或人协助好意的人看见并领会真理。每个人使用自己认为适合的方式应付他所面对的人。我花了很长时间，充分考虑我所面对的人是什么样的人，是吹毛求疵的批判者，还是真诚追寻真理的人。我还考虑到自己的情形，作为一个批判者的自己和作为一个寻求者的自己，最后我得出结论，我必须使用的方式就是：不论你能够抓住什么真理，紧紧握住它，然后将它归于大公教会。若有什么错误的，请拒斥它，宽恕我只是一个人。若有什么疑惑的，坚持相信它，直到理性教导或者权威规定说，必须拒斥它，或者说它是真实的，或者说必须永远相信它。下面请你尽可能认真而敬虔地聆听，因为上帝帮助那样的人。

第十一章 一切生命源于上帝。灵魂的死是罪恶

21. 没有哪个生命不是源于上帝，因为上帝是最高的生命，是生命的源泉。生命作为生命并不是恶（malum），只是因为它倾向于死才关

---

① 参《罗马书》一章 21—25 节。

涉恶。若不是罪恶（wickedness, nequitia），生命原不知有死，罪恶的拉丁文（nequitia）源于虚无（ne quidquam）。因此，极其罪恶的人（nequissimi homines）被称为一无所是的人或者毫无价值的人（nihili homines）。所以一个自愿脱离的生命，从创造它的造主堕落——它原本享有他的本质；违背上帝之法，想要享有（frui）属体的事物（corporibus）——但上帝创造物体原是在它之下——从而趋向虚无。这就是罪恶，但不是因为物体本身是虚无。有形的物体各部分之间存在一定和谐性，否则它根本不可能存在。因此它是由那一切和谐之首的上帝所造。有形的物体享有某种程度的和平，因为它拥有形式；没有形式，它就可能成为虚无。所以他就是质料的造主，整个和平从他而来，他乃是非造的最完全的形式。质料分有属于理念世界的东西，否则它就不会成为质料。因此，若问是谁创造了质料，就是问理念世界里的最高者是谁。因为每个理念（species）都从他而来。那么，除了独一上帝，绝对真理，万物的唯一救赎之外，他还会是谁呢？他是最初也是最高的本质，一切存在的事物都从他获得存在。因为一切存在之物就其是存在而言，都是善。

22. 因此，死并不来自上帝。"上帝没有创造死，也不以毁灭生命为乐。"[1] 最高的本质（essentia）把存在（esse）分给一切存在者。所以它才被称为本质。然而，死没有分给死的事物任何真实的存在。事物如果真的死了，那么毫无疑问它已经归于虚无。因为事物之所以会死，完全是因为它们分有的存在非常之少。我们可以更简洁地说：事物在多大程度上（存在性）变少了，它就在多大程度上死了。身体[2]比任何一种生命（的存在性）要少，因为正是生命，不论是管理具体生命物

---

[1] 《所罗门智训》一章 13 节。

[2] 此处以及上一节中译为"有形的物体"、"物体"、"质料"、"身体"的词，在拉丁文本都是同一个词，即"corpus"，因为英译本中作了不同处理，考虑到中文含义，也基本随英文译法作相应处理。——中译者注

的生命，还是管理整个宇宙的生命，使任何事物中的质料，哪怕最微小的量，组合在一起。因而身体更受制于死，因此也更靠近虚无。生命如果以身体的快乐为乐，忽视上帝，就趋向虚无，那就是罪恶（nequitia）。

第十二章　整个人的堕落与复原

23. 这样，生命就成了属肉体的和属土的，它也由此被称为肉体和泥土①。只要它保持这种状态，就不可能得享上帝的国，它所爱的东西也将从它身上夺走。它既是属身体的，爱的就是比生命低的事物，由于这种行为的罪性，被爱之物成了可朽坏的②，如流水而逝，就抛弃了它的爱者，因为生命在这样的爱中抛弃了上帝。它无视他的诫命：这个可以吃，那个不可吃③。于是，它受到惩罚；因为它爱低级事物，就在低级造物中给它一个位置，没有了自己原有的喜乐，陷入了忧愁。所谓身体的忧愁，就是灵魂没有正当使用的某物的完整性突然丧失，从而使它易于败坏。所谓属灵的忧愁就是，丧失灵魂原本享有或者盼望能够享有的可变之物。这囊括了恶的整个范围，即罪及其惩罚。

24. 如果灵魂在人的生命赛场上④克服欲望——这些欲望导致它毁灭自己，因为它们使它享有可朽之物——并且相信上帝的恩典使它有能力克服欲望；如果它一心一意侍奉上帝，它必然得以恢复，从可变的杂多回到不变的一。它必借着智慧重生，这智慧不是形成的，倒使万物形

---

① 参《哥林多前书》十五章 50 节。这节经文有："……血肉之体不能承受上帝的国……"似乎对应文中的后一个句子。——中译者注
② 参《罗马书》八章 10 节。
③ 《创世记》二章 16—17 节。
④ 参《哥林多前书》九章 24 节。

成；它必藉着圣灵享有上帝，这圣灵乃是上帝所赐①。它就成了"属灵的人，能看透万物，却没有一人能看透了他"②，"它就尽心、尽性、尽意，爱主它的上帝；并且爱人如己。凡以自身里面的一切爱上帝的，必在属灵的意义上爱自己。这两条诫命是律法和先知一切道理的总纲。"③

25. 由此导致的结果必将是，身体死后——我们将身体的死归咎于原罪（primo peccato）——它将在自己的时间、自己的顺序中恢复到原初的稳定（pristinae stabilitati）。不过，它不会将自己的稳定归于自己，而是归于灵魂，而灵魂的稳定在于上帝。因为灵魂也不是将自己的稳定归于自己，而是归于它所享有的上帝。因此它拥有比身体更丰富的生命。因为身体靠灵魂而活，灵魂靠不变的真理而活，这真理就是上帝的独生子。所以即使是身体，也是靠上帝的儿子而活，因为万物莫不藉着他造的④。藉着上帝的恩赐，也就是圣灵，不仅领受它的灵魂变得健全、平安和圣洁，而且身体也必然恢复生机，并得到完全洁净⑤。主亲口说过："先洗净里面，·好叫外面也干净了。"⑥ 使徒说："他必藉着住在你们心里的圣灵，使你们必死的身体又活过来。"⑦ 除去了罪，罪的惩罚也就消失了。哪里有恶？"死啊，你得胜的权势在哪里？死啊，你的毒钩在哪里?⑧ 存在既战胜了虚无，死就被得胜吞灭。"⑨

---

① 参《使徒行传》二章 38 节。
② 参《哥林多前书》二章 15 节。
③ 参《马太福音》二十二章 37—40 节。
④ 参《约翰福音》一章 3 节。
⑤ 参《罗马书》八章 11 节。
⑥ 《马太福音》二十三章 26 节。
⑦ 《罗马书》八章 11 节。
⑧ 《哥林多前书》十五章 55 节。
⑨ 参《哥林多前书》十五章 54 节："这必朽坏的既变成不朽坏的，……死就被得胜吞灭……"。

第十三章　天使的分别

26. 恶天使，也就是魔鬼（diabolus），必然没有能力控制成圣者（sanctificatis）。即便是这恶天使，就他是天使而言，并不是恶的，只是因为他滥用了自己的意志，才是恶的。我们必须承认，既然只有上帝是不变的，那么即使天使也是可变的。天使因为意愿爱上帝而不是爱自己，所以能立稳脚跟，在上帝里面持守，并享有他的威严，欣然完全顺服于他。但这个恶天使爱自己胜过爱上帝，拒绝顺服上帝，骄傲自满，离弃至高存在（summa essentia），于是堕落了。他比他原有的所是少了，因为他希望享有自己的权能，而不是上帝的权能，所以他想要享有较少存在的事物。他从未拥有至高存在，因为那只属于上帝，但当他享有（frui）那至高存在时，他拥有比现在更丰富的存在。他目前的存在就其是存在而言，并不是恶的，只是因为它比原来的那种存在少了，所以才说是恶的。既然他少于原来的所是，他就趋向于毁灭。毫不奇怪，他的堕落（defectus）导致缺乏（inopia），缺乏导致妒忌，这就是魔鬼作为魔鬼的真正特征。

第十四章　罪源于自由判断

27. 如果我们称为罪的这种堕落是违背人的意愿突然袭到人的头上的，就像发烧一样，那么对罪人的惩罚，也就是定罪，似乎完全是不公正的。但是罪完全是一种意愿的恶，所以如果不是出于意愿的，那就根本不能是罪。这非常明显，谁也不会否认，无论是少数有学识的精英，还是广大无学识的民众，他们都必然会说，若不是自愿做的，就没有犯罪，或者不承认有罪。没有人会否认，灵魂犯了罪，这罪可以通过忏悔得到改正，悔改者可以得到宽恕，或者死不悔改的人必受到上帝公正之法的定罪。最后，如果我们作恶不是出于意志的实施，就根本不应该有谁受到指责或者警告。如果把责备和告诫取消了，基督教的律法和整个宗教戒律就必然被废除。因此，犯罪正是出于意志；既然犯了罪这是毫无疑问的，那我只能说灵魂有选择的自由意志，这也是毫无疑问的。上帝认为，人若是自由地事奉他，那是更好的事奉。但是如果他们事奉他不是出于自由意志，而是出于必然，那就不可能自由地事奉。

28. 因此天使自由地事奉上帝。这不是对上帝有好处，而是对他们自己有好处。上帝不需要任何外来的好，因为一切好皆源于他自己。他所生的与他同等神圣，是被生的，不是被造的。被造的事物缺乏他的好即至善，也就是至高本质。当他们由于犯罪对他的依附减少，他们的本质就变少。但他们从来没有与他彻底隔绝。否则，他们就根本不会存在。与灵魂相关的是情感，因为它的运动依赖于意志。与身体相关的是位置，因为它的运动依赖于空间。据说人受到邪恶天使的引诱，但即便如此，也是由他的意愿认可的。如果他的同意是出于必然，那就不会认为他犯了罪。

第十五章　通过对罪的惩罚我们教导复原

29. 未犯罪之前，人的身体是所有身体中最好的，犯罪之后，它就变得软弱而可朽。虽然那是对罪的公正惩罚，但这惩罚更多的是表明主的仁慈，而不是他的苛刻。我们由此得到告诫，我们应当将我们对属体快乐的爱转向真理的永恒本质。公义的美与仁爱的恩典完全一致，所以我们既然被低级事物的好和甜美蒙骗，就应当通过严厉的惩罚之苦得到教训。因为神意已经使我们的惩罚非常和缓，甚至在这可朽坏的身体里也允许我们趋向公义，放下所有骄傲，只顺服上帝，不是信靠我们自己，而是把自己交给上帝，完全接受他的引导和保护。所以，在上帝的引导下，有良善意志的人能够将此生中的种种困窘转化为勇敢的锤炼。在大量的享乐和暂时的繁华中，他可能接受并加强节制。在诱惑中他会更加审慎，使自己不仅不陷入诱惑，还可能变得更加警醒，对真理的爱变得更加热切，唯有真理永不骗人。

第十六章　通过道成肉身表现对人的仁慈

30. 上帝根据他那奇妙智慧所安排的适当时机，采纳各种不同的方式来治疗灵魂。关于这些方式最好是不讨论，至少也要在敬虔而完全的人中间讨论。但是上帝为人类的好而表现出的慈爱，莫过于他的智慧本身，也就是与父同一实体、同为永恒的独生子，俯就接受完全的人性，"道成了肉身，住在我们中间。"① 由此他向属肉体的人表明，他们虽然被交托给身体感官，不能用理智看见真理，但在众生中人性仍然拥有多么高贵的地位，因为他不只是向他们显现出来——若只是为了适应我们人虚弱的视觉能力，他也完全可以借用某种空灵的身体显现——而且作为一个真正的人显现。披戴我们的人性也是为了使它得释放。谁也不能认为，创造性别的造主鄙视性别，所以他成了一个由女人出生的人。

31. 他不做任何强迫的事，任何事都通过劝说和告诫。旧的奴役已经过去，自由的日子已经来临，人得到恰当而有益的教导：他被造时是有自由意志的。他原是上帝，通过所行的神迹，提高了对上帝的信心；他又披戴了人性，通过所受的苦难，增进了对人性的尊敬。当他作为上

---

① 《约翰福音》一章 14 节。

帝对众人说话时，有人告知他母亲来了，他拒不认她①；然而如福音书所说，他顺服自己的父母②。上帝显现在他的教义里，人显现在他不同的生命阶段里。当他作为上帝，准备把水变成酒时，他说："妇人，离开我；我与你有什么相干？我的时候还没有到。"③ 当他的时候到了，当他作为一个人必须死时，他在十字架上认出母亲，把她举荐给他最爱的门徒④。人们追求有助于享乐的财富，导致自己毁灭；而他愿意成为贫穷⑤。人们渴望荣誉和权力，而他不愿成为王。人们认为儿孙满堂是莫大的福分，而他鄙视婚姻和后代。人们出于自大骄傲害怕侮辱，而他承受了各种各样的侮辱。人们认为伤害不能忍受，请问还有比一个公义而清白的人被定罪更大的伤害吗？人们憎恨身体的痛楚，而他被鞭打和受折磨⑥。人们惧怕死亡，而他被判处死刑。人们认为十字架是最可耻的死法，而他被钉了十字架。凡是人们不当地渴望拥有的，他都毫不需要，并由此使它们变得无足轻重。凡是人们努力避开从而脱离对真理之寻求的，他都承受，从而使它们丧失对我们的控制能力。人们之所以犯罪，不外乎两种情形：或者寻求他所鄙弃的，或者避开他所承受的。

32. 他在地上的一生，在他所披戴的人性里的一生，是一场道德教化。他从死里复活则充分表明，人性里没有任何东西能够毁灭，因为凡是与上帝同在的都是安全的。它也表明万物事奉造主或者是为惩罚罪，或者是为解放人，表明当灵魂顺服上帝时，身体就能侍奉灵魂。当身体完全服从灵魂，灵魂完全侍奉上帝的时候，不仅没有任何恶的实体，因为绝不可能有那样的实体，而且实体也不可能受恶影响，因为它只有通过罪或罪的惩罚才能受恶影响。这是合乎本性的教训，知识不多的基督

---

① 《马太福音》十二章 48 节。
② 《路加福音》二章 51 节。
③ 《约翰福音》二章 4 节。
④ 《约翰福音》十九章 26—27 节。
⑤ 参《哥林多后书》八章 9 节。
⑥ 参《马太福音》二十七章 26 节。

徒可以完全相信，而对有知识的基督徒来说，它完全没错。

第十七章　真宗教即最好宗教里的理性教导是旧约和新约共同关注的

33. 这种教学方法岂不实现了理性教导的法则？对于一部分教义，它开宗明义，公开教导；另一部分则通过语言、行为和礼仪中的比喻教导，所以它适合对灵魂进行全面的教导和训练。因为阐释奥秘要以清楚明白的理论作为引导。但是如果那些伟大的奥秘都能轻而易举地理解，那就不会有对真理的艰辛寻求，也不会有发现真理的喜悦①。如果圣经里包含圣礼，但它们不是真理的记号和象征，那么行为与知识就无法统一。敬虔始于畏惧，在爱中得完全②。所以，当人们还在旧律法下受奴役的时候，他们受制于畏惧，困扰于众多圣礼。那原是对他们有益的，好叫他们渴望先知预言将要到来的上帝的恩典。恩典来了之后，上帝的智慧披戴人性，我们蒙召得自由③，少量至圣的礼仪被确定，以维持基督徒社群，即那些得自由侍奉独一上帝的人。许多原本强加在希伯来人——即那些迫于律法侍奉同一位上帝的人——头上的事，不再奉行，但它们对信心仍然有效，可以在比喻意义上解释。如今他们不是在奴役中受捆绑，而是在自由中训练心灵。

34. 没错，犹太人以前谨守现在仍在遵守的那些圣礼，我们的民并不遵守，但如果有人基于这样的理由而否认两约源于同一位上帝，那么我们要说，他不可能否认这样的事实：同一位父亲完全有可能非常公正地制定两套家规，那些他认为严厉苦役对其更有益的人适用一套，那些

① 参《马太福音》七章 7 节。
② 参《诗篇》二篇 11 节。
③ 参《加拉太书》五章 13 节。

他俯就收为子孙的人适用另一套。如果提出的问题是，旧约下的道德诫命比较低，而福音书里的比较高，两者怎么可能源于同一位上帝？无论谁这样想，都会发现他难以解释为何同一个医生对同一种病开出不同的药方，对体质虚弱的病人让他的助手开出这种药方，对较为强壮的病人他亲自开出那种药方，最后全都恢复健康。医术是同一个，完全不变，但对不同的病人用不同的药方，因为病人身体状态存在差别。同样，神意始终毫无变化，只是以不同的方式帮助可变的造物，根据它们病情的不同阶段——是最初的恶，那时死刚开始，还是最后阶段的恶，那时死已逼近——在不同的时间规定或禁止不同的事。无论如何，凡是表现出缺乏，即趋向虚无的，神意都要领它们回到真正的本性，并赋予它们力量。

第十八章　造物为何可变

35. 但你说，他们为何有缺乏？因为他们是可变的。他们为何是可变的？因为他们不是至高存在。为何会如此呢？因为他们低于创造他们的主。谁造了他们？就是至高存在者。他是谁呢？上帝，不变的三位一体，藉着他的至高智慧创造他们，又藉着他的至高慈爱保存他们。他为何要创造他们？为了让他们存在。存在本身就是善，至高存在就是至善。他从什么造出他们？从无创造。凡是存在的，都有某种理念（species）；而就善来说，即使是极小的善，也是善的，也是源于上帝。最高的理念是最高的善，最低的理念是最低的善。凡是善的事物，或者就是上帝，或者源于上帝。因此，即便是最低的理念也源于上帝。关于形式（forma）也同样如此。我们同等地赞美一切有形式的和一切有理念的，这是适当的。那上帝从中创造出万物的，既无形式，也无理念，完全就是虚无。而那相比于完全的事物被称为没有形式的，并非不拥有任何形式，只是形式微小或者还未展开，这样的事物并不是虚无。就它拥有一定存在来说，它也源于上帝。

36. 因此，如果这世界是由某种无形式的质料创造的，那么这质料是从绝对虚无中创造的。如果它还没有形式，至少它能够接受形式。藉着上帝的圣善，它"可以成形"（formabile）。接受形式的能力也是善的。一切善好之物的主，就是赋予形式的，也赋予接受形式的能力。一切存在的，从上帝领受存在，那还未存在但可以成为存在的，从上帝领受潜在的存在。换言之，凡是形成的，从上帝领受各自的形式；凡是还未形成的，从上帝领受能够形成的能力。任何事物若不成为健全的自己（in suo genere salva sit），就不拥有完整的本性。一切健全（omnis salus）源于产生一切善好的那一位；而一切善好源于上帝，因此一切健全源于上帝。

第十九章　能败坏的事物是善，但不是至善

37. 人只要睁大理智之眼，不因追求虚妄的胜利而变昏暗和迷茫，就很容易明白，一切要败坏（vitiantur）和死亡的事物都是善的，但败坏（vitium）和死亡是恶。败坏和死对事物的破坏不是别的，就是使它丧失完整性，不再健全。败坏如果没有任何破坏性，就不是败坏。如果败坏是健全的反面，那么毫无疑问健全是善的。一切与败坏相反的事物都是善的，而败坏使它们变坏。因此被败坏的事物是善的。但是它们之所以被败坏了，乃因为它们不是至高的善。因为它们是善的，所以它们出于上帝；因为它们不是至善，所以它们不是上帝。不能被败坏的善就是上帝。所有其他善都从他而来。它们凭自己可以被败坏，因为它们凭自己就是虚无。上帝使它们避免完全败坏；部分败坏之后，使它们恢复健全。

第二十章　灵魂的败坏（vitium）从哪里来

38. 理性灵魂最大的败坏就是意愿（voluntas）做最高的、最内在的真理禁止做的事。因此人被逐出乐园，进入现在的世界，即从永恒事物到暂时事物，从丰富到贫穷，从强大到软弱。但不是从实体性的善到实体性的恶，因为根本没有实体性的恶存在；而是从永恒的善到暂时的善，从属灵的善到属肉体的善，从可理知的善到可感知的善，从最高的善到最低的善。所以有一种善，如果理性灵魂爱它，它就犯罪，因为这善属于低级存在。这罪本身是恶的，但它不是爱它就犯罪的实体①。我们读到种在乐园里的树本身并不是恶②，违背上帝的命令才是恶，所以它得到公正的惩罚，但它也从那违背禁令触碰的树获得了分辨善恶的能力。当灵魂卷入自己的罪，受到惩罚，由此得知它拒绝服从的诫命与它所犯的罪之间有分别。于是，它通过受苦学会去认识恶，而没有犯罪就不能知道何为恶。它原本对善爱得太少——从它没有顺服可以看出——如今通过比较它原先的状态与它现在的状态，对善产生了更加炽热的爱。

39. 灵魂里的败坏产生于它自己的行为；败坏所引起的道德困境是它所遭受的惩罚。这就是恶的全部。行为和遭受与实体毫无关系，因此实体不是恶。水不是恶，空中的飞鸟不是恶，因为它们是实体；但是自愿投入水中窒息，就如溺水的人那样，那就是恶。一头写字一头擦字的笔制作巧妙，就其自身来说精美无比，对我们也非常有用。但是如果有人想要用擦字的那头来写字，或者用写字的那头来擦字，即便如此，他

---

① 参《创世记》二章 17 节。
② 参《创世记》三章 3 节。

也不能使笔成为恶，相反，他得谴责自己的行为，这才是正当的。纠正了行为，哪里还会有恶？假设有人突然把眼睛转向正午的太阳，他会晕眩，那么太阳会因此成为恶么？或者眼睛会因此成为恶么？绝不可能。它们是实体。自己不小心去看太阳并由此导致困扰才是恶。如果眼睛受过训练，能够凝视光，就不会有恶。当我们崇拜眼睛看见的光，而不是崇拜心灵看见的智慧之光，这时光也不是恶。侍奉受造之物而不侍奉造主的迷信才是恶①。如果灵魂认得自己的造主，完全顺服于他，明白其他事物由他创造出来顺服灵魂的，那就不会有灵魂的恶。

40. 每个有形造物，如果被爱上帝的灵魂拥有，就成为最低的好，就它自身来说是美的，因为它由形式和理念结合所成。如果爱它的灵魂忽视了上帝，即便如此，它自身也并不是恶。但是这样爱它就是罪，而罪是恶的，给这样爱它的人带来惩罚。它使他卷入各种悲苦，以虚幻的快乐迎合他，这样的快乐既不能持久，也不能令人满足，反而产生令人痛苦的忧伤。当时间中可变的美完成了自己固有的程序，所欲求的事物（形式）就逃离追求它的人，使他无法认识它，以此来折磨他，以错误来扰乱他的心灵。因为它使他以为，肉身错误地喜爱、他通过不确定的感官认知的物质对象就是最高的形式，而事实上它是最低的形式；所以当他思考时，他以为自己明白了，而事实上却被虚幻的影子蒙骗了。如果他没有抓住神意的整个教训，却幻想自己抓住了，试图抵制肉体，那他只是获得了可见事物的影像而已。他根据此世中所见的有固定边界的普通光，在思想中徒劳地构建广袤无边的光，还应许他在那个世界有一个未来的居所。他不知道自己仍然纠缠于眼目的情欲，他在努力超越这个世界时仍然携带着它。他只是通过幻想将这世界的明亮部分无限扩展，就以为自己已经到达了另一个世界。人们不仅可以对光这样幻想，也可以对水、酒、蜜和金银，甚至动物的肉、血和骨头，以及其他诸如

---

① 参《罗马书》一章 25 节。

此类的东西这样做。没有哪个单独看见的物体不能在思想中被无限增加，没有哪个在我们看来占据微小空间的事物，不能通过同样的想象被无限地扩展①。憎恨肉身很容易，但不按属肉体的方式思考却非常困难。

第二十一章　当灵魂追逐身体易逝之美时，它就偏离了

41. 灵魂的犯罪与惩罚所导致的这种倒错，使得整个有形造物界变成——如所罗门所说的——"虚空之人的虚空，凡事都是虚空。人一切的劳碌，就是他在日光之下的劳碌，有什么益处（abundantia）呢？"② 他说"虚空之人的"（vanitantium）并非没有目的，因为如果把虚空之人（vanitantes）——即把最低的事物当作最高事物来追求的人——除去，物质就不再是虚空，而是显现出它自己特有的美，虽然是一种低级的美，但没有骗人的伪装。当人从上帝的统一坠落，众多暂时的形式就分散在他属肉的感官中间，他的感知能力（affectum）因变化的多样性而增强，因而要获得益处（或者充实，abundantia）变得很难，而他的缺乏（egestas），如果可以这么说，倒变得很多，因为他不停地追求，但没有任何事物持久地留在他身边。所以，虽然拥有谷、酒和油，他的缺乏却如此巨大，他甚至无法找到一样所需之物③，即单一和不变的事物本身，寻找它就不会犯错，拥有它就不会再忧愁和痛苦。因为到那时，他的身体必得救赎④，这身体就不会再败坏。事实上，身

---

① 参《罗马书》八章 5 节。
② 参《传道书》一章 2 节。
③ 参《诗篇》四篇 8—9 节。
④ 参《罗马书》八章 23 节。

体的败坏烦扰着灵魂，灵魂这个属地的居所迫使它考虑杂多的事物，因为物体的小美在一个接一个此起彼伏的秩序中急速前行。形体美之所以是最低的美，原因在于它的各个部分不能全都同时存在。有些事物让出位置，另一些事物取而代之，所有事物变合起来成就暂时形式的数目（temporalium formarum numerum），由此构成单一的美（unam pulchritudinem）。

第二十二章　管理流逝之物只会让不敬虔者不悦

42. 但是，这一切并不因为是短暂的就是恶。一句诗本身是美的，尽管不可能同时说出两个音节。第一个音节没说完，不可能说第二个音节，只能按照适当的顺序，最后达到诗的末行。当说到最后一个音节时，并没有同时听到前面的音节，然而它与前面的一起构成完整的形式，成就优美的韵律。作诗的艺术不随时间的变化而变化，因为它的美不是由可计量的数量组成的。诗句是由前后相继的音节构成，后面的音节只能跟随着前面的音节出现，而诗艺则同时拥有所有规则。尽管如此，诗句的美在于它显示了诗歌艺术始终如一、永恒不变地保守的那个美的依稀痕迹。

43. 有些悖谬的人更喜欢诗句，而不喜欢作诗的艺术，因为他们更重视耳朵，而不是理智。所以许多人迷恋时间中的事物，而不去寻求创造并管理时间的神意。因为爱时间中的事物，他们就不愿意所爱的事物消失。他们如此荒唐可笑，如同在名诗朗诵时，有人希望始终只听一个单一的音节。没有这样的听诗者，却有很多这样思考历史事件的人。谁都可以轻易地听到完整的一句诗甚至一首诗，但没有人能抓住时间的整个顺序。此外，我们并不作为诗的一部分卷入诗中，但由于我们的罪，我们天生就是世俗秩序的一部分。我们听诗朗诵是为了对它作出论断，历史过程却是由我们的劳作构成的。在竞技比赛中被打败的人，谁也不会觉得比赛是愉悦的，但他的屈辱使比赛合乎规则。这里包含真理的一种比喻。之所以禁止我们迷恋这样的场景，不是别的原因，乃是因为我们会被事物的影子欺骗，偏离事物本身。所以，对宇宙的调整和管理只会让不敬虔、可恶的灵魂不悦，而许多在地上得胜的人，或者在天上毫无危险地观看的人，尽管遭遇过种种不幸，却对此满心喜悦。公义的事不会让公义的人感到不悦。

第二十三章　每个实体（substantia）都是好的

44. 每个理性灵魂，或者因罪而不幸，或者因行为端正而幸福。每个非理性灵魂，或者屈从于更强的，或者顺服于更好的，或者与对手平等相处，或者展开竞争，或者伤害它所征服的事物。每个身体，依据灵魂的功德或者事物的秩序，服从于自己的灵魂。宇宙中没有恶，但个体中有恶，那恶源于他们自己的过错。当灵魂藉着上帝的恩典得到重生，恢复自己的完整性，完全顺服于那使它得以被造的主，那时，它的身体也必恢复自己原有的力量，必领受权柄，拥有世界，而不是被世界拥有。于是，在它没有任何恶。因为在时间中可变的低级美与它无关，它已经上升到变化之上。就如经上所写的，必有新天新地①，灵魂不再在劳苦中承担职责，而是开始统治宇宙。使徒说，一切"全是你们的，并且你们是属基督的，基督又是属上帝的。"② 又说："基督是各人的头，男人是女人的头，上帝是基督的头。"③ 这样说来，既然灵魂的败坏不是出于灵魂的本性，而是与它本性相反的，不是别的，就是罪和对

---

① 《启示录》二十一章 1 节。
② 《哥林多前书》三章 21—23 节。
③ 《哥林多前书》十一章 3 节。

罪的惩罚，那么我们就明白了，没有任何本性——或者如果你喜欢，没有任何实体或者本质——是恶的。宇宙也不因它灵魂的罪和惩罚而遭受任何残缺。洁净了整个罪并顺服于上帝的理性实体管辖其他顺服于它的事物。但犯了罪的理性实体被安排在与它相适应的地方，好叫万物都显为荣耀，因为上帝是宇宙的创造者和统治者。被造宇宙的美之所以没有任何瑕疵，原因在于三者：罪人被定罪，义人得证明，有福者得完全。

第二十四章　考虑使人恢复健康的两种方式：权威和理性。首先讨论权威，直到二十九章开头

45. 灵魂的治疗由上帝的神意和不可言喻的慈爱实施，它的每一步和各个阶段都是最美的。治疗有两种不同的方法：权威和理性。权威需要信念，并为人预备理性。理性领人走向理解和知识。但理性与权威并非完全分离，因为对于我们要相信的对象，我们必须加以思考，而当真理清楚明白地为人所知时，必定拥有最高的权威。只是由于我们居于短暂事物之中，对它们的爱阻碍我们到达永恒事物，所以需要优先考虑一种暂时性的药方，使那些相信的人而不是知道的人恢复健康的方法，这种优先不是本性或者内在特点上优先，而是时间上优先。无论谁，在哪个地方跌倒，就在哪个地方找到支撑，然后起来。同样，我们必须借助于阻碍我们的属肉体形式，努力去认识那些属肉体感官不可能带给我们知识的事物。所谓属肉体感官，我指的是眼睛、耳朵和其他身体感官。孩子必然亲密地依赖于属肉体的或形体的形式，这是必不可少的，对少年来说，这几乎也是必不可少的，但随着年岁的增长，这种必然性就消失了。

第二十五章　关于上帝崇拜，应当相信哪些人或哪些书的权威

46. 神意不仅眷顾个体，可以说这是私下眷顾，而且公开眷顾整个人类。神意如何眷顾个体，上帝知道，因为这是上帝安排的；他所眷顾的个体也知道。但是上帝对人类的眷顾，他希望通过历史和预言传递下去。对短暂的事物，不论过去的，将来的，与其说是通过理智知道，不如说通过信念相信。我们的职责是考虑应当相信怎样的人或怎样的书，使我们能够正确地敬拜上帝，因为那里面存在我们唯一的救赎。这里首先要决定的是：我们是应当相信那些叫我们去崇拜多神的人，还是那些召我们去崇拜独一上帝的人？毫无疑问，我们应当跟从那些召我们崇拜独一上帝的人，因为即使那些崇拜多神的人也承认，有一位统治万物的上帝。至少，数的序列始于一。因此，必须跟从那些主张独一的至高上帝是唯一真上帝且是唯一崇拜对象的人。如果真理并没有把明亮的光照在他们中间，到那时，也只有到那时，我们才必须转向别处。正如在自然界，有一个更大的权威，万物都被统而为一；在人类社会，乌合之众是没有力量的，除非通过统一观点形成整体。同样，在宗教里，那些号召我们统一的人应当是更大的权威，也更值得相信。

47. 还有一点必须考虑，那就是人们关于崇拜独一上帝所产生的分歧。我们听说，我们的祖先因为在信仰上处于从短暂事物走向永恒事物的阶段，所以跟从可见的神迹。他们确实别无选择。但他们的所作所为对后继者来说并不是必须的。当大公教会建立起来，并且传播到整个世界之后，一方面，不允许那样的神迹继续存在于我们的时代，免得心灵总是寻求可见之物；而且，那些原本新奇从而能点燃信心的事物，人们若是习以为常了，就会对它们变得冷漠。另一方面，我们不可怀疑，那

些宣称神迹的人是可信的，事实上只有少数人见过神迹，但足以说服所有人跟从他们。那个时候的问题在于，在还没有人能够用理性来推论不可见的神圣事物之前，如何先让百姓相信。没有哪个人的权威能置于纯洁灵魂的理性之上，因为它能够获得纯净的真理。但是骄傲使人无法认识真理。如果没有骄傲，就不会有异端分子，不会有分裂主义，不会有受割礼者，不会有崇拜造物或偶像的人。然而，如果在人获得所应许的完全（perfectionem）之前，不曾有过诸如此类的种种对手，人也就不会如此热切地去寻求真理了。

第二十六章　神意眷顾我们的得救，旧人到新人的六个阶段

48. 关于上帝的历史安排，以及他的神意对那些因犯罪而必死的人的医治（medicina），有这样的传统。首先，考虑任何一个出生之人的本性和教育。他的最初阶段，就是婴儿时期，基本上在接受身体上的营养，但长大之后这个时期被完全遗忘。然后是儿童时期，此时我们开始有一些记忆。接下来就是青年时期，本性让我们怀胎生子，为人父母。青年之后就进入生命的鼎盛时期，人必须参与公共事务，归在律法之下。此时，罪受到更加严格的禁止，罪人要遭受极其严厉的惩罚。然而，在属肉体的灵魂里，这样的禁令本身引发更加可怕的情欲，使罪行加倍。因为罪包括两个方面，它不只是行恶，还包括不顺从（vetitum admittere，即行禁止之事）。经过年轻时期的劳苦，到了老年，终于得到了一点点平安。但这是人生中比较劣势的一个阶段，苍白虚弱，更容易受疾病侵袭，最终走向死亡。这就是生活在身体里、欲求短暂事物的人的一生。这个人被称为"旧人"（vetus homo），"外面的人或者属土

的人"①，即使他在一个井然有序的地上之城（terrena civitate）获得了通常所说的幸福（felicitatem）——不论这城是由君王统治，贵族统治，法律统治，或者所有这一切共同统治。没有这些东西，不可能管理好人民，甚至管不好追求地上之好的人民。当然，即便是这样的一个民，也有它自身的一种美。

49. 这就是我所描述的"旧人"或"外面的人"或"属土的人"。他可能本性温和，行事有度，也可能违背奴役之法的尺度。有些人自始至终都这样生活，有些人开始时也这样生活，因为这必不可少，但后来在内心里获得重生，有了属灵力量，智慧也增长，于是征服"旧人"，把他治死，使他顺服于天上的律②，直到肉身死亡之后整个人得到复原。这就是所说的"新人"，"里面的人和属天的人"③，他属灵的年龄不是根据岁月计算，而是根据他的灵性长进。在第一阶段，丰富的历史故事通过例子教导他。第二阶段，他忘掉了人事，倾心于神事。他不再囿于属人的权威，而是使用理性一步步努力到达最高的不变之法。第三阶段，他充满自信地将属肉体的欲求与强大的理性结合，在内心里喜悦这种结合的甜美。当灵魂与理智结合成贞洁的联盟，此时还没有行义的冲动，但虽然没有人禁止罪，他也不以犯罪为乐。第四阶段相似，但此时他的行为要坚定有序得多，因为他已长大成人④，预备承受并战胜一切逼迫、这个世界的风暴和风浪。第五阶段，他拥有了彻底的平安和安宁。他生活在至高无上、不可言喻的智慧这个不变王国的丰盛资源中。第六阶段就完全转变为永生，彻底忘却此生，进入完全的形式，那是按着上帝的形象造的⑤。第七阶段是永恒的安息和永恒的福祉，永永远

---

① 参《罗马书》六章 6 节。
② 参《罗马书》七章 25 节。
③ 参《哥林多前书》十五章 47—49 节；《以弗所书》四章 24 节。
④ 参《以弗所书》四章 13 节。
⑤ 参《创世记》一章 26 节。

远。正如"旧人"的结局就是死，同样，"新人"的结局是永生[1]。"旧人"是有罪的人，而"新人"则是公义的人。

第二十七章　追溯整个人类中的两类人

50. 毫无疑问，这两种生命的关系如下：一个人可能终其一生都作为"旧人、属土的人"生活，但没有人能在今生完全作为"新人和属天的人"生活，他的生命必然与"旧人"相关；因为他必须从那里开始，必然过那样的生活，直到死，尽管旧人变得越来越弱，而新人在渐渐成长。同样，整个人类的生命就像从亚当到世界末了的一个个体生命，神意之法作了如此安排，把它分为两类。一类是众多不敬虔者，从世界的开端到末了，都带有属土之人的形状[2]，另一类是一群献身于独一上帝的人，但是从亚当直到施洗约翰，这期间他们在某种公义之下过着属土之人的生活。他们的历史被称为旧约，拥有地上之国的应许，那不是别的，就是新人、新约以及所应许的天上之国的预像。同时，这类人的生命始于主在谦卑中的降临，一直延续到审判的日子，到那时，他必光芒四射地到来[3]。审判之后，旧人就灭绝了，然后要发生那种预示着将拥有天使生命的变化。我们都要复活，但我们不是都要改变[4]。敬虔的人必复活，因为他们把依附于他们的"旧人"的余部转变为"新人"；从开始到终末一直保留"旧人"的不敬虔之人也必复活，以便把他们扔入第二次死[5]。那些勤勉诵读的人能够分辨出世代的转折点。他

---

① 参《罗马书》六章 21—23 节。

② 参《哥林多前书》十五章 49 节。

③ 参《马太福音》二十四章 30 节。

④ 参《哥林多前书》十五章 51 节。和合本圣经为"我们不是都要睡觉，乃是都要改变"，与这里意思有较大出入。——中译者注

⑤ 参《启示录》二章 11 节。

们也不怕稗子和糠①。因为不敬者与敬虔者同在，罪人与义人共生，这样，通过对两者的对比，人们会更加热切地寻求完全。

第二十八章　传什么，传给谁，按什么方式（pactum）传

51. 不论什么时候，如果属土的民中有人配得内在人的光照，那么他就为自己时代的人类提供了帮助，向他们表明那个时代需要什么，通过预言暗示那些还不能明确表明的事物。那些行事不像孩子、而是勤勉而敬虔地处理这个美好而伟大的神—人关系奥秘的人发现，众族长和众先知就是这样的人。在新人的时代，我发现，伟大而属灵的人非常认真地为大公教会养育的孩子讲解这个奥秘。他们不会公开讨论他们知道还不适宜在人面前讨论的事。他们用大量的奶诚挚地喂养虚弱而渴求的众人；而对极少数有智慧的人，他们用饭喂养②。他们在完全的人中讲智慧③，但是对属肉体（carnalibus）的和属魂的人（animalibus），虽然已是"新人"，仍要保留一些事，因为他们在基督里还是婴孩，当然，虽然有所保留，却绝不对他们说谎。这些属灵的人不求虚妄的荣誉和空洞的赞美，只求对那些今生值得与之交往的人有好处。神意的律法是这样的：人若不是怀着纯洁的爱（affectus）去帮助比他低的人知道并领会上帝的恩典，就不可能从比他高的人那里得到同样的帮助。由于我们的罪——就是我们的本性在第一罪人里面犯的罪——人类成为地上的大荣光和大装饰，而神意的安排和管理是多么恰当和可敬，上帝不可言喻的医术甚至使罪的丑陋也转变为某种具有自身之美的事物。

---

① 参《马太福音》三章 12；十三章 38 节。
② 参《哥林多前书》三章 1—3 节。
③ 参《哥林多前书》二章 6 节。

第二十九章　关于另一种有助于健康的方式；显然，人在理性引导下走向上帝，所以可以认为首先理性高于感觉

52. 到此我们对权威的益处已经说得够多了。现在我们来看看，理性在从短暂事物上升到永恒事物过程中，能多大程度上从可见事物进展到不可见事物。我们不应徒劳地看着天空的美，星辰的秩序，光的明亮，昼夜的交替，月亮的圆缺，四季的轮回，四大元素的聚合，种子的生命力产生出形式和数目，万物都各守其本，各从其类，不逾规矩。在思考这些事物时，不可胡乱引发虚妄和可恶的好奇，而要迈向永远存在的不朽之物。要注意的第一点就是能感受所有这些事物的那个生命本性（natura vitalis）。因为它赋予身体生命，所以它必然高于身体。如果没有生命，一个物体无论多大多亮，都不会被认为具有多少价值。根据自然法（naturae lege），任何有生命的实体都比任何无生命的实体更优越。

53. 没有人怀疑，非理性的动物也有生命和感觉。所以在人的灵魂中，最优秀的不是感知可感事物的部分，而是判断可感事物的部分。许多动物能比人看得更清楚，有比人更敏锐的身体感官。但是对事物的判断不属于只有感知觉的生命，而属于具有理性推理能力的生命。动物所缺乏的，正是我们的优越之处。很容易就可以知道，判断者高于被判断者。因为生命的理性不仅判断可感事物，也判断感官本身。它知道为何桨浸入水中看起来必然是歪曲的，尽管它事实上是直的，为何眼睛必然有那样的错觉。视觉只能告诉我们哪些这般，但它不能进行判断。因此显然，正如能感知的生命高于身体，同样，有理性的生命高于两者。

第三十章　但是不变的律法高于理性，因为它是理性据以判断的真理

54. 如果理性生命完全靠自己判断，那么没有什么比它更优越的。但是显然，理性是可变的，因为它有时候显得很熟练（perita），有时候却显得很笨拙（imperita）。它越是熟练，就判断得越好；它越是分有某种技艺（artis）或训练或智慧，就越熟练，所以我们必须探求这种技艺本身的本性。我希望你明白，这里说的技艺不是根据经验可观察到的东西，而是理性探查发现的东西。知道由沙子与石灰混合而成的石头比泥土更坚固，这有什么了不起呢？一个高明的建筑师必定会把那个特色部分放在建筑物的中间，如果有多个这样的部分，那必然使它们一一对应，这又有什么了不起呢？那是感觉知识，不过离理性和真理不算太远。我们必须探究，当两扇窗平排放置，而不上下放置时，如果它们一大一小，而不是完全一样，我们就会不舒服；但是，如果把它们上下对直放置，即使两者形状不同，也不会让我们不舒服，这是为什么呢？如果是两扇窗，为何我们不那么在意它们一个有多大，一个有多小？但如果是三扇窗，感官本身似乎要求它们应该相同，或者在最大的与最小的之间应该有一个中间者，比大的小一点，比小的大一点。于是，我们求教本性——可以这么说——看它赞成什么。这里我们必须注意，当我们只看事物本身时，或许并不觉得它有多么让我们不舒服，但是当我们将它与更好的事物相比较时，就会把它否弃。因此我们发现，通俗意义上的技艺不是别的，就是对我们经验过的、曾给予我们愉悦的事物的记忆，再加上某种熟练的身体活动。即使你缺乏这种技艺，你仍然能对作品作出判断，尽管你不能造出这些作品。所以，判断的能力要优越得多。

55. 在所有技艺中，让人产生愉悦的是对称（convenientia，和谐、一致），它保持事物的统一，使所有事物具有美感。对称要求统一（unitatem）和相同（aequalitatem，相似），同类的各部分通过相似（similitudine），不同类的各部分按等级排列（gradatione）达到统一。但是有谁能在形体里找到绝对的相同或相似呢？在充分思考之后，还有谁敢说哪个物体是真正的纯粹的一（unum）？因为一切物体都是变化的，从这种形式到那种形式，从一个地方到另一个地方；一切物体都由部分构成，各部分占据各自的位置，在空间中各自延展。真正的相同和相似，真正的最初的一，不是肉眼能看见的，也不是哪个身体感官能感知的，而是心灵的认知。若没有唯有心灵能看见的那完全者——如果确实只有非造（facta non）的才能被称为完全的（perfecta）——我们怎么可能追求形体里的相同——形体里会有哪种相同？又如何让人相信，在形体里看到的相同与那完全的相同相去甚远？

56. 一切在感官看来美的事物，不论是自然创造的，还是由技艺制造的，都有一种空间上或者时间上的美，比如身体及其运动。但是唯有通过心灵才能知道的那个统一和相同——心灵依据它并借助感官的中介对形体美作出判断——既不在空间中延展，也不在时间中变化。如果认为判断轮子是圆的可以根据这个准则，而判断小壶是圆的就不可以；或者判断小壶是圆的依据这个准则，判断硬币是圆的却不是，那是错误的。同样，就有形事物的时间和运动而言，说根据一个准则可以判断年份具有同等长度，而不能据此判断月份也如此；或者可以据此判断月份相同，却不能判断日子相同，那是何等荒唐可笑。不论占据巨大时空的运动，还是由小时或者分钟计算的运动，全都根据同一种准则即那个不变的相同来判断。既然大和小的运动和空间形状都根据同一个准则，即相同性（parilitas）或相似性或适当性（congruentia），那么这个准则比所有这些都更大；但不是在空间或时间意义上更大，而是在权力和能力上更大。在空间或位置或时间上，它既不是更大的，也不是更小的。因为如果它是（空间或时间上）更大的，我们就不能用它的整体来判断较小的事物。如果它是（空间或时间上）更小的，我们不可能用它来判断较大的事物。事实上，我们是用绝对的方形这个准则来判断市场是方形的，石头是方形的，桌子和运动场都是方形的。我们用绝对的相同这个准则来判断奔跑的蚂蚁的脚的运动，也以此判断行走的大象的腿的运动。那么，谁能怀疑它既不是空间或时间意义上的大，也不是这种意义上的小，而是在权能上超越一切的？这是一切技艺的准则，是绝对不变的；而人的心灵虽然获得看见这个准则的能力，却可能经历迷失和偏离这样的变化。所以很显然，这个准则，即真理，高于我们的心灵。

第三十一章　上帝是最高准则，理性根据他作出判断，但不能判断他

57. 我们必然毫不怀疑，在理性心灵之上的这个不变实体就是上帝。这原初的生命和原初的本质就是原初智慧所在。这就是不变的真理，是一切技艺的准则，全能工匠的技艺。灵魂认识到它不可能靠自己判断身体的形式和运动时，就应当同时认识到，一方面，它自己的本性高于它所判断的事物的本性，另一方面，它据以判断但它不能对之作出判断的事物比它更高。我之所以能够说身体左右两边的对应肢体应当相同，因为我享有（delector）绝对的相同，那是我用心眼而不是肉眼看见的。因此我可以论断，肉眼所见的事物越是按其本性接近我用心灵知道的事物，就越是好的。然而这些可理知之物为何是这样的，没有人能说明；凡是正常的人，谁也不会说它们应当是这样的，似乎它们有可能不是这样。

58. 人若正确理解这个问题，就不会斗胆地去说明为何可理知之物令我们愉悦，为何当我们越有智慧时，就越热切地追求它们。就如当我

们以及所有理性灵魂根据真理判断时，我们就能正确判断低级造物，同样，当我们坚持真理时，唯有真理判断我们。甚至父也不判断真理，因为真理不低于父，与父同等；因此，无论父判断什么，都根据真理判断。凡是寻求统一的事物都拥有这个法则或形式或典范，或者不论称为什么。唯有一（unitas）拥有他完整的像，因为它从他获得存在——如果根据道－子所具有的意义说"它获得存在"并非不当。无论如何，它不是从自己获得存在，而是从最初最高的原理，也就是父获得存在："天上地上的各家，都是从他得名。"① "父不审判什么人，乃将审判的事全交与子。"② "属灵的人能看透（判断）万事，却没有一人能看透（判断）了他"③，也就是说，他不被任何人判断，唯有他据以判断万事的法则能判断他；因此经上的话说得千真万确："我们众人必要在基督（的审判）台前显露出来。"④ 他判断一切事，因为当他与上帝同在时，他就在一切之上。而当他全然单纯地知道（purissime intellegit）并以满怀的慈爱（tota caritate）去爱他所知道的事物时，他就与上帝同在。所以，准则就是他据以判断万物但没有人能判断它的事物。就暂时法来说，虽然是人制定它们并根据它们判断，但是一旦它们被制定并得到确认之后，就没有法官能判断它们，而必须根据它们来判断。那拟定暂时法的，如果他是个善良有智慧的人，就会考虑永恒生命，那是没有灵魂能判断的。他根据永恒生命的不变法则决定时间中什么应当命令，什么应当禁止。纯洁的灵魂可能正确知道永恒法，但不能判断它。两者的区别在于，知道只要看到一事物是这样而不是那样就足够了；但判断还必须指明一物可以是这样或者不能是这样，比如我们说它应当是这样，或者曾经是这样，或者将会是这样，工匠对他们作品的关系就是一种

---

① 《以弗所书》三章 15 节。
② 《约翰福音》五章 22 节。
③ 《哥林多前书》二章 15 节。
④ 《哥林多后书》五章 10 节。

判断。

第三十二章 形体中有一的痕迹（unitatis vestigium），但一本身只能由心灵认知

59. 但是许多人止步于令人愉悦的东西，不愿意上升到更高的事物，以便判断为何可见之物能令人愉悦。如果我问一个工匠，他造了一个拱门之后，为何要再造一个同样的拱门与之相对，我敢说，他会这样回答：一个建筑物的相同部分必须一一对应。如果我进一步问，为什么他这样想，他会说，因为这样适合，或者这样显得美，或者这样使观众感到愉悦。但是再进一步，他就不敢回答了；他会低下头，垂下眼睛，不明白所有这一切的原因究竟是什么。然而如果我问的是一个能用肉眼看见不可见之物的人，我会继续问，为什么这些事物让人愉悦，于是他就可能敢于成为判断属人快乐的人。当他判断快乐但不根据快乐判断的时候，就超越了快乐，脱离了它的控制。首先我要问，是因为事物令人愉悦，所以是美的，还是因为它们是美的，所以令人愉悦。毫无疑问，他会回答我说，因为它们是美的，所以让人愉悦。然后我要问他为何它们是美的，如果他感到犹豫，说不出来，我会提示说，这是否因为它的各部分相似、对称地结合在一起，从而形成一个和谐的整体。

60. 当他明白这一点之后，我会问，它们是完全获得了所追求的这个一本身，还是远远没有企及到一，并且在一定程度上歪曲（mentiantur）它。人只要稍作留意，就不会看不到，一方面，没有哪种形式或者物体不拥有一的某种痕迹；另一方面，任何物体，无论多美，因为必然拥有被空间分隔的部分，所以都不可能获得它所追求的一。果

真如此，我要让他告诉我，他在哪里看到那个一，或者它的源头是什么；如果他不能看见它，他怎么知道物体的形式模仿但不可能完全得到的究竟是什么？如果他对有形事物说：若不是某个一把你结合起来，你就不可能存在；但是另一方面，如果你就是一本身，你就不可能是物体，那该怎么回答？正确的回答是：你从哪里得到关于一的知识，使你能判断物体？除非你看到了一，否则你不可能判断它们没有完全获得一。你若说你是用肉眼看见的，那肯定说得不对；虽然事物确实显示出一的痕迹，但它们离一相当遥远。你用肉眼只能看见有形事物。因此我们要看见真正的一，只能靠心眼。那么在哪里看见呢？如果它在这里，我们身体所在的地方，那么在东方的人就不可能看见它，但他们也是以这样的方式判断形体之物的。所以，它不受空间限制。无论何处，只要有人这样判断，它就存在。但它不是以空间形式存在于某处，而是以权能形式无处不在。

第三十三章　骗人的不是身体，不是身体的感官，而是判断。欺骗与堕落相区别

61. 如果有形事物歪曲了这个一，那我们绝不能相信误导、蒙骗人的事物（mentientibus），免得堕入虚妄之物的虚妄之中。既然它们误导人是因为它们似乎向肉眼显示了一，而真正的一唯有心灵才能看见，那么我们就更要探究，它们是因为与一非常相似，以致能误导人，还是因为它们完全没有获得一，因而蒙骗人。要知道，如果它们通过模仿一而获得了一（assequerentur），就会完全等同于它们所模仿的一。若是那样，两者就没有任何区别；没有分别，也就不会有蒙骗。它们就是一所是的。然而，如果你仔细思考这个问题，就明白它们不会主动骗人。想要显现为它所不是的，那才是骗人者。若没有意愿，却被认为是它所不

245

是的，那不是蒙骗，只是引发错误（fallit）。蒙骗与引发错误之间的区别在于，每个骗人者都有欺骗的意愿，不论别人信还是不信；但错误可以是没有骗人动机的人引发的。而一个物体不可能有自己的意志，因此它不会骗人。如果它没有被认为它是所不是的，它也不引发错误。

62. 事实上，眼睛本身也不导致错误，因为它们报告给心灵的只能是它们真实看到的。如果不仅眼睛，而且所有身体感官都是这样，感受到什么，就报告什么，那么我不知道我们应当指望它们更多什么。没有虚妄的人，就没有虚妄的事。如果有人认为桨在水里是断的，从水里拿出来就恢复原样，就他的感官来说，并没有什么错误，但是就它们传递给他的信息来说，他是个拙劣的判断者。从其本性来说，他在水里不可能看到别的样子，也不应该看到别的样子。既然空气与水不同，那么在空气中看到的事物与在水中看到的事物当然也应该不同。眼睛正当行使自己的职责，它天生的功能就是看。但心灵的运作不同，天生要沉思至美的正是心灵，而不是眼睛。我们所谈道的这样一个人，却想把心灵转向有形事物，把眼睛转向上帝。他试图知道（intellegere）属肉体事物，又企图看见（videre）属灵事物。然而这是不可能的。

第三十四章 如何判断构想出来的幻影

63. 那样的悖谬必须纠正，因为他把上面的事物当成了下面的事物，下面的当成了上面的，事物全都乱了套。这样的人不适合进入天国。我们既不能在最低事物里寻求最高事物，也不得恨恶（invideamus）最低事物。我们要论断这些事物，免得与它们一同成为被论断的。我们要把它们归到最低的形式（species extrema），那是与它们相配的，免得在末后的事物（in novissimis）中寻求最先的事物（prima），我们就与末后的并列，而不是与最先的同在。那与这些最低事物完全没有害处，但于我们却有极大的不利。但神意的管理并不因此而有任何不当，因为不义者被公正地安排，丑陋者得到优雅的对待。如果可见事物的美使我们犯错，因为它由一构成，但又没有完全获得一，那么我们要明白——如果能够——错误并非源于它们的所是，而是源于它们的不是。每个有形物体是真实的物体，却是虚假的一。因为它不是至高的一，没有完全与一相同。然而，如果它并不包含一定程度的一，就不可能成为物体。进一步说，它若不是从至高的一获得一定程度的一，就不可能拥有任何程度的一。

64. 顽固的灵魂啊！请给我一个单纯的人！他能够纯粹地看，全然不为关于属肉体的可见事物的幻想所影响。请给我一个单纯的人！他能够明白，除了那唯一的一，没有另外一的原理，所有其他一，不论完全与否都源于它。请指给我看是否有这样一个人，他不争强好胜，不吹毛求疵，也不企图去看他看不见的事物。赐给我一个能抵制属肉体感官以及它们强加给心灵的印象的人；一个能够抵制属人的习俗和属人的赞美的人，一个在床上的时候经受良心谴责①，从而恢复自己灵性的人，一个不喜爱外在虚妄，也不寻求虚假的人②。他能对自己说：如果只有一个罗马，据说是某个罗姆卢斯（Romulus）在台伯河边建立的，那么我思想中构建的就是虚假的罗马。我想象的罗马不是真实的罗马，我也不是真的在那里；否则，我应当知道那里所发生的事。如果只有一个太阳，那我心里构想出来的就是虚假的太阳，因为真实的太阳按着它既定的路线在时空中运行，而想象的太阳，我可以按自己的意愿随意放置。如果我的朋友只有一个，那我构想的就是一个虚假的形象。我不知道真实的那个在哪里，但幻想的这个，我愿意把他放哪儿就放哪儿。我本人当然是一个人，我感到我的身体在这里，但在想象中，我想到哪里就到

① 参《诗篇》四篇 5 节（和合本 4 节）。
② 参《诗篇》四篇 4 节（和合本 3 节）。

哪里，想与谁说话就与谁说话。这些想象的事物是虚假的，虚假的事物是不能被认知的。因此当我思忖它们，相信它们时，我并不是在认识它们，而我用理智沉思的事物必然是真实的，绝不可能是通常所说的幻影。那么为何我的心里充满幻觉？心灵所凝视的真理在哪里？对于思考这些问题的人，我们可以回答说，那真理就是真光，使你知道这些事物不是真的。藉着真光，你就看见那个一，无论你看见其他什么，你都可以根据那个一来判断它是否一。但那个一与你能看见的可变事物是完全不同的事物。

第三十五章　呼唤心灵去认识上帝

65. 如果你的心灵急切地想要看见这些事物，请保持安静。不要争斗，除非是为了抗争身体的习惯；克服那个习惯，你就胜过了一切。我们寻求一，万物中最单纯的事物，所以我们要以最单纯的心①去寻求它。"你们要休息，要知道我是上帝。"② 这不是懒散的休息（otium），而是思想的休息，脱离时间和空间。起伏不定、转瞬即逝的幻影不让我们看见恒久不变的一。空间为我们提供某种可以爱的东西，但时间偷走我们所爱的东西，在我们灵魂里留下一堆幻影，诱发对这个那个的欲求。于是心灵变得不安而不幸，热切地想要抓住某物，却徒劳地被其俘虏。所以要呼唤心灵休息，这样它就不会去爱那些不劳苦就不能爱的事物。于是它就作它们的主人，就掌控它们，而不是被它们掌控。主说："我的轭是轻的。"③ 凡顺从那轭的，就使一切事物顺从于他。他不必劳

---

① 参《所罗门智训》一章1节。
② 《诗篇》四十六篇10节。
③ 参《马太福音》十一章30节："因为我的轭是容易的，我的担子是轻省的。"

苦，因为顺从的事物就不会作对。这世界的可怜朋友①如果愿意成为上帝的儿女，就可以成为这个世界的主人，因为上帝赐予他们权柄，作他的儿女②。但是这个世界的不幸朋友非常害怕脱离它的怀抱，所以对他们来说，最劳苦的事莫过于休息。

第三十六章　上帝的道就是真理，它是完全的一，是其他所有一产生的原理。谬误不是出于事物，而是出于罪

66. 不论谁，如果清楚地知道，谬误就是认为某物是它所不是的，也就知道真理就是显明其所是的。如果有形事物使我们犯错是因为它们不完全拥有那个一，但它们确实在模仿那个一，因为那是所有一产生的原理，一切事物都努力模仿它，那么我们自然认可它们。同样，所有离开一而走向对立面、与一不相似的事物，我们自然不认可。所以我们能够明白，有某物与那唯一的一和众一的原理完全相像，从而与它合一，完全等同。这就是真理，太初的道，与上帝同在的圣道③。如果说谬误源于模仿一的事物，不是因为它们模仿一，而是因为它们不可能完全获得一，那么真理就是能够完全获得一并与一等同，就是真实地显明一的事物。因此，它被恰当地称为一的道和光④。其他事物，就它们拥有存在（esse）而言，可以说与一相似，因而它们也是真的。但是这一个却是一的完全的像本身，因此是真理。真使一切真实的东西为真，相似使

---

① 参《雅各书》四章 4 节。参和合本经文"你们这些淫乱的人哪"。——中译者注
② 参《约翰福音》一章 12 节。
③ 参《约翰福音》一章 1 节。
④ 参《约翰福音》一章 9 节。

一切相似的事物成为相似的。真理是一切真实事物的形式，相似是一切相似事物的形式。因为事物之为真是因为它们有存在，它们有存在是因为它们与众一的源头相似，那是一切拥有存在之事物的形式，是原理的最高的形象。它也是完全的真理，因为它没有任何一点不相似。

67. 谬误的产生不是因为事物欺骗我们，因为它们能显示给我们的就是它们的形式，它们根据各自在美的秩序中的位置接受自己的形式。感官也不欺骗我们，因为当它们与自然物接触时，向主管的心灵报告的就是敲打在它们上面的印象。使灵魂犯错的是罪，当灵魂寻求某种真实的事物时，却抛弃或忽视了真理本身。它们爱工匠的作品，而不爱工匠或他的技艺，于是受到惩罚，陷入错误，指望在作品中找到工匠及其技艺；当他们找不到时，就认为作品本身就是技艺和工匠。上帝不是身体感官的对象，他甚至超越于心灵之上。

第三十七章　各种偶像崇拜的不敬源于爱造物而不爱造主

68. 这就是罪人的所有不敬虔的源头，不只是罪人，而是因自己的罪被定了死刑的罪人。他们不仅违背上帝的诫命，想要探求被造界并享有（frui）它，而不是享有上帝的律法和真理——那就是第一人滥用自由意志所犯的罪——而且在定罪状态中罪上加罪：他们不仅爱造物，而且侍奉造物，而不敬奉造主①，崇拜造物界的各个部分，从最高贵的到最卑微的。有些人不拜至高上帝，而拜灵魂——父通过真理创造了这个第一理智造物，原是为了让它常常凝视真理，并通过真理看见父本身，因为真理就是他本身的完全的像。然后，人们开始崇拜生命造物——永

---

① 参《罗马书》一章 25 节。

恒、不变的上帝藉着这些造物创造出生成世界里可见、暂时的事物。然后他们坠落得更低，开始崇拜动物，甚至物质事物，这些事物中他们首先选择较美的事物，其中最显赫的自然是天体。于是有些人满足于太阳，天体中最耀目者，有些认为月亮因其明亮值得虔诚敬拜。他们说，它离我们更近，因而感觉似乎拥有与我们更相近的形式。有的再加上其他星宿，整个天空及其星座都一并崇拜。有的在天空外再加上空气，让他们的灵魂服从这两种较高的有形元素。但是那些崇拜整个被造宇宙——即世界及里面的一切，还有赋予它灵气、使它有活力的生命，有些人认为这生命是有形体的，有些认为是无形体的人认为自己是最虔诚的。他们认为，所有这些的整体就是一个伟大的神，万物都是他的部分。他们不知道宇宙的造主是谁。于是他们放任自己崇拜偶像，抛弃上帝的作品。陷入自己双手所造的作品。然而，所有这些作品都是可见事物。

第三十八章　另一类偶像崇拜，这类崇拜中的罪人侍奉三种欲望

69. 还有一种更坏更低的偶像崇拜，就是崇拜自己的幻影。迷失的灵魂在骄傲自满中所能幻想的，无论是什么，他们都把它当作宗教崇拜的对象，直到最后有人总结说，根本就不应当崇拜任何东西，放任自己陷入迷信和可悲的奴役之中，那是犯错。但是这些观点是虚妄的，没有任何效果，不可能使他们自己获得自由。因为他们依旧保留着恶习（vitia），并渐渐地被这些恶习吸引，于是就产生了崇拜它们的观念。他们是三类欲望的奴隶——对快乐的欲望，对出人头地的欲望，对新奇娱乐的欲望。在我看来，凡是认为没有任何东西值得他崇拜的人，没有一个不是属肉体快乐的奴隶，或者寻求虚妄的权力，或者疯狂地沉湎于某

种浮华的奇景。所以，他们在不知不觉中爱着暂时的事物，盼望从中得到幸福。不论愿意与否，一个人必然受制于他借以寻求幸福的事物。不论它们引向何处，他都紧紧跟随。若有人看起来有权柄从他手里夺走它们，他就担心害怕。事实上，一点火星或者一个小兽都可能夺走它们。总之，不必说数不胜数的不利因素，就说时间本身，也必然带走所有短暂的事物。由于世界包括所有暂时的事物，所以，那些以为不崇拜什么就可以逃脱奴役的人，事实上是所有属世事物的奴隶。

70. 由于他们被置于如此极端不幸的状态，所以他们不得不忍受自己的恶习在自己身上作王，并因他们的情欲（libidine）、骄傲（superbia）、好奇（curiositate）——不论是其中的一个或两个或全部——被定罪。然而，当他们还在这人生的运动场上，就有可能对付这些恶习并克服它们，只要他们开始相信他们还不能凭理智领会的事物，并因此不再爱这个世界。就如经上所写：“凡世界上的事物，就像肉身的情欲，眼目的情欲，并今生的骄傲。”① 由此分成三类人：肉体的情欲指那些爱低级享乐的人，眼目的情欲指好奇的人，今生的骄傲指骄傲的人。

71. 真理所披戴的人受到三重试探，给我们教训，使我们警醒。试探者说：“吩咐这些石头变成食物。”对此，我们这位唯一的夫子回答说：“人活着，不单是靠食物，乃是靠上帝口里所出的一切话。”② 由此他教导我们，要控制对快乐的欲望，甚至不能屈从饥饿。然而，有人即使不会受制于肉身的享乐，也有可能受制于世俗统治的荣华。所以试探者展示了所有属世的王国，说：“你若俯伏拜我，我就把这一切都给你。”对此的回答是：“当拜主你的上帝，单要侍奉他。”③ 这样，骄傲就被踩在脚下。此外，最大的诱惑即好奇也被克服。因为促使他从殿顶

---

① 参《约翰一书》二章 16 节。
② 《马太福音》四章 3—4 节。
③ 《马太福音》四章 9—10 节。

跳下去的唯一理由是，他可能拥有非同寻常的体验。然而，他不仅克服了这一贪欲，而且为了让我们明白，认识上帝不必通过可见的试验去探索神圣权能，他回答说："不可试探主你的上帝。"[①]　因此，凡以上帝的道作为内在食粮的，就不会在旷野寻求快乐。凡顺服于独一上帝的，不会在山上，也就是属世的溢美（elatione）中，寻求荣光。凡开始依恋不变真理的永恒景象的，不会从身体的顶端即眼睛，被扔下去，去寻求关于低级、短暂事物的知识。

第三十九章　灵魂从自己的恶习中得到告诫，从而寻求原初的美。首先表明享乐之恶，一直到第四十三章

72. 当灵魂能够终止它的各种恶习（vitiis），还有什么东西阻止它回想它所抛弃的原初之美？上帝的智慧以大能伸展到全地，从这极到那极[②]。这位大工匠通过智慧将他的作品与优美有秩的统一目标（unum finem decoris ordinata）联系起来。他的圣善不鄙薄任何美，从最高的到最低的，因为除了他这个唯一源泉，它们不可能从别处获得存在。所以只要心里还有一点真理的痕迹，谁也不会被真理完全抛离。看看将我们紧紧抓住的身体快乐，怎么样呢？你会发现那就是和谐一致（convenientiam）。不和谐（resistentia）的事物产生忧愁，和谐的事物产生愉悦。因此要寻求最高的和谐。不要走到外部，要回到你自己。真理就住在内在的人里面。如果你发现你的本性是可变的，超越你自己。但要记住，在超越时你也必须超越作为理性灵魂的你自己，走向理性之光

---

① 《马太福音》四章 7 节。

② 参《所罗门智训》八章 1 节。

被点燃的地方。每一个有健全理性的人所要获得的，除了真理，还有什么？然而真理不是靠推理获得的，它本身是一切推理者的目标。看哪，有一种最高的和谐，那就寻求与它一致（conveni）。要承认你不是它所是的。它不需要寻求，但你要通过寻求才能得到它，不是在空间位置里得到，而是通过心灵的性情（mentis affectu）。这样，内在的人就在一种快乐中与住在里面的真理一致。这种快乐不是低级的，属肉体的，而是至高的和属灵的。

73. 如果你不理解我说的话，或者怀疑是否真的如此，那么至少请你确定你对你的怀疑是否有什么疑惑。如果可以确定你真的在怀疑，那么请问这种确定性来自何处。你绝不会认为它来自于太阳的光，毋宁说它来自那"真光，照亮一切生在世上的人"①。但这些人的眼睛不可能看见真光，那些只能看见脑子里的幻影的眼睛也无法看见；看见它的那些眼睛能够对幻影说：你不是我要找的东西。你不是让我把你放在适当位置的准则，那个准则让我反对你里面一切卑劣的，赞成你里面一切美好的；使我对事物作出赞成和反对行为的那个准则要美得多，所以我更赞成它，更喜欢它，不仅胜过你，而且胜过产生你的所有那些身体形象。现在请这样思考这个准则。凡知道自己在怀疑的人都明确地知道有一点是真的，那就是他在怀疑。因此，他对"某个"真理是确定的。也就是说，每个怀疑是否有"真理"存在的人，至少有"某个"真理是他不能怀疑的；而任何事物只有包含真理才可能是真的。所以，人可以怀疑任何事物，但不应怀疑"真理"本身的存在。哪里有怀疑，哪里就有光。这光超越时空，超越一切源于时空事物的幻影。即使每个推论者都毁灭，或者在属肉体的低级事物中变老，这光难道会有丁点的损坏吗？因为推理不是创造真理，只是发现真理。真理在被发现前始终在自身之中，被发现之后就使我们焕然一新。

---

① 《约翰福音》一章 9 节。

第四十章 关于身体的美和属肉体的快乐，关于罪的惩罚

74. 于是，内在的人获得重生，外面的人则日复一日衰败①。内在的人看外面的人，认为他相比较而言是卑微的。然而，就他自己的本性来说，他是美的，并且快乐地享有与身体相适宜的事物，消耗能转变为自己好处的事物，比如为身体健康吸收营养。被消耗的东西，也就是失去自己形式的东西，就进入肢体的工厂，滋养需要营养的部分，以适当的方式转变为其他形式。生命的过程总要以某种方式作出选择，把有些适合的东西接纳到可见身体的结构中，使身体变美；那些不适合的，就以相应的方式排泄出去。其中，最污秽的部分回到泥土，接受另外的形式；有的通过整个身体散发出去；有的接受整个生命体潜在的数目，有助于产生后代，或者因为两个身体的和谐合宜，或者受到诸如类此的幻影刺激，它在最低级的快乐中从生殖器官流出，尽管并非完全没有头部的配合。它在母亲的子宫里经过一段时间之后，就成形了，各肢体有了各自的位置和功能。如果它们保持各自特有的尺寸和对称，再加上颜色，一个可称为标致的身体就降生了，让喜爱它的人深爱不已。然而，可变形式给予的快乐不如引发变化的生命本身提供的快乐。如果那小生命（孩子）爱我们，它就强烈吸引我们；如果它恨我们，我们就恼怒，无法忍受，即使它的形式是我们喜爱的样子。这一切就是最低级的快乐和美的领域；它是可朽可灭的，否则就可能被误以为是至高的美。

75. 但是临在的神意表明人的形式之美不是恶，因为它明显展现出

---

① 参《哥林多后书》四章 16 节。参和合本经文："外体虽然毁坏，内心却一天新似一天。"——中译者注

原初数目的痕迹，尽管神圣智慧的数不在其中；同时也表明这种美是最低等级的美，因为它混合了忧愁、疾病、肢体的变形、颜色的暗淡以及心灵的冲突和纷争。这就告诫我们必须去寻求某种不变的事物。神意通过低级存在者的媒介让这些坏事发生——它们在这些事中找到自己的快乐——圣经里称这些存在者为灭命的（exterminatores）和申冤的天使①，尽管它们自己并不知道藉着它们所成就的善。与此相似的是那些以别人的苦为乐的人，他们颠覆别人，或者将别人引入歧路，让人出丑，以此嘲笑和玩弄他们。在所有这些事中，善得到彰显并施行，善人是征服者、得胜者和王者；而坏人被蒙骗，受折磨；他们被征服，被定罪，成为奴仆。他们不是独一至高的万物之主的奴仆，而是他最低的仆人，即恶天使的奴仆，恶天使以被灭者的悲伤和不幸为食，当他们看到好人得自由时，备受折磨，这是对他们的恶意的报应。

76. 所有这一切都按各自确定的职责和界限就位，从而确保整个宇宙的美。不论我们厌恶它的哪一部分，当我们把宇宙视为整体时，我们所厌恶的部分就会给予我们最大的快乐。当我们判断一个建筑物时，我们不能只从一个角度考虑。同样，当我们判断一个人的俊美时，也不能只看他的头发；对一个发表精彩演讲的人，我们不能只注意他的手势；思考月亮的行程时，我们不能只研究它三天时间内的月相。之所以有些事是低级的，是因为部分是不完全的，但整体是完全的，不论它们的美显现为静止还是运动。如果我们想要作出正确判断，就必须从整体考虑。如果我们关于整体或者部分的判断是正确的，那么它也是美的。这样的判断高于整个世界，并且因为我们的判断是正确的，所以我们不会依附于世界的任何部分。当我们判断错误，完全关注部分时，我们的判断本身也是低级的。就如一幅画，从整体看，画里的黑色也会显得很美。同样，在由上帝不变的神意安排的人生这个战场上，上帝分配了不

---

① 参《哥林多前书》十章 10 节；《启示录》十五章 7 节。

同的角色，有的是被征服者，有的是得胜者，有的是参赛者，有的是观看者，有的是只沉思上帝的宁静者。在所有这些情形中，没有恶，只有罪和罪罚，罪就是自愿（voluntarius）抛弃最高存在，罚就是不得不（non voluntarius）在低级存在者中费力跋涉。换言之，就是脱离公义，作罪的奴仆[1]。

第四十一章　灵魂因罪受罚是美的

77. 外面的人被毁灭，或者是因为内在的人进步了，或者是因为他自己的失败。如果他毁灭是因为内在的人的进步，那么整个人就得到更新，成为更好的，在"号筒末次吹响的时候"[2] 恢复自己的完全。他不再败坏人，也不再被败坏。如果他是因自己的失败而毁灭，他就被投入可朽坏的美，也就是惩罚的序列之中。不要奇怪，我仍然称它们为美的，因为每个事物在其适当的序列里都是美的。就如使徒所说："整个秩序（omnis ordo）都是出于上帝。"[3] 我们必须承认，一个哀泣的人好过一只快乐的虫子。然而，我可以长篇大论而毫无虚谎地赞美虫子。我可以指出它明亮光鲜的颜色，柔和圆润的身形，从头到尾各部分的匀称，作为一个低等造物尽其所能维持对一（unitas）的欲求，它的任何部分都有与之相对称的部分。至于那赋予它的微小身体生命的灵魂，我要说什么呢？就算是一只虫子的灵魂，也能使它作出精确的动作，寻求适宜的事物，尽其所能克服困难，避免凶险；因为遇到任何事总是诉诸于一种安全感（sensum incolumitatis），所以它的灵魂比身体更加清晰地引入（insinuet）创造一切本性的一。我说的是任何一种有生命的虫子。

---

[1] 参《罗马书》六章 20 节。

[2] 《哥林多前书》十五章 52 节。

[3] 参《罗马书》十三章 1 节。和合本"没有权柄不是出于上帝的"。

许多人详尽而真诚地赞美灰烬和粪土①，那么如果我说，一个人的灵魂，不论在哪里，不论性质如何，都好过任何身体，都是优美的，甚至它所经受的惩罚也生出其他一些美来，我这样说有什么可奇怪的呢？因为当它不幸时，它就不在适合幸福的灵魂所在的地方，而是在不幸的灵魂该在的地方。

78. 因此，不要让任何人蒙骗我们。任何可指责的事物都是因为与更好的事物相比才被鄙弃。任何存在之物，不论多么卑微，多么低级，与虚无相比，都值得赞美。任何事物，如果可以更好，那它就不是好的。如果我们能够拥有真理本身是好的状态，那我们只拥有真理的一点痕迹就是坏的状态。如果这痕迹极其微小，就如我们沉湎于属肉体快乐时那样，那就是非常坏的状态。让我们征服欲望的诱惑和困扰吧。如果我们是男人，就制服这个叫库庇狄忒（欲望）（cupiditas）的女人，在我们的引导下，她必会变得更好，不再被称为库庇狄忒（欲望），而改称为节制。但如果任她引导，我们跟随不舍，那她就被称为欲望和情欲（libido），我们就被称为鲁莽和愚蠢。我们要跟随我们的头基督，好叫女人跟随我们，因为我们是女人的头②。也可以为女人立这样的戒律，不是通过婚姻，而是通过兄弟友爱之法（fraterno iure）。根据这法，我们在基督里不分男女③。女人也有几分男子气概，能够克服女人气的享乐（voluptates）④，侍奉基督，主宰欲望。这体现在许多虔诚的寡妇和童女身上，也同样体现在许多男人身上，他们虽然娶了妻，但根据基督子民的律法，在友爱的契约中保护配偶的权利。上帝吩咐我们要支配欲望，劝告我们并赐我们力量恢复我们自己的所有。因此，如果一个人即心灵和理性，由于忽视或不敬虔而被欲望控制，他必成为一个可悲不幸

---

① 参西塞罗《论老年》（*Cato*），15，54.

② 参《哥林多前书》十一章 3 节；《以弗所书》五章 23 节。

③ 参《加拉太书》三章 28 节。

④ 拉丁文 voluptas（享乐）为阴性名词。——中译者注

之人。然而，他今生的命运，他来生的位置，都是至高统治者和主的分配。整个造物界都不会被任何污秽玷污。

第四十二章　属肉体快乐告诫我们：应当寻求不可分的数目。其他生命运动中也存在这样的数目

79. 因此，我们应当趁着有光行走[1]，也就是当我们还能使用理性的时候。我们应当转向上帝，好叫我们配得他的道——也就是真光——照亮，免得被黑暗临到[2]。这光就是那"真光，照亮一切生在世上的人。"[3] 经上说的"一切人"，指每一个能使用理性的人，当他跌倒时能够自己奋力站立。如果爱属肉体的快乐，那就仔细思考这种爱，就会发现它里面包含数目留下的痕迹。所以，我们必须寻求数目完全宁静地存在的那个领域，因为那里存在的乃是一本身。如果数目显现在生命运动中，比如在生长的种子中，那比在形体事物中看到数目更令人惊奇。如果在种子里，数目能够像种子本身那样变化和增长，那么从半颗无花果种子就会长出半棵无花果树来。完整的整个生命物只能从完整的整个生命种子里生长出来，单个的微小种子不可能有力量无限地繁殖自己的后代。显然，每个种类根据各自的本性，从一个种子可以生出自己的后代，谷生谷，木生木，草生草，人生人，一代一代繁衍生息，所以在整个有序的传承过程中，不可能只有一片树叶或一根头发，其原因并非在于最初的那个种子。再想想，当夜莺歌唱时，那种韵律优美、令人愉悦

---

① 参《约翰福音》十二章 35 节。

② 参同上。

③ 参《约翰福音》一章 9 节。

的声音如何在空中曲折回旋。然而，如果不是它通过生命运动将它们无形地印刻在自身里面，这种鸟的灵魂即使高兴时也不可能如此自如地产生出这样的声音。这也适用于其他没有理性但不缺乏感知能力的生命造物。所有这些造物都在自己的声音或者肢体的其他活动和运作中显示出某种节律（numerosum），各自独特的秩序（moderatum），其实这不是出于任何一种知识，而是由于本性中的深刻界限（intimis terminis）。那是数目的不变之法安排的。

第四十三章　人有能力判断形体和时间中的比例。秩序的样式在永恒真理中

80. 让我们略过我们与树木、兽类的共性，回到我们自己。燕子有燕子的筑巢方式，每一种鸟都有自己的筑巢方式。而我们能够判断这一切，知道它们正在实施什么计划，知道它们的计划进展到什么程度；也能在我们的建造和其他身体活动中对自己作出判断，似乎我们是所有这些事物的主宰。那么我们里面有什么东西使我们能作出这些判断？是什么东西给予我们这数不胜数的念头？我们里面的什么东西知道这些有形事物的大小是相对的，每个形体不论多小，都可以二分，甚至可以分为无数部分？如果米粒与它某一部分的关系就如同我们的身体与世界的关系，那么它相对于那一部分就是大的，就如世界相对于我们是大的一样。世界充满设计，它的美不在于它的大，而在于它包含理性。它看起来大，不是因为它的数量，而是相比于我们的小以及它所包含的生命物的小。这些生命物又无限可分，它们小不是本身小，而是相比于其他事物，尤其是相比于宇宙本身来说是小的。时间的长度也是如此。就如空间一样，任何时间长度都可以二分。不论多短，它都有一个开端，一个持续以及一个终点。所以它必然有一个中点。它在那个点被分割，从而

趋近终点。短音节相对于长音节是短的，冬天的时间相比于夏季是短的。同样，一小时相对于一天是短的，一天相比于一年是短的，一年相比于一个人口普查年（lustrum）是短的，人口普查年相比于更大的时间周期，后者相比于整个宇宙时间，都是短的。时空中的整个序列和层级之所以被认为是美的，不是看它的大小或长短，而是看它的和谐有序。

81. 秩序的样式（ordinis modus）住在永恒真理中。它没有空间广延，没有时间进程；凭它的能力它比任何空间都大，凭它的永恒它超越于时间之流，始终不变。没有它，巨大的体积找不到统一性，绵长的时间无法保持在直道上。那就既不可能有物质，也不可能有运动。它是最初的一（unum principale），没有大小，也无变化，不论有限还是无限。它并不是在这里拥有一种性质，在那里拥有另一种性质，或者现在是这样，过后就那样；因为它是真理的至高而独一的父，是智慧的父，这真理和智慧在各方面都与父相同，因此被称为父的形象，因为它源于父；称之为子也是正确的，万物都从他而出。但他之前的是普遍形式（forma omnium），与产生它的一完全等同，所以，其他一切事物，就它们拥有存在和一的相似性来说，都是根据那形式（per eam formam）所造。

第四十四章　圣子是上帝的形象，被造的一切都归于他

82. 根据那形式被造的事物中，有些被造时与那最初形式一致（ad ipsam sint），比如有理性和理智的造物。可以正确地说，在这些造物

中，人是按着上帝的形象造的①；否则，他就不可能通过自己的心灵看见不变的真理。其他事物虽然也是藉着最初形式造的，但不是按着他的形象造的。如果理性灵魂侍奉自己的造主，因为它本于他、依靠他、归于他，那么所有其他事物必侍奉他。在这个序列中，生命仅次于灵魂，它协助灵魂指挥身体；身体是最末最低的存在者，灵魂主宰身体，使身体在一切事上都顺服于灵魂的意志，不会制造任何麻烦；因为灵魂并非从身体或者通过身体寻求自身的幸福，而是依靠自己从上帝领受幸福。所以身体也必得到革新，并被圣化，灵魂必支配它，不会有任何丧失或败坏，也不会碰见任何困难。"当复活的时候，人也不娶，也不嫁，乃像天上的使者一样。"② "食物是为肚腹，肚腹是为食物，但上帝要叫这两样都废坏。"③ "上帝的国不在乎吃喝，只在乎公义、和平并喜乐。"④

* * * * * *

第四十五章 享乐的软弱无力迫使我们去追求最高者

83. 因此，即使在身体享乐中，我们也看到某些东西教导我们要鄙弃这种享乐，不是因为身体在本性上是恶的，而是因为对一个可以忠实于更高事物并享有它们的存在者来说，追逐、沉溺于最低级的善是可耻的。当一个马车驾驭者失去控制，并为自己的鲁莽受到惩罚时，他往往指责他所使用的这个装置。但是他应当恳求帮助，应当控制形势，应当管好他的马匹——它们让他跌下来出尽洋相；而且如果没有得到帮助，

---

① 参《创世记》一章 26—27 节。
② 《马太福音》二十二章 30 节。
③ 《哥林多前书》六章 13 节。
④ 参《罗马书》十四章 17 节。

他很可能会一命呜呼。所以他要回到车上，坐回到驾驭位置，拉紧缰绳，更加小心地驾驭马匹控制它们。他就会意识到，这马车原来配置得非常完美，只是他自己毁灭性的处理方式才招致危险，如今前面的路畅通无阻。同样，在乐园里，灵魂因贪婪而不当地使用身体，导致身体软弱不堪。因为它违背医生的教导，攫取禁吃的食物，于是必须寻找救赎。

84、虽然在有形肉身的软弱中不可能找到任何幸福，但是可以找到指向幸福生活的某种线索，因为它的形式渗透于存在的整个秩序，从最高到最低。在肉身的软弱中尚且如此，那么在寻找高贵和优秀事物的过程中，甚至在此世的骄傲、虚妄和浮华中，岂不更能发现这样的线索？在这种情形下，一个人，除了坚持不懈地效仿全能上帝，成为万物的唯一主人——如果可能——外，还能做什么呢？如果他顺从地效仿上帝，按上帝的诫命生活，上帝就会把一切事都放在他手下，他就不会变得那么软弱不堪，以至于一方面想要统治人类，另一方面却害怕一只小小的动物。因此甚至骄傲也以某种方式寻求统一和全能，只不过是在短暂事物的领域里，在这里，万物就像影子一样转瞬即逝[①]。

85. 我们想要成为不可征服的，这一点没错，因为我们心灵的本性就是不可征服，但只有当我们顺服于上帝时才能如此，因为我们是按着他的形象造的。所以上帝的诫命必须遵守，只要遵守它们，就没有人能征服我们。但如今，女人——我们可耻地赞同她的话——受制于生育的痛苦[②]，而我们在地里劳苦，不光彩地受制于一切可能困扰我们或使我们苦恼的事。我们不愿意受制于人，却没办法克制愤怒。还有比之更可恨可鄙的事么？我们承认，我们是人，就算是恶人，也比恶更好。被人征服岂不要比被恶征服好得多吗？谁会怀疑，嫉妒是一个大恶。凡是不

[①]　参《哥林多前书》二十九章 15 节。

[②]　参《创世记》三章 16—17 节。

愿意在短暂事物上被征服的人，都必然受它折磨和控制。有人制服我们好过我们被嫉妒或者任何其他恶制服。

第四十六章　人若只爱不可剥夺的对象，即尽心爱上帝，并且爱人如己，那他就不可战胜

86. 凡是克服了自己的各种恶习的人，就不可能被任何人战胜。唯有那自己所爱的东西能被对手夺走的人才可能被战胜。人若只爱不可能被夺走的事物，毫无疑问，他是不可战胜的，也不受任何嫉妒折磨。他爱的是许多人已经知道并热爱的事物，因而值得祝贺。因为他尽心、尽性、尽意爱上帝，并且爱人如己①。上帝不会嫉妒他变得跟自己一样，相反，上帝会尽可能帮助他。他像爱自己一样热爱的邻人，他不可能失去，因为他在自身里所爱的，不是眼睛所见的或者其他身体感官所感知的事物。所以，那些像爱自己一样爱着的人，他与他们都有一种内在的友谊。

87. 爱之律是这样的。凡是他希望自己拥有的一切好事，应当希望他朋友也拥有；凡是他自己想要避免的一切恶事，也希望他朋友不要遇到②。他向所有人显示慈爱，不对任何人作恶。爱是不加害于人的③。所以，如果我们想要真正不可战胜，那我们甚至要爱仇敌，就如主吩咐我们的④。事实上，没有人靠自身能成为不可战胜的，依靠不变的律法

---

① 参《马太福音》二十二章 37 节。
② 参《多比传》四章 15 节。
③ 《罗马书》十三章 10 节。
④ 参《马太福音》五章 44 节。

才能不可战胜，侍奉它的人，它使他们得自由，并且也只有这样的人才得自由。他们所爱的东西不可能被夺走，唯依凭这一点，他们才成为不可战胜的完全的人。如果一个人爱别人不是如同爱他自己，而是如爱负重的畜类，或者如爱沐浴，如爱艳丽或啁啾鸣叫的鸟儿，那是为了某种他所希望获得的短暂的快乐或益处，他必不是侍奉一个人。更糟糕的是，他在侍奉一种卑劣而可憎的恶，因为他不是按一个人应该被爱的那样去爱人。一旦那种恶占据支配地位，它就引他走向最低级的生命形式，甚至走向死。

88. 人对人的爱甚至不应当像爱肉身的兄弟、子女、配偶、家人、亲戚、同胞那样，因为那种爱是短暂的。如果我们的本性始终顺服于上帝的诫命，始终保守与他形象的相似性，它就不会被放逐到现在这种败坏状态，我们也就不会有这种随生而来随死而去的关系。所以，真理亲自呼召我们回到原初完全的状态，命令我们要抵制属肉体的习俗，教导我们，人若不恨恶这些属肉体关系，就不能进上帝的国①。不要认为这是非人性的。爱一个人只是因为他是你儿子，而不是因为人是人。爱不是因他里面属于上帝的那部分，而是因他里面属于你自己的那部分，这才是非人性的。如果一个人爱自己的私利，而不是公益，那他就不能获得王国，这有什么可奇怪的呢？有人会说，他应该两者都爱，但是上帝说，他只能爱一个；真理说得非常正确："一个人不能侍奉两个主。"② 人若不恨蒙召离开的东西，就不可能完全地爱蒙召接受的东西。我们蒙召接受完全的人性，就是上帝所造的我们犯罪前的本性。我们受召抛弃对我们因犯罪该得的事物的爱。因此我们必须恨恶那我们希望从中摆脱的事物。

89. 如果我们热切地爱着永恒，就要恨恶一切暂时的关联。人要爱邻舍如同自己③。每个人就他自己而言，只是一个人，而不是父亲、儿

---

① 参《路加福音》九章 62 节。

② 《马太福音》六章 24 节。

③ 参《路加福音》十章 27 节。

子、亲戚或任何关系中的人。凡是爱人如己的，就当爱人里面真正的自我。我们真正的自我不是身体，所以我们不应欲求人的身体，不应对它过于重视。这里同样，"不可贪恋别人的所有"① 这样的诫命是有效的。所以，凡是爱邻人的某种东西，而不是爱他真正的自己的，都不是爱人如己。应当爱人性本身，没有任何属肉关系的人性，不论它是完全的，还是正在变得完全。凡是以独一上帝为父，爱他并遵行他旨意的人都是亲人。所有人都是彼此的父亲和儿子，当他们为别人考虑时就是父亲，当他们服从别人时就是儿子；但首先他们是弟兄，因为独一的父通过他的约呼召他们承继同一产业②。

第四十七章　对邻人的真爱，有这种爱的人不可战胜

90. 一个人爱人不是爱别的，就是爱上帝按着自己的形象造的那个人，这样的人岂不就是不可战胜的？他怎么会没有发现他所爱的是完全的本性——既然上帝是完全的？比如，如果某人喜爱好歌手，不是这个或那个具体的人，而是任何好歌手，因为他自己是个完美的歌手，所以他希望所有歌手都如此，同时保存他自己做他爱做之事的能力，因为他也唱得很好。但是如果他嫉妒好歌手，他就不是爱优美的歌唱本身，而是希望从唱得好中获得赞美或者某种益处。然而，只要有另一个人唱得好，那种益处是可能减少的，也可能完全被夺走。嫉妒好歌手的人不会因为他的歌唱而爱他；另一方面，缺乏天分的人也不可能唱得好。这对生活正直的人就更是如此，因为他不可能嫉妒任何人。正当生活的报赏

---

① 参《出埃及记》二十章 17 节。
② 《马太福音》十二章 48—50 节。

对所有人都是同样的，而且即使很多人得到它，也不会有所减少。到了某个时候，一个好歌手可能无法唱好，而需要别人的声音表达他的所爱。他可能出现在不适合他唱歌的宴会，但听别人唱可能很恰当。然而过正直的生活永远不会不当。凡是过正直生活、热爱这样生活的人，不仅不会嫉妒那些效仿他的人，而且非常友善厚意地对待他们。但是他并不需要他们，在他们中他所爱的东西，他自己完全而完整地拥有。所以，当一个人爱人如己时，他不嫉妒人，就如他不嫉妒自己一样；他尽其所能帮助人，就如帮助他自己一样。但他不需要他，就如不需要他自己一样。他只需要上帝，忠实于上帝他就是幸福的。没有人能把上帝从他这里夺走。于是，依恋于上帝的人，就真正地毫无疑问地成为一个不可战胜的人，并不是他配从上帝得额外的好，而是因为对他来说，忠于上帝本身就是好。

91. 这样的人，只要他还活着，就利用朋友回报所得到的恩惠，利用仇敌培养忍耐，对任何人都是为了施行仁慈，所有人都是慈爱的对象。虽然他不爱短暂的事物，但他正当使用它们，如果他不能对每个人一视同仁，就根据各人的分考虑他们。所以，如果他更乐意对某个朋友说话，胜过其他朋友，那不是因为他爱他更多，而是因为他跟他说话更有自信，并且刚好有机会。事实上，他更关心那些致力于短暂事物的人，因为他自己不那么受制于短暂事物。他对所有人同等地爱，但如果他不能帮助所有人，而愿意使那些与他关系更亲密的人受益，那他就是不公正的。心灵的关系比我们肉身出身的时间和空间中的关系更大；而把一切联结起来的关系是最大的。他不因任何人的死变得忧愁，因为他尽性爱上帝，知道任何事物除非在上帝面前灭亡，否则不可能灭亡。而上帝是活人死人的主①。他不因别人的不幸而不幸，就如他不因别人的公义变得公义一样。没有人能从他夺走上帝和公义，同样，没有人能从

---

① 参《使徒行传》十章 42 节。

他夺走幸福。如果他为别人的危险、错误和忧愁触动，就让这种触动变成行动，去帮助、纠正和安慰别人，而不是毁灭自己。

92. 然而，在所有这些劳苦工作中，他对未来的安息始终怀有某种指望，所以并没有被压倒。对一个甚至能够善用仇敌的人，还有什么事物可以伤害他呢？他不怕任何敌意，因为他受到上帝的守卫和保护。上帝命令他爱仇敌，也赐予他能力爱仇敌。在他看来，在患难中不忧愁，只是一桩小事；他甚至感到喜乐，因为知道"患难生忍耐，忍耐生老练，老练生盼望，盼望不至于羞耻；因为所赐给我们的圣灵将上帝的爱浇灌在我们心里。"① 谁能伤害这样一个人？谁能战胜他？在顺境中，他取得道德进步；在逆境中，他反思所取得的进步。当他拥有大量可变的好时，他不依赖它们；当它们离开他之后，他就知道它们是否曾经俘虏过他。通常当我们拥有它们时，我们以为自己并不爱它们，但只有当它们开始离开我们时，我们才发现自己是怎样的人。我们拥有一样东西却不爱它，我们可以让它离开而没有丝毫忧伤。一个人凭借优势获得了失去它会让他感到忧愁的东西，这看起来是得胜了，实际上是被击败了；一个人通过让步获得他不会不愿意失去的东西，看起来是被击败了，实际上却是得胜了。

第四十八章　完全的公义是什么

93. 喜爱自由的人要努力剔除对可变事物的喜爱。喜爱统治的人应当顺从并忠于上帝，万物的唯一统治者，要爱上帝甚于爱自己。越是高级的事物，对它爱得越多，越是低劣的事物，爱得越少，这就是完全的公义。应当爱那智慧而完全的灵魂，因为它具有公义的品质，也要爱不

---

① 《罗马书》五章 3—5 节。

那么蠢笨的灵魂，因为它有能力变得聪明而完全。但是如果他自己是愚笨的，就不应爱自己，因为爱愚笨的自己就不可能在智慧上有任何进步。人只有恨自己现在的样子，才会变成他所向往的样子。但是在他获得智慧和完全之前，如果他是蠢笨的，但同时又是爱智慧的，那么他就要忍受别人的愚笨，就如他忍受自己的一样。因此，甚至骄傲本身也是真自由和真王权的影子，因为神意藉着它提醒我们，当我们沾染恶习时，我们有什么价值，当我们得到纠正后，我们必须转向何方。

第四十九章　关于好奇心，我们从这种恶习得到告诫，转而沉思真理

94. 对各种表象的所谓好奇心，不是出于别的目的，不过是为了获得认知的喜悦。那么还有比真理更奇妙更美好的景象么？每个观看者都承认想要获得真理。因此他高度警惕，避免被骗，如果他在观察中获得的认识、作出的判断显得比别人更敏锐和更活跃，就会自吹自擂。一个变戏法者，就是公开承认耍把戏骗人的人，于是人们目不转睛地盯着他，全神贯注地观察他。如果他的戏法没被识破，他们就兴高采烈，为骗他们的这个人的聪明鼓掌。如果他不知道如何误导盯着他看的那些人，或者被认为不知道，就不会有人鼓掌。如果人群中有人识破他，就自认为应比变戏法者得到更多的赞美，不因别的，只因他不会被骗和被误导。如果许多人都看穿了把戏，变戏法者就不会受到赞美，而其他看不出的人倒要受到嘲笑。所以掌声总是赏给知识、技能以及对真理的领会。但是在心灵之外寻找的人，谁也不可能获得真理。

95. 如果有人问我们，真理和谬误哪个更好，我们会异口同声地回答说，真理更好。但是我们太深地沉溺于琐碎和低劣的事物中，所以我

们更乐意依恋于玩笑和游戏，以假而不是以真为乐，而不是谨守真理本身的诫律。所以，我们自己的论断和嘴里的话语已经定我们的罪，因为我们按理性是赞同这一个，却因虚妄去追求另一个①。然而，只要是取乐和游戏性的事物，我们知道，当它模仿真理时就引人发笑。只是当我们爱这样的事物时，我们就离开了真理，因而无法发现它们在仿效什么。于是我们渴望它们，似乎它们就是最初的美物。当我们渐渐远离最初的事物，我们拥有的只是我们的幻影。当我们回头寻找真理时，幻影挡住我们的路，不让我们过去，就像强盗一样攻击我们，当然不是使用暴力，而是用危险的陷阱，因为我们不知道经上所说的"要远避偶像"②的话应用范围有多广。

96. 所以，有的人在思想中茫然地徘徊于无数个世界。有的认为上帝不可能存在，除非是有形的火。有的认为上帝是一束明亮的大光，透过无限的空间照耀四面八方，只是有一边是裂开的，如同被一把黑色的楔子擘开。这些人指出，有两个领域，彼此对抗，于是他们建立两种相反的原理，就如他们的幻影一样毫无根据。如果我教促他们起誓断定，他们是否知道这些事是真的，很可能他们就不敢这么离谱了；但他们会说：那你告诉我们真理是什么。只要我简单地回答说，他们应当去寻找能使他们确定信是一回事，知是另一回事的光③，他们自己恐怕就会起誓说，那光不可能用眼睛看见，也不能认为它充满空间，不论空间有多大，然而它无处不呈现给寻求它的人；找不到比它更确定更宁静的事物了。

97. 同样，我关于心灵之光所说的一切，也是由这光显明的。通过它，我知道我所说的是真的；通过它，我也知道我知道这一点。同样，

①　参《罗马书》七章 14—23 节。
②　《约翰一书》五章 21 节。
③　参《以赛亚书》七章 9 节。

无论谁，当他知道自己知道了什么，他就知道自己知道这一点①。我知道这光穿越无限②，我也知道它不在空间和时间中延展。我知道若不是我活的，我不可能知道；我越是确定地知道，就通过知道获得越丰富的生命。永恒生命的活力超越一切短暂事物，只能通过知道我才能瞥见永恒是什么。通过心眼观看永恒，我剔除一切可变性；在永恒里我看不到时间的持续，因为时间由运动构成，是事物的过去或未来。在永恒中，既没有过去，也没有未来。过去的已经停止，未来的还没有开始。永恒就是永远同一。它永远不"曾是"（fuit），仿佛它现在已经不是；它永远不"将是"（erit），仿佛它现在还不是。因此，唯有永恒可以对人的心灵说："我是自有永有的。"③唯有关于永恒，才可以说："那自有的打发我来。"④

第五十章　圣经及其解释的法则。四重寓意解经

98. 即使我们不能坚持永恒，至少要赶走幻影，把我们心里所想象的无聊骗人的把戏驱逐出去。我们要使用神意屈尊为我们预备的各个步骤。当我们过分耽于可笑的虚构事物，念头变得虚妄，使整个生命转化为空洞的梦幻。上帝无可言喻的仁慈并没有鄙弃我们，而是利用天使的协助，通过声音和文字教训我们，也通过火、烟和云柱，就如同通过有形的语言教训我们。所以，当我们还是孩子时，他用比方和寓言与我们玩游戏，把泥抹在我们的心眼上，以

---

① 这一句英译本似乎漏译了。——中译者注
② 这半句同上。
③ 《出埃及记》三章 14 节。
④ 参同上。

便治愈它们①。

99. 所以我们要弄清楚，什么样的信仰应当寄托于历史，什么样的信仰应当依赖于理智，什么样的信仰应当交给记忆，尽管不知道它是否为真，依然相信如故；那既不是产生的，也不会过去，而是始终保持同一的真理在哪里；那被认为是藉着圣灵用智慧言说的寓意解经法究竟是什么，它是否足以解释在古代以及较近时代都看到的那些事，或者是否适用于灵魂的情感和本性，适用于不变的永恒？是否有些故事表示可见行为，有些表示心灵活动，有些表示永恒律法？或者在有些故事中可以找到所有这些？稳定的信仰——对权威作品的整个解释都以它为依据——是什么，是历史而暂时的，还是属灵而永恒的？相信短暂事物能给人何种益处，以便知道并拥有永恒事物，即一切善行的目的？寓意解释历史与寓意解释事实或者言论或者圣礼之间存在什么区别？如何根据各种不同的语言风格领会圣经的话语？每种语言都有自己独特的表达方式，如果译成其他语言可能就会显得荒唐可笑。另外，我们发现圣经里提到上帝的愤怒，上帝的忧愁，上帝从睡梦中醒来，他的记忆和遗忘，以及其他种种可能发生在善人身上的事。不仅如此，经上还提到他的懊悔，他的热情，他的宴席，以及其他诸如此类的事。那么这样一种粗俗的表达方式有什么益处呢？经上所说的上帝的眼睛、手脚以及其他肢体，要理解为像人体一样具有可见形式的东西么？或者它们意指可理知的和属灵的能力②，就如圣经里诸如盔甲、盾牌、刀剑、腰带等等词所表示的？最重要的是，我们必须问，神意通过理性的、出生的、有形的造物——他们是上帝的仆人——向我们说话对人类有什么益处。当我们终于知道那个唯一真理，我们心里的一切幼稚和鲁莽都被剔除，神圣宗教得到应有的位置。

---

① 参《约翰福音》九章 6 节。
② 参《以弗所书》六章 14—17 节。

第五十一章　研读圣经，消除好奇

100. 因此，我们要撇弃一切戏剧的、诗歌的琐碎东西，要勤勉地学习圣经，为我们的心灵找到吃的和喝的。它们饥饿难耐，渴求虚妄的好奇，企图以可笑的幻影来提神清气，得到满足，这是徒劳无益的，就如画中的宴席那样不真实。我们要从这真正自由而高贵的游戏中得到健康的教育。如果奇妙优美的景象令我们喜悦，就让我们欲求看见智慧，"她以大能教导，从这极到那极；她愉快地安排一切事。"① 还有什么比无形的能力创造并统治有形世界更奇妙的吗？还有什么比它管理并装饰物质世界更美丽的吗？

第五十二章　好奇和其他恶习是通向美德的契机

101. 既然所有人都承认，这些事都是身体感知到的，而心灵比身体更好，那么心灵自身难道没有某种它可以感知的、卓越得多且高贵得多的对象？事实上，我们所判断的事物提醒我们去注意我们据以判断的标准。当我们从艺术作品转向艺术法则时，我们必在心里看见形式，与那败坏万物的事物相比，它的善使一切事物变美。"自从造天地以来，上帝的永能和神性是明明可知的，虽是眼不能见，但藉着所造之物就可以晓得。"② 这就是从短暂事物回到永恒事物，就是从旧人转变为新人。当一个人的恶习都能敦促他追求美德时，还有什么不敦促他这样做呢？

---

① 参《所罗门智训》八章 1 节。

② 《罗马书》一章 20 节。

好奇心追求的若不是别的，那就是知识。但这种知识若不是关于始终同
一的永恒事物的知识，就不可能是确定的知识。骄傲若追求的不是别
的，那就是权柄（potentiam），这权柄与行为的能力相关。但唯有顺服
于上帝并以大爱转向上帝国度的完全灵魂才能获得权柄。身体快乐寻求
的若不是别的，那就是安息，但除了那没有贫乏也没有败坏的地方，不
存在任何安息。因此我们必须留意阴府里的造物（inferiores inferi），即
死后更严厉的惩罚。那里不可能有提示真理的事物，因为那里没有推理
（ratiocinatio）。没有推理是因为没有那"照亮一切生在世上的人"[1] 的
光照耀。因此，我们要趁着白天赶紧行路，免得黑暗临到我们[2]。我们
要赶紧脱离第二次的死[3]，在那里没有谁思想上帝；赶紧脱离阴府，在
那里也没有谁会向上帝忏悔[4]。

第五十三章　愚蠢人和智慧人的记号不同

102. 但是不幸的人总是看轻他们已经知道的事，喜欢新奇的事。
他们更乐于学习（discunt），而不是知道（norunt），尽管知道（知识）
乃是学习的目的（finis）。他们认为敏于行动的能力无关紧要，所以更
喜欢战斗而不是胜利，尽管胜利是战斗的目的。他们对身体的健康几乎
毫不关心，所以更喜欢吃得饱腻，而不是吃得刚好。他们更喜欢享受性
行为，而不是忍受没有这种刺激的生活。有些甚至更喜欢昏睡，而不是
清醒。然而所有这些欲望的目的乃是：不再饥饿，不再干渴，不再寻求
交媾的快乐，不再有身体的倦怠。

---

[1]　《约翰福音》一章 9 节。
[2]　参《约翰福音》十二章 35 节。
[3]　参《启示录》二十章 14 节。
[4]　参《诗篇》6 篇 6 节。

103. 那些欲求这些真正目的的人，首先放下自己的好奇心，因为他们知道那是一种内在的确定知识，并在今生尽其所能地享有这种知识。然后他们摆脱顽固，接受灵活的行为方式，知道不去抵抗任何人的敌意才是更大更轻易的胜利；而且他们在今生尽其所能坚持这一观点。最后，他们放弃那些对度过今生并非必不可少的事物，从而寻求身体的安宁。所以他们品尝了主的滋味是何等甜美①。他们对来生毫无疑惑，他们的完全由信、望、爱滋养②。到来生，知识将成为完全。因为现在我们只知道部分，但当那完全的到来，知识就不是部分的③。到那时就会有完全的和平，因为那时我的肢体里不会有另外的律与我心里的律相争，上帝的恩典必藉着我们的主耶稣基督使我们脱离这必死的身体④。当我们遇到挡道的敌人，我们在很大程度上能忍受他⑤。身体将成为健全的整体，没有欠缺或疲乏；因为这朽坏的要在适当的时间、按适当的顺序穿戴不朽坏的，因为到那时肉体将复活⑥。如果把这赐给那些在知识上只爱真理，在行为中只爱和平，在身体上只爱健全的人，这没有什么可奇怪的。他们在今生最爱的，在来生必为他们成全。

第五十四章　让被定罪者的惩罚说明他们的恶习

104. 那些滥用像心灵这样美好事物的人，欲求心灵之外的有形事物，应当提醒他们去凝视并热爱可理知的事物，所以给予他们外面的黑

---

① 参《诗篇》三十三篇 9 节。

② 参《哥林多前书》十三章 13 节。

③ 参《哥林多前书》十三章 9—10 节

④ 参《罗马书》7 节章 23—25 节。

⑤ 参《马太福音》五章 25 节。

⑥ 参《哥林多前书》十五章 53—54 节。

暗①。这黑暗的开端是属肉体的知识以及身体感官的软弱②。那些喜欢纷争的人必远离平安，卷入可怕的困难。最大困难的开端是战争和争吵。我想，把他们的手脚捆起来③就表示这一点，即夺走他们做工的所有能力。那些希望有饥有渴，希望情欲高涨，希望筋疲力尽，从而在吃喝中，在与女人交媾中，在昏睡中得到快乐的人，必然热爱贫乏（indigentiam），而那是最大灾祸的开端。他们所爱的必将为他们成全，因为他们必要到那哀哭切齿的地方④。

105. 许多人喜爱所有这些恶习，他们的整个生活就是看景、争斗、吃喝、睡觉、性交这样一个循环。他们的思想里没有别的，只有从那样的生活中产生的幻影；他们还从自己的狡诈中确立迷信或不敬的法则进行自我欺骗，甚至当他们试图脱离肉体刺激时也固守着这些法则。因为他们没有好好利用交给他们的天赋⑤，即心灵的敏锐——所有被称为博学、优雅或高尚的人在这一点上似乎都高人一等——而是把它包在纸巾里或者埋在地底下，即裹在奢逸和迷信的事物中，碾碎在属地的贪婪底下。因此要把他们的手脚捆起来，要把他们仍到外面的黑暗中，在那里他们必要哀哭切齿。不是因为他们喜爱这些灾祸——谁会喜爱呢？——而是因为他们所爱的事物是这些灾祸的开端，必然把喜爱它们的人带向这邪恶境地。那些喜爱这样的旅程，而不愿回家或终结旅程的人，要被送到最远的地方。因为他们不过是血气，是一阵去而不返的风（spiritus）⑥。

106. 而善用自己身体五大感官的人，相信并赞美上帝的作品，培养对上帝的喜爱，寻求思想和行为的平安，努力认识上帝，这样的人就

---

① 参《马太福音》二十二章 13 节。
② 参《罗马书》八章 6—7 节。
③ 参《马太福音》二十二章 13 节。
④ 同上。
⑤ 参《马太福音》二十五章 14 节。
⑥ 参《诗篇》七十七篇 39 节。

可以进来享受他主人的快乐①。这天赋从滥用它的人身上夺走，赐与善用自己五大感官的人②。事实上并不是说理智的敏锐可以从一个人转到另一个人；这里的意思是说，聪明人如果疏忽自己的心灵并且不敬虔，就会失去自己的天分。勤勉而敬虔的人就算天性比较迟钝，也仍然能够获得理解力。已经领受两种天赋的人，不再赐给他这种天赋，因为思想和行为正当的人已经拥有所需的一切。而只拥有五种感官的人，要赐给他这种天赋，因为他还没有足够的心力去沉思永恒事物，他还信靠有形短暂的事物。赞美一切可感事物之造主上帝的人，必能获得这种天赋；他因信依靠上帝，在盼望中等候上帝，在爱中寻求上帝③。

第五十五章　结语：劝勉人走向真宗教，警告人远离假宗教

107. 既然如此，我亲爱的朋友和弟兄，我劝告你们，就如劝告我自己一样，要尽一切可能快速追赶那上帝藉他的智慧召我们追求的事物。我们不要爱这世界，因为世界里的一切都是肉体的情欲，眼目的情欲，并今生的骄傲④。我们不能因着属肉体的快乐而爱败坏或者被败坏，免得我们遭受更加不幸的败坏：忧伤（dolor）和痛苦（tormentum）。我们不得爱纷争，免得我们被交给喜爱纷争的天使之权势，被降卑，被捆绑，受击打。我们不要爱可见的奇观，免得我们远离真理，追逐影子，就被扔到黑暗里去⑤。

---

① 参《马太福音》二十五章 21 节。
② 参《马太福音》二十五章 14—30 节；《路加福音》十九章 15—26 节。
③ 参《哥林多前书》十三章 13 节。
④ 参《约翰一书》二章 16 节。
⑤ 参《马太福音》二十五 30 节。

108. 不要让我们的宗教成为我们自己幻影的集合。任何真理都比权威所能编造的虚假故事更好。然而我们也不可崇拜灵魂本身，虽然当我们对灵魂抱有虚假的幻想时，它仍然保持真实。根须是真实的，所以好过幻想者通过虚妄的思想随意虚构出来的光；然而，如果认为这根须——我们可以看到、触摸到——值得我们崇拜，那无疑是疯狂至极。不要让我们的宗教成为对人造作品的崇拜。工匠好过他们创造的作品，但我们绝不能崇拜他们。不要让我们的宗教成为对兽类的崇拜。最低级的人也好过野兽，但我们绝不能崇拜他们。不要让我们的宗教成为对死人的崇拜。如果他们生前过的是敬虔生活，就不能设想他们会追求这种神圣荣耀。相反，他们希望我们崇拜那一位，在他的光里他们高兴地让我们分有他们的功德①。他们是因为效仿而受人尊敬，不能用宗教仪式来崇拜。如果他们生前过的是邪恶生活，那么不论他们现在何处，都不会受到崇拜。不要让我们的宗教成为对鬼魔的崇拜（cultus daemonum），因为任何迷信都是对人的大惩罚，是人极端的耻辱，却是鬼魔的荣耀和胜利。

109. 不要让我们的宗教成为对诸地和诸水的崇拜。空气比这些东西更纯更洁，尽管也可能雾霭蒙蒙，但我们绝不能崇拜空气。不要让我们的宗教成为对更纯更静的上层空气的崇拜，因为一旦没有光，它就是黑暗。比空气更纯的是火的光亮，然而我们也不应崇拜它，因为我们可以随意点燃或熄灭火。不要让我们的宗教成为对以太和天体的崇拜，虽然喜欢它们胜过其他物体是对的，但任何一种生命还是比它们更好。如果它们是由灵魂赋予生命的，那么任何灵魂都比被赋予生命的物体更好，然而没有人认为一个邪恶灵魂是应当崇拜的。不要让我们的宗教崇拜那种如同树木所拥有的生命，因为那不是有感觉的生命。那是一种按着我们身体的节律活动的生命，是我们的骨头和头发拥有的生命，而我

———————

① 参《启示录》十九章 10 节。

们的头发可以剪去，我们不会有任何感觉。有感觉的生命好过这种生命，然而我们绝不能因此崇拜有感觉的生命，因为兽类也有这样的生命。

110. 不要让我们的宗教成为对完全的、智慧的理性灵魂的崇拜，在宇宙或者自己职位上坚定行使职责的天使有这样的灵魂，等候革新其低级自我的最优秀的人有这样的灵魂。所有理性生命，如果是完全的，都服从在灵魂里悄悄说话的不变真理。如果它不服从，那就会变得邪恶。所以理性生命不是因自己，而是因那它甘愿服从的真理而卓越。最高的天使所崇拜的上帝，最低的人也要崇拜。事实上，正是因为拒不崇拜他，人性才变得低劣。天使的智慧和人的智慧出于同一个源头，天使的真理和人的真理也出于同一个源头，就是那个不变的智慧和真理。上帝的永德和不变智慧①，与父同一本质，同为永恒，他为了我们的救赎，按照经世安排，俯就穿戴我们的本性，以便教导我们。人必须崇拜的那位，也是每一个理性和智性造物都必须崇拜的对象。我们要相信，上帝最高的使者、最优秀的助手都希望我们与他们一起崇拜这独一上帝，他们的幸福就在于对上帝的沉思。其实我们不是因为看见天使，而是因为看见真理才成为幸福，我们因着真理也爱天使，与他们一同喜乐。他们比我们更容易获得真理，并毫无障碍地享有它。对此我们并不嫉妒，相反，我们爱他们，因为我们共同的主命令我们要在来生盼望同样的境状。所以我们敬仰他们是出于爱，不是出于侍奉。我们不会为他们建造殿宇；他们也不希望我们那样尊敬他们，因为他们知道，当我们是好人时，我们自己就是最高上帝的殿②。所以，经上非常正确地记载，一位天使禁止人崇拜他，吩咐人崇拜那位上帝，天使和人都是为他同作仆人的③。

---

① 参《哥林多前书》一章 24 节。
② 参《哥林多前书》三章 16 节。
③ 参《启示录》十九章 10 节。

111. 那些引诱我们把他们自己当作神来侍奉和崇拜的鬼魔，就如同骄傲的人，如果可能，这些人也希望得到那样的崇拜。不过，忍受这样的人倒比崇拜鬼魔少一点危险。人对人的统治随着主人或奴仆的死亡而终结；而骄傲的恶天使的奴役，因为时间延续到死后，所以更加可怕。任何人都可以看到，在一个属人的主子下，我们仍然可以有自由的思想；而鬼魔的统治辖制心灵，这正是我们所害怕的，因为心灵是我们看见并领会真理的唯一途径。因此，我们虽然因身体的锁链服从于种种权力——那是为了治理国家而给予人的，但只要我们"恺撒的物当归给恺撒，上帝的物当归给上帝"①，就没有必要害怕有人在我们死后索求这样的服侍。灵魂的奴役是一回事，身体的奴役是完全不同的另一回事。义人的全部喜乐只在于上帝，所以他们祝贺那些通过自己的善行赞美上帝的人。但当他们自己受到赞美时，如果可能，他们就纠正错误；如果不可能，他们绝不会因错误而感激，而是急切地希望它得到纠正。善良天使和上帝的所有圣洁助手都与这样的人相似，只是更加圣洁更加纯粹。只要我们避免迷信，我们就不必害怕会冒犯他们；当我们在他们的帮助下倾向于独一上帝，将我们的灵魂完全与他相联（religantes）——可以相信，宗教之名正是源自于此——我们就没有任何迷信。

112. 看哪，我只拜独一上帝，万物的唯一原理；拜他的智慧，使一切有智慧的灵魂变得有智慧；拜他的恩赐（Munus，即圣灵），使一切有福者成为有福的。我确信，凡爱这位上帝的天使也爱我。凡住在他里面能听见人的祷告的，必听见在他里面的我。凡以上帝为至善的，必帮助在他里面的我，不会嫉妒我对他的分有。请那些爱慕或奉承世界某些部分的人告诉我，崇拜这独一上帝的人，不能为自己赢得哪种善？因为凡善的都爱这位上帝，以知道他为乐，把他作为第一

———————————

① 《马太福音》二十二章 21 节。

原理诉求于他，从而获得自己的善。任何天使，若是爱他自己的过失，不愿服从真理，企图在自己的益处里找到喜乐，就脱离了共同的好，脱离了真正的福祉。所有恶人都被交给他们，受制于他们。但好人被交到他的权力之下只是受试炼，得验证。没有人能怀疑，这样的天使绝不能崇拜，因为我们的不幸是他的快乐，我们回到上帝则是他的损失。

113. 让我们的宗教将我们与独一的全能上帝相联，因为在我们的心灵与真理之间没有任何造物，我们的心灵知道他就是父，而真理就是内在的光，藉着这光我们才认识他。我们在他里面并因他而尊敬真理，这真理与他完全相似，是一切由一（uno）创造并且努力追求一的事物的形式（forma）。在属灵的心灵看来，显然，一切事物都由这形式所造，唯有它获得万物所追求的东西。然而，上帝若不是至善，万物就不可能由父藉着子创造，它们也不可能被保守在安全的范围之内。上帝对任何人不吝惜任何事物，他使所有人都有可能成为善的，又赐给所有人——只要他们愿意或者能够——遵行善的能力。因此我们也应当谨守并崇拜上帝的恩赐（Donum，即圣灵），他与父和子同等不变，是同一本质的三个位格之一。我们崇拜一位上帝，我们都是本于他，倚靠他，归于他①；我们堕落离开他，成为与他不相像的，但藉着他我们始终没有毁灭，他是我们诉求的原理，我们效仿的形式，使我们得以和好的恩典。我们崇拜一位上帝，我们由他而造，按着他的样式得以形成，以求统一，他的平安使我们忠实于一；这位上帝一说话，事就成②；一切有本质和本性的事物莫不藉着这话—道（Verbum）而造；还有他圣善的恩赐（Donum benignitatis eius），因着这恩赐，他藉着道所造的一切，只要为它的造主悦纳，与他和好，就无一会毁灭；我们敬拜

① 参《罗马书》十一章 36 节。
② 参《创世记》一章 2 节；《约翰福音》一章 3 节。

一位神，藉着他的创造工作，我们得以存活，倚靠他我们得以更新，好叫我们活在智慧里，通过爱他并享有他，获得幸福生活；我们敬拜一位上帝，万有都是本于他，倚靠他，归于他。愿荣耀归给他，直到永远。阿门！①

---

① 参《罗马书》十一章 36 节。

论善的本性

圣奥古斯丁《订正录》II. ix 回顾《论善的本性》：

《论善的本性》是反驳摩尼教徒的。书中表明，上帝的本性是不变的，是至高的善，其他事物无论是属灵的，还是属体的，都从他获得存在；就它们是本性而言，都是善的。书中也表明，恶是什么，它从哪里来；摩尼教徒把多大的恶归于他们的善本性，又把多大的善归于他们的恶本性，他们的错误就在于构想出两大对立的本性。该书起句说"上帝是最高的善，没有比他更高的善"。

导　论

　　《论善的本性》写于 404 年，是最后一部反摩尼教作品，写于大部头的《驳福斯图斯》（Contra Faustum）之后不久。对于该书的写作，作者并没有提到什么特别的原因，但奇怪的是，尽管圣奥古斯丁告诉我们，他早就作好一些预备要继续反驳摩尼的《基本原理的书信》，但并没有后文。倒是有一则残篇保存下来，在某些方面比此书更有意思，不过已有了译本。当然，《论善的本性》也有它自身饶有趣味的特点。

　　该书共分为三部分。

　　A 1—23，概要且条理清楚地阐述了奥古斯丁的形而上学——上帝是至高存在，是至善，其他一切存在者从他获得存在和价值。一切存在者本性上都包含不同程度的善，恶是虚无，是本性之善的败坏。罪是自愿的，在一个完全的世界里，罪的惩罚恰好是对罪的补偿。

　　B 24—39，引用圣经，逐点证明"理解力不足的人可以信靠权威"的观点。

　　C 40—47，试图表明：1. 摩尼教徒自相矛盾，把许多好的性质归于他们的"恶本性"，而把许多坏的性质归于他们的"善本性"；2. 摩尼教导致某些可怕的习俗，至少有这样的传闻。从摩尼的《宝典》和《基本原理的书信》引用段落表明，这样的质疑在他们视为权威的作品里并非没有依据。

论善的本性，驳摩尼教徒

上帝是最高的不变的善，其他一切善，不论属灵的还是属体的，都源自于他。

1、上帝是最高的善，没有比他更高的善。因此他就是不变的善，真正永恒、真正不朽的善。所有其他善都源于他，但不是他的一部分。他的部分就是他的所是，而他所造的事物不是他的所是。由此，如果唯有他是不变的，那么所有他创造的事物就都是可变的，因为他是从无中创造了它们。他既是全能的，就能够从无，也就是从完全不存在的东西，创造出善的事物，不论大的、小的，属天的、属地的，属灵的还是属肉体的。因为他是公正的，所以他没有让他从无中创造的事物与他从自己生出的子同等。因此，整个存在序列的所有善的事物，不论是大是小，都只能源于上帝。每个自然存在物（或本性，natura，natural being），就它是此物而言，都是善的；每个自然存在物都是从至高至真的上帝获得存在。因为所有其他善虽然都不是至善，但与至善相似，甚至最低的善，虽然与至善相距极远，但也只能从至善获得存在。每个可变的灵（spiritus mutabilis），每个形体（corpus），即整个被造界，都由上帝创造，因为一切存在的事物不是灵就是体。上帝是不变的灵。可变的灵是被造物，但它好过体。形体不是灵，但当我们说风是灵时，是在另外意义上说的，因为我们虽然看不见它，却能感到它不小的力量。

为何这一点足以纠正摩尼教徒的错误

2. 然而，有些人无法理解每个自然存在物，即每个属灵的和属体的存在物，本性上都是善的；他们看到邪灵的败坏和身体的必死性，深为不安，所以力图引入另一本性，即邪灵和必死身体的本性，认为它不是上帝造的。对于这些人，我们认为我们所说的话可以让他们理解。因为他们也承认，除了至高的真上帝这个源头，不可能产生任何善的事物。这一点完全正确，并且只要他们留意一下，这一点也足以纠正他们的错误。

尺度（modus）、形式（species）和秩序（ordo）是上帝所造事物中普遍的善。

3. 我们大公教教徒敬拜上帝，一切善的事物，不论大小，都从他而来；一切尺度，不论大小；一切形式，不论大小；一切秩序，不论大小，都源自于他。万物都是善的，越是在尺度、形式和秩序上好的，其善就越大；越是在尺度、形式和秩序上逊色的，其善就越小。尺度、形式和秩序这三者——不必说其他显然属于它们的数不胜数的事物，可以说是普遍的善，存在于上帝所造的一切事物中，不论是灵还是肉体。上帝则超越存在于他造物中的任何尺度、形式和秩序，他之超越不在于空间位置，而在于他那独一无二、不可言喻的大能，一切尺度、形式和秩序都源于他。不论何处，如果这三者是大，那善就是大的；如果这三者是小的，那善也是小的；如果没有这三者，那就没有善。同样，不论何处，如果这三者是大的，那事物的本性就是大的；如果这三者是小的，那事物的本性也是小的；如果没有这三者存在，就没有事物的本性存在。因此，每个自然存在物（本性）都是善的。

恶就是尺度、形式或秩序的败坏（corruptio）。

4. 如果我们问恶从哪里来，我们首先要问恶是什么。恶不是别的，就是败坏，是事物本性的尺度、形式或秩序的败坏。所以，一个被败坏的本性就称为恶的本性；如果它没有被败坏，它当然是善的。但是，即使它败坏了，就它还是一个本性来说，它依然是善的；就它被败坏了来说，才说它是恶的。

一个拥有卓越形式的败坏本性有时候好过一个拥有低劣形式的未败坏本性。

5. 当然，有可能出现这样的情形：一个因拥有更好的尺度和形式而处于更高等级的本性，即使败坏了，也仍然好过另一个没有败坏但因拥有次好的尺度和形式而处于较低等级的本性。正如人在评判时，按照呈现在眼前的品质判断，败坏的金子比未败坏的银子好，败坏的银子比未败坏的铅好；同样，在更大能的属灵本性中，一个理性的灵，即使被某个邪恶意志败坏了，也好过一个未败坏的非理性的灵；任何灵，即使被败坏了，也好过未败坏的体。因为一个存在于身体里并赋予身体生命的灵好过接受生命的身体。被造的生命之灵，无论变得如何败坏，仍然能给身体以生命。因此即使它败坏了，也仍然好过身体，尽管身体并未败坏。

不能败坏的本性是最高的善；能败坏的本性是某种善。

6. 如果败坏使可败坏之物失去了所有尺度、形式和秩序，那就没有任何本性留在存在中。所以，凡是不能被败坏的本性，必然就是至善，上帝就是这样的本性。但是，任何能败坏的本性总包含某种善，因为败坏对它的伤害不可能是别的，只能是夺走或者减少它所拥有的善。

理性之灵的败坏一方面是出于意愿，另一方面是为了惩罚。

7. 上帝赐予他最卓越的造物理性的灵以力量，只要他们不愿意，就不能败坏，也就是说，如果他们始终顺服于他们的主上帝，依附于他不朽坏的美，就不会败坏。但是如果他们不愿意始终顺服，甘愿被罪败坏，那么他们就要不甘愿地被惩罚败坏。上帝是至高的善，所以凡是抛弃他的，都不会受益；在他的造物中，理性之物是最大的善，所以除了上帝没有哪种善能使它幸福。罪人命定要受罚。这命令与他们的本性相反，因而是惩罚。但这惩罚与他们的过错相当，因而是公正的。

低级事物的败坏和消失体现普遍的美。

8. 其他从无中创造的事物，肯定低于理性之灵，可以既非幸福也非不幸。但是由于它们拥有某种尺度和形式，所以它们本身是善的；虽然它们的善是小的，甚至极低微，但若不依靠至高至善上帝的作为，它们就不可能存在；它们被安排得秩序井然，意志薄弱的服从意志坚定的，身体柔弱的服从身体强壮的，能力弱小的服从能力强大的。于是，地上的事物与天上的事物和谐一致，因为前者顺服于比它们优越的事物。当一些事物消逝，其他事物就接踵而至，在时间秩序中表现出一种独特的美，所以那些死去的事物或者不再是原来所是的事物，不会玷污或破坏整个被造世界的尺度、形式或秩序。就如同一场精心准备的演讲肯定是美的，尽管所有音节和声音都一个个过去，似乎在不断地产生和消亡。

对犯罪本性的惩罚构成公正的秩序。

9. 每种罪过应受何种惩罚，受多大的惩罚，那属于上帝论断的事，不是由人决定的。如果叛依者确实被免了惩罚，那表明上帝的伟大圣善。如果罪人受到了应有的惩罚，那证明上帝的公正。让一个本性在公正的惩罚中痛苦，这样的秩序好过让它在不受任何惩罚的罪中欢喜。这样的本性，只要它还保持某种尺度、形式和秩序，它里面就还保留某种善，不论这种善如何微小。如果所有这些都被夺走，完全破坏，那就没有任何善，因为不会有任何本性存留。

可朽本性之所以可朽，是因为它们从无中被造。

10. 因而，一切可朽本性之所以成为本性，仅仅因为它们源于上帝（a Deo，from God）；如果它们属于上帝（de Deo，of God），那就不会朽坏，因为那样它们就成为上帝的所是。所以，不论它们拥有什么尺度，什么形式，什么秩序，它们之所以如此，正是因为它们上帝创造。但它们不是不变的，因为它们从无中被造。如果我们想要使上帝从无创造的与上帝从自己产生的等同，那就是让虚无与上帝等同，这岂不是亵渎神圣的胆大妄为吗？

上帝不会受伤害，没有他的允许，其他本性也不会受伤害。

11. 没有任何伤害能伤及神性，上帝之下的其他本性也不可能受到不公正的伤害。因为当有人因犯罪造成不当的伤害时，他们想要伤害人这个不当意愿诚然归咎于他们自己，但他们得允造成伤害的能力只能源于上帝，虽然他们自己不知道，但上帝知道他允许他们去伤害的那些人应当遭受什么。

一切善的事物无不源于上帝。

12. 所有这些事是如此清晰，如此明确。如果有人想要引入另一个非上帝所造的本性，只要请他们留意这些事，就不会充满如此渎圣的念头，以致把如此大的善归功于至恶，又把这么多的恶归咎于上帝。如我上面所说，只要他们愿意留意，那么真理迫使他们承认的事实，即一切善的事物无不源于上帝，这一点足以使他们改邪归正。因此，并非大的善出于一个源头，小的善出于另一个源头；善的事物，无论大小，只有一个源头，就是源于至善，也就是上帝。

每一种善，不论大小，都源于上帝。

13. 因此，让我们尽可能回想各种善的事物，不论多大，就是我们认为应该是上帝创造的那些善。然后让我们看看，当这些善被除去之后，是否还会有什么本性存在。生命、能力、安全、记忆、德性、理智、平静、充足、感觉、光、甜、尺度、美与和平——所有这些，不论大小，以及其他我们所能想到的类似事物，尤其是那些在属灵或属体存在中普遍可见的事物，尺度、形式和秩序，不论大小，无不源于主上帝。任何人有意滥用这些好的事物，根据上帝的审判，就必受到惩罚。但是如果这些事物完全不存在，那就不会有任何本性存在。

与大的善相比，小的善被冠以相反的名称。

14. 在这些善的事物中，凡是相比于大的善显得小的，就被冠以相反的名称。比如，一个人的形式是较大的美，与此相比，一只猩猩的美就被称为畸形。这导致无知的人错误地以为一个是好的，另一个是坏的。他们没有注意到，猩猩的身体有它自己独有的尺度，两边肢体的对称，身体各部分的和谐，对自身安全的守卫，以及其他特性，如一一考察颇费时间。

尽管是小的善，但善存在于猩猩的身体之美中。

15. 为了使人们能理解我们所说的，使那些极为迟钝的人也感到满意，甚至迫使那些拒斥最显著真理的顽固者承认真理，我们要问，败坏是否能伤害猩猩的身体？如果能，猩猩就会变得更加丑陋，那么若不是它所拥有的美这种善减少了，还有什么减少了？而这种美就是善的事物。只要身体的本性仍然存在，就必有某种事物存在。所以，如果善的毁坏意味着本性的毁灭，那么本性就是善的。我们说慢与快相对，但如果一个人完全没有运动，就不可能说他慢。我们说低音与高音相对，或者刺耳的声音与悦耳的声音相对，但如果你把每一种声音完全除去，那就只有寂静无声。我们习惯将寂静与声音看作对立面，只是因为寂静就意味着没有声音。我们说清晰与模糊是相反者，但模糊也有一些光；如果它完全没有光，那就是黑暗，如同完全没有声音就是寂静一样。

性质上的缺失（privationes）出于上帝的适当安排。

16. 然而，整个宇宙中都安排有这种性质上的缺失，对那些明智看待它们的人来说，它们的变化并非没有规范。比如，上帝让光在某些时段不照耀在某些地方，使黑暗与白昼同样的适当。如果说我们讲话时要适当控制声音，不时停顿，那么万物的大工匠，岂不更加适当而合宜地设置这些缺失？因此，在《三少年的颂歌》（hymnus trium puerorum）中，光与黑暗同样的赞美上帝①，也就是使那些充分而正确思考它们的人心里油然产生对上帝的赞美。

本性，就其是本性而言，没有一个是恶的。

17. 任何本性，就它是本性而言，没有一个是恶的。任何本性中除了善的减少外，没有恶。如果善不断减少，最终完全消失，那么正如没有善留存，同样，也就没有本性留存；不仅摩尼教徒引入的那个本性——可以看到它里面有多大的善，也就表明他们的盲目何等令人吃惊！——如此，而且任何人所能想象的本性都如此。

"质素"，就是古人所说的无形式之物的质料，也不是恶。

18. 甚至古人称为"质素"（Hylen）的物质也不应称为恶。我不是指摩尼出于愚蠢和虚妄，不知所云地称为"质素"的东西，即构成身体的力量（formatricem corporum）。人们说得没错，他引入了另一个神。因为除了上帝，没有谁能形成并创造身体。没有与身体一起存在的尺度、形式和秩序，也不可能创造任何身体。我想，即使是摩尼教徒也承认，尺度、形式、秩序这些东西是善的，只能源于上帝。而我说的"质素"，意思是指完全没有形式和性质的质料，从中形成我们感知到

---

① 参《但以理书》第三章。

的性质，就如古人所说。因此，希腊人把木头称为"质素"，因为它是工匠做工的材料，不是说它可以造出任何事物，而是说可以用它造出某种东西。那样的"质素"不会被称为恶。它没有我们能看到它是何物的形式。事实上，它几乎无法设想，因为它完全没有形式。但是它有接受形式的潜能。如果它不能接受工匠加给它的形式，那它也不可能被称为质料。既然形式是善的事物，从而那些有高级形式的事物被称为美的（formosi），那么毫无疑问，甚至接受形式的能力也是善的事物。智慧是善的事物，没有人怀疑接受智慧的能力也是善的。因此凡善的事物无不源于上帝。所以谁也不可怀疑，如果有质料这样的东西，那么它的存在也只能源于上帝。

真正的是（Esse vere），唯上帝独有。

19. 因此，我们荣耀而神圣的上帝对他仆人说："我是自有永有的。"又说："你要对以色列人这样说：那自有的打发我到你们这里来。"① 他是真正的是（有），因为他是不变的。每种变化都产生不再"是"（有）的东西。因此不变的就是真正是（有）的。所有其他被造的事物按各自的尺度从他接受"是"（有）。他是至高者，不可能有与他相对的东西，除非是"非是"。所以，正如一切善的事物无不从他获得"是"，同样，凡因本性存在的事物，也无不源于他，因为一切因本性存在的事物都是善的。每个本性都是善的，每个善的事物都源于上帝，因此一切本性都源于上帝。

痛苦只存在善的本性中。

20. 有人说，痛苦——不论心灵上的，还是身体上的——是一种特别的恶。但是，痛苦若不是存在于本性为善的事物里，就不可能存在。

---

① 《出埃及记》三章 14 节。

事实上，任何存在物中都有抵抗，也就是拒斥成为自己的不是（不再是自己原来的所是），这必然导致痛苦，因为已经存在的事物就是善的。然而，如果它被推向更好的事物，痛苦就是对目标有益的；如果它走向反面，那痛苦就是无益的。心灵上的痛苦是由抵制更大权能的意志引起的；身体上的痛苦是由抵制更强身体的感官引起的。但不伴随任何痛苦的恶更糟糕。在罪孽中享乐比在败坏中受苦更坏。然而，即使是这样的享乐，若不是因为获得了低级的善，也不可能拥有；而罪孽就是抛弃更大的善。同样，身体上让人痛苦的伤口好过毫无痛感的溃烂，那有一个专门的名词叫败坏。我们主必死的肉体不曾看见，即不曾遭受这样的败坏，如预言里所预告的："你必不叫你的圣者见朽坏（败坏）。"[①]谁会否认钉子敲进去、长矛刺进去所受的伤害[②]？即使就溃烂——人们专门称之为身体的败坏——来说，如果在伤口深处还有什么东西可以继续溃烂，那么随着善的减少，败坏进一步恶化。但是如果再也没有任何东西可消耗了，那就没有了一点善，也就不会有本性留存，因为再不会有东西让败坏来败坏；同样，也不会再有溃烂，因为没有任何东西可溃烂了。

事物因尺度而被认为是适度的。

21. 按通常的说法，小而微的事物是适度的，因为它们中保留某种尺度。没有这种尺度，它们不仅不可能适度，甚至根本不能存在。而伸展太多的事物被称为不适当，并因过度而受指责。但即便这些也必然保守在上帝规定的范围之内，他通过尺度、数目和重量安排一切事物[③]。

---

① 《诗篇》十六篇 10 节。

② 参《约翰福音》十九章 34 节；二十章 25 节。

③ 参《所罗门智训》十一章 20 节。

尺度在某种意义上也适用于上帝本身。

22. 但是我们不能说上帝有尺度，否则就可能理解为他是有限的。然而，他也不是没有尺度，因为是他把尺度赋予万物，使它们在某种尺度里存在。另一方面，我们必不能说上帝是适度的，似乎有尺度从另外地方加到他身上。如果我们说他是至高尺度，我们或许说得有道理，无论如何，如果我们把我们所说的至高尺度理解为至善的话，应该没错。每一种尺度，就其是尺度而言，都是善，因此，当我们谈到适当的、适宜的或者适度的事物时，不可能不包含对它们的赞美。但是在另一种意义上我们谈到尺度时意指界限和终点，我们说"无尺度的"，意思是"无限的"。有时候那样说也包含赞美，比如"他的国也没有穷尽（finis）"① 这样的话。这里也可以说"没有尺度［modus］"，前提是这里的"尺度"要理解为界限和终点［finis］。因为不以任何尺度［nullo modo，即不以任何方式，绝不］统治的，当然就是根本不能统治。

为何有时候可以说坏的尺度、坏的形式和坏的秩序。

23. 如果尺度、形式和秩序没有达到它们应有的程度，就可以说它们是坏的；或者因为它们应该适合却没有适合那些事物，也可以说是坏的；或者因为它们不协调和不一致，才被称为坏的。就好比我们说某人行为不当（没有以好的尺度行为），因为他做事没做到应有的份，或者做了不应做的事，或者做得过头了，或者行为不适宜。我们之所以能正当地指责某个行为做得不好，不是因为别的，就是因为它没有保守"尺度"。同样，我们说一种形式或外观是坏的，是相比于更高雅更优美的形式而言的——相比之下，一个小，一个大，不是体积和重量上的大小，而是在优美上的大小。或者因为它与它所在的事物不相配，显得

---

① 《路加福音》一章 33 节。

格格不入，不合时宜。比如，如果一个人赤身露体地在市场上行走，就是不得体，而这个样子在浴室里走，则无伤大雅。同样，如果遵循的秩序等级太低，就说它是坏秩序。所以坏的不是秩序，而是无序。没有应有的秩序，或者不是应有的那种秩序，就是无序。然而，无论哪里，只要有一定的尺度、形式和秩序，就有某种善，就有某种本性。凡是没有尺度、形式和秩序的，就既不会有善，也不会有本性存在。

圣经证明上帝是不变的。上帝的儿子是被生的（esse genitum），而不是被造的（factum）。

24. 这就是我们的信仰所主张的，也是理性所表明的，圣经的证据可以进一步强化它们。这样，因理解力不足而无法理解论证的人，可以依据圣经权威相信，从而也应该知道。那些有理解力但不太了解教会文献的人，不要以为这些观点是我们空想所得，而不是源自圣经。上帝是不变的，这话写在《诗篇》里："天地都要灭没，你却要长存；天地不都改变了，惟有你永不改变。"① 在《所罗门智训》里有话论到智慧本身："她永远留在自身之中，同时更新万事万物。"② 使徒保罗说："归与那不能朽坏、不能看见、独一智慧的上帝。"③ 使徒雅各写道："各样美善的恩赐和各样全备赏赐都是从上头来的，从众光之父那里降下来的；在他并没有改变，也没有转动的影儿。"④ 另外，他从自己所生的子，就是他自己的所是，所以子有话简洁地说："我与父原为一。"⑤ 因为子不是被造的，而万物都是藉着他造的，所以经上写着："太初有道，道与上帝同在，道就是上帝。这道太初与上帝同在。万物都是藉着

① 参《诗篇》一百零二篇 26—27 节。
② 参《所罗门智训》七章 27 节。
③ 参《提摩太前书》一章 17 节。
④ 《雅各书》一章 17 节。
⑤ 《约翰福音》十章 30 节。

他造的；没有他，无物被造（或：凡被造的，没有一样不是藉着他造的）。"①

福音书里的话"没有他，无物被造"，被某些人误解。

25. 有些人的荒谬之言我们不能听。这些人认为，这段经文里的"无物"（nihil, nothing）必是指某物（aliquid, something）；他们还认为能够迫使我们接受这种荒谬而虚妄的言论，因为"nihil"（无物）这个词放在句子末尾。他们说，你看，"无物被造"，既然"无物"被造了，它就是某物。他们急于辩驳，简直完全失去了理智。他们不明白，"没有他，无物被造"这句话中，"无物"这个词放在前面还是后面没有任何区别②。无论哪种情形，他们都同样可以说，无物就是某物，因为它被造了。拿真实存在的某物来说，比如，说"没有他，造了一幢房子"与"没有他，一幢房子被造了"有什么分别？意思就是，没有他，某物，这里就是一幢房子，被造了。所以当经上说"没有他，无物被造"时，只要真实而恰当地使用这些词，"无物"就不是指某物。不论"无物"一词放在句子的哪个位置，都不影响句子的意思。如果有人听到"无有区别"时说：所以有某种区别，因为无有就是一种有，那谁会愿意与他说话呢？凡头脑正常的人都非常清楚，当我说"无有区别"时，不论我把"nothing"放在前面还是放在后面，我的意思完全一样。然而，这些好争论的人会对某人说，你做了什么？如果他回答，我没做什么（做了无），他们就会诽谤他，说，你做了什么，因为你做了无，而无就是某物。主自己也把那个词放在句末，说："我在暗地里并没有说什么。"③ 请他们去读读经文吧，然后

---

① 《约翰福音》一章 1—3 节。

② 不论是"Sine illo factum est nihil"，nihil（无物）放在句末，还是"Sine illo nihil factum est"，nihil（无物）放在前面，意思是一样的。——中译者注

③ 《约翰福音》十八章 20 节。

保持缄默。

万物从无被造。

26. 上帝不是从自己生育（genuit）万物，而是藉着他的道创造万物；他创造的万物，不是从已经存在的事物创造，而是从根本不存在的事物，即从无创造的。因此使徒说："是使无变为有的上帝。"① 不过，《马加比书》写得更清楚。"我的孩子，我恳请你抬眼看看天地和里面的一切。看了就知道，主上帝不是从这些东西造出我们。"②《诗篇》也有话说："他一吩咐便都造成。"③ 显然，他不是从自己生出这些事物，而是藉着他的话语或吩咐造出它们。凡不是他生的，都是他从无造的。因为没有任何东西可作他创造它们的原料。对此，使徒说得非常清楚："因为万有都是本于他，倚靠他，归于他。"④

"本于他"与"出于他"不是同一个意思。

27. "本于他"（ex ipso）与"出于他"［de ipso］并不是同一个意思。"出于他"的东西也可以说"本于他"，但并非所有"本于他"的东西都可以说是"出于他"。天地都本于他，因为他造了它们。但它们不是"出于他"，因为它们不是他本体的一部分。如果一个人生了儿子又造了房子，两者都"本于他"（是他的），但儿子由他的本体构成，房子由泥土木头构成。只是因为他是一个人，不可能从无创造。而上帝是全能的——万有都是本于他，倚靠他，归于他——他不需要任何他不曾造过的材料来协助他创造。

---

① 《罗马书》四章 17 节。
② 《马加比二书》七章 28 节。
③ 《诗篇》一百四十八篇 5 节。
④ 《罗马书》十一章 36 节。

罪不是出于上帝，而是出于犯罪之人的意愿。

28. 当我们听到"万有都是本于他，倚靠他，归于他"① 这话时，我们必须把这里的"万有"理解为一切按照自然本性存在的事物。因为罪不是本于他，它们不是遵守自然本性，而是违背它。圣经从多个方面证明，罪出于罪人的意愿，尤其是以下这个经段，使徒写道："你这人哪，你论断行这样事的人，自己所行的却和别人一样！你以为能逃脱上帝的审判吗？还是你藐视他丰富的恩慈、宽容、忍耐，不晓得他的恩慈是领你悔改呢？你竟任着你刚硬不悔改的心，为自己积蓄忿怒，显他公义审判的日子来到。他必照各人的行为报应各人。"②

上帝没有被我们的罪玷污。

29. 虽然上帝所造的万物都在他里面③，但那些犯罪的人却没有玷污他。论到他的智慧，经上说："他凭他的纯洁渗透万物，任何污浊的东西在他这里都不得其门而入。"④ 因此我们必须相信，正如上帝是不可败坏，不会变化一样，他也因此不可玷污。

即使是最低的、地上的善，也源于上帝。

30. 但是，上帝也创造了最低级的事物，就是地上必朽的事物，从使徒谈到我们肉身肢体的那个经段，我们可以毫无疑义地明白这一点。"若一个肢体受苦，所有的肢体就一同受苦；若一个肢体得荣耀，所有的肢体就一同快乐。" 又说："上帝随自己的意思把肢体俱各安排在身上了。" 又说："上帝搭配这身子，把加倍的体面给那有缺欠的肢体，

---

① 《罗马书》十一章 36 节。
② 《罗马书》二章 3—6 节。
③ 参《歌罗西书》一章 16 节；《罗马书》十一章 36 节。
④ 参《所罗门智训》七章 24 节。

免得身上分门别类，总要肢体彼此相顾。"① 使徒赞美的我们肉身各肢体的这种尺度、形式和顺序，可以在所有动物的身上看到，不论大的，还是小的。因为各类肉身都属于地上之善，也就是说属于最低的善。

惩罚罪和赦免罪全在于上帝。

31. 因为对于每一个罪过，应该给予什么样的惩罚以及多重的惩罚，这是属于上帝的判断，不是人决定的。因此经上写着："深哉，上帝丰富的智慧和知识！他的判断何其难测！他的踪迹何其难寻！"② 同样，因为上帝是慈善的，对那些皈依的人，上帝就赦免他们的罪，基督受差遣来到人世③的事实充分证明了这一点。他为我们而死，不是在他的神性上死，而是在他从一名妇人披戴的我们的人性上死。因此使徒传讲上帝对我们的善和爱："惟有基督在我们还作罪人的时候为我们死，上帝的爱就在此向我们显明了。现在我们既靠着他的血称义，就更要藉着他免去上帝的忿怒。因为我们作仇敌的时候，且藉着上帝儿子的死，得与上帝和好；既已和好，就更要因他的生得救了。"④ 因为即使罪人得到应有的惩罚，这在上帝没有任何不义，他写道："我们可以怎么说呢？上帝降怒，是他不义吗？"⑤ 在另一处，他简明扼要地指出，在上帝，既有恩慈，也有严厉。"可见上帝的恩慈和严厉，向那跌倒的人是严厉的，向你是有恩慈的，只要你长久地在他的恩慈里。"⑥

作恶的权柄源于上帝。

32. 同样，因为甚至那些作恶之人的权柄也只能源于上帝，所以圣

---

① 《哥林多前书》十二章 18—26 节。
② 《罗马书》十一章 33 节。
③ 参《约翰福音》二十章 21 节。
④ 《罗马书》五章 8—10 节。
⑤ 《罗马书》三章 5 节。
⑥ 《罗马书》十一章 22 节。

经记载了智慧说的话："帝王藉我坐国位，暴君藉我治天下。"① 使徒说："没有权柄不是出于上帝的。"② 所以，《约伯记》记载的事是完全正当的："因百姓的悖逆，他立了伪善的君王。"③ 论到以色列民，上帝说："我在怒气中将王赐给他们。"④ 因为恶人得到权柄作害，是为了让善人的忍耐得到证明，坏人的不义受到惩罚，这并非不公。藉着赐给魔鬼的权柄，约伯得到证明，好叫他的公义显明出来⑤；彼得受到试探，好叫他不过分看高自己⑥；保罗受到击打，免得他自高起来⑦；犹大被定罪，上吊自杀了⑧。因此，上帝通过赐给魔鬼权柄行所有公义之事⑨。不是因为所成就的这些公义行为，而是因为意愿作恶的恶意源于魔鬼，所以末了时他必得到报应，那时就有话对那固守在自己的罪孽中的邪恶同谋说："离开我，进入那为魔鬼和他的使者预备的永火里去！"⑩

恶天使不是上帝把他造成恶的，而是因犯罪成为恶的。

33. 因为恶天使不是上帝把他造成恶的，而是因犯罪而成为恶的，就如彼得在书信里说的："就是天使犯了罪，上帝也没有宽容，曾把他们丢在地狱，交在黑暗坑中，等候审判。"⑪ 彼得由此表明，最后审判时仍然要给予他们应得的惩罚。关于最后审判，主说："离开我，进入那为魔鬼和他的使者预备的永火里去。"⑫ 当然，即使现在，他们已经

---

① 参《箴言》八章 15 节。
② 《罗马书》十三章 1 节。
③ 参《约伯记》三十四章 30 节，七十子希腊文本。
④ 参《何西阿书》十三章 11 节。
⑤ 参《约伯记》一章 12 节；二章 6 节。
⑥ 参《马太福音》二十六章 31—35 节，69—75 节。
⑦ 参《哥林多前书》十二章 7 节。
⑧ 参《马太福音》二十七章 5 节；《使徒行传》一章 16—20 节。
⑨ 参《所罗门智训》十二章 15 节。
⑩ 《马太福音》二十五章 41 节。
⑪ 《彼得后书》二章 4 节。
⑫ 《马太福音》二十五章 41 节。

得到这个充满黑雾的低处，就是我们所住的地方，如同牢狱，作为对他
们的惩罚。它诚然被称为天，但它并非星辰所住的天，而是这个低级区
域，这里黑暗堆积成云，是鸟飞翔的地方。它也被称为多云的天，我们
还谈到这天上的飞鸟①。因此使徒保罗把这些称为恶天使，当我们过敬
虔生活时，就与这些恶天使的嫉妒争战，就是与"天空属灵气的恶
魔"② 争战。不能把这天空理解为高天，这一点他在另一段经文里说得很
清楚："顺服空中掌权者的首领，就是现今在悖逆之子心中运行的邪灵。"③

罪不是欲求恶的本性，而是抛弃更好的本性。

34. 因为罪（peccatum）或罪孽（iniquitas）不是欲求恶的本性，
而是抛弃更好的本性，就如圣经里的话所说的："凡上帝所造的物都是
好的。"④ 因此，上帝在乐园里种的每棵树都是好的⑤。当人触摸禁树
时，他并不是欲求本性恶的东西，但是由于他抛弃了更好的东西，所以
他做了恶事。造主比他所造的一切造物更好，人不应当违背他的命令，
去触摸他禁止触摸的东西，尽管那东西本身是好的。抛弃更大的好，去
追求造物的好，也就是违背上帝的诫命去触摸造物。上帝不曾在乐园里
种植恶的树，但是禁止触摸那树的上帝比那棵树更好。

**禁止亚当吃那树上的果子不是因为它是恶的，而是因为对人来说，
顺服上帝才是善的。**

35. 此外，他之所以设立禁令是为了表明，理性灵魂的本性不应当
在于它自己的权能，而应当在于顺服上帝，它应当通过顺服来守卫自己

---

① 参《创世记》二章 20 节；《马太福音》六章 26 节。
② 《以弗所书》六章 12 节。
③ 《以弗所书》二章 2 节。
④ 《提摩太前书》四章 4 节。
⑤ 参《创世记》二章 8—9 节。

得救的秩序，不顺服就导致败坏。因此上帝把他禁止触摸的树称为分辨善恶的智慧之树①，因为当人违背禁令触摸它时，就会经历罪的惩罚，从而能够分辨顺服的善和悖逆的恶之间的区别。

上帝的造物没有恶的，但滥用造物是恶的。

36. 谁会那么愚蠢，认为可以去指责上帝的某个造物，尤其是种在乐园里的植物？甚至地上长出来的荆棘和蒺草②，也无可指责，因为它们按照上帝的审判意志长出，为了折磨罪人，让他劳苦。这样的植被也有自己的尺度、形式和秩序，任何人只要认真思考它们，就会发现它们也值得赞美。但是对于因自己的罪不得不这样接受教训的人来说，它们是恶的。因此，如我所说，罪不是欲求本性为恶的事物，而是抛弃更好的事物。所以恶的是这个行为，不是罪人滥用的事物。事实上，恶就是滥用好的事物。因此使徒指责那些被神圣审判定罪的人，他们去敬拜侍奉受造之物，不敬奉那造物的主③。他没有指责造物，因为任谁这样做，都是对造物主的不义，所以他指责那些抛弃更好的事物，滥用善物的人。

上帝善用罪人的恶行。

37. 如果所有本性都保守各自特有的尺度、形式和秩序，那就不会有恶。但是如果有人有意滥用这些好的事物，即便如此，他也不可能胜过上帝的意志，因为上帝甚至知道如何使不义者顺服公义的顺序。如果他们出于恶意，滥用他的好事物，那他根据他公义的权能充分善用他们的恶行，让那些任凭自己沉溺于罪的人公正地受到惩罚。

---

① 参《创世记》二章 9 节。
② 参《创世记》三章 17—19 节。
③ 《罗马书》一章 25 节。

折磨恶人的永火不是恶的。

38. 甚至那永火——将要折磨不敬者——也不是恶的东西。它有自己的尺度、形式和秩序，不因任何罪孽受贬损。但折磨对罪人来说是恶，这是他的罪应受的报应。那远处的光也不因为伤害视力弱的人而是恶东西。

所谓的永火并不是如上帝那样永恒，而是因为没有尽头。

39. 然而，永火并不像上帝那样是永恒的，因为它虽然没有尽头，但并非没有开端。而上帝甚至没有开端。另外，虽然它被永久地用来惩罚罪人，但它本性上仍然是可变的。唯有上帝拥有真正的永恒，真正的不朽和绝对的不变性，因为他完全不可能变化。一物可能变化但没有变这是一回事，而完全不可能变化则是另一回事。我们说一个人是良善的，但他的良善不能与上帝的良善相提并论，如圣经所说："除了上帝一位之外，再没有良善的。"① 我们说灵魂是不朽的，但与上帝的不朽是不同等的，如经上所说："他是独一不死的。"② 我们说一个人有智慧，但不同于上帝的智慧，圣经说："……归于独一全智的上帝。"③ 同样，我们说这火是永火，但不是上帝的那种永恒，上帝的不朽才是真正的永恒。

上帝不会受伤害，任何人，若不是出于上帝公义的命令，也不受伤害。

40. 既然以上这些符合大公教的信仰和合理的教义，以及那些理智良好的人所清楚明白的真理，那么没有人能伤害神性；神性也不会让任

---

① 《马可福音》十章 18 节。
② 《提摩太前书》六章 16 节。
③ 《罗马书》十六章 27 节。

何人受到不公的伤害，不会让任何人作恶而不受惩罚。使徒说："那行不义的，必受不义的报应；上帝并不偏待人。"[①]

摩尼教徒把多大的善归入恶的本性，又把多大的恶归于善的本性。

41. 如果摩尼教徒敬畏上帝，愿意思考这些事，不是那么死命地捍卫自己的错误，他们就不会极其可恶地亵渎神圣，引入两个本性，一个是善的，他们称为上帝；另一个是恶的，不是上帝所造。他们完全误入了歧途，完全神志不清，甚至疯狂至极，所以他们不知道自己在干什么，结果他们把所有这些大善归于他们所说的本性上至恶的东西：生命、能力、记忆、理智、节制、德性、丰盈、感觉、光明、甜美、量度、数目、平安、尺度、形式、秩序；又把以下这些大恶归于至善：死亡、疾病、遗忘、疯狂、混乱、无能、缺陷、愚蠢、盲目、痛苦、不义、耻辱、战争、无度、残疾、悖逆。他们告诉我们，黑暗之子们也一直住在自己的本性里，他们在自己的王国里很安全，既有记忆，又有理解。因为他们说，黑暗之王作了长篇演讲，如果没有记忆和理解力，他就不可能作这样的演讲，他的听众也不可能倾听他的演讲。我们被告知，这个黑暗之王禀性合宜、身心一致，并且在大能里作王，还生有众多子孙，拥有大量自己的分子（elementum）。这些黑暗王子能感知自己和彼此，感知附近的光。他们也有眼睛能看见远处的光。要知道，眼睛里没有某种光，是看不见光的，所以眼睛被正确地称为发光体。他们甜美地享受自己的快乐。他们的肢体非常匀称协调，他们的住所精致美妙。无论如何，若不是有某种美，他们不可能热爱自己的婚姻，他们的身体也不可能由彼此和谐的部分构成；没有身体，摩尼教徒编造的可笑故事里记载的事也不可能发生。如果他们没有任何形式的和平，就不可能服从他们的王。如果他们没有尺度，就不可能做任何事，只能吃吃喝

---

① 参《歌罗西书》三章 25 节。

喝，像野蛮人那样，作出各种非社会性的行为。即使是做这些事，如果没有某种尺度，他们也不可能拥有任何确定的形式。事实上，摩尼教徒说，从他们所行的事来看，根本不能否定他们的一切行为中都有恰当的尺度。如果没有形式，就不会有自然性质。如果没有秩序，就不会有统治与被统治；他们就不能与自己的部分和谐相处；总之，他们的肢体就不可能被安排在各自恰当的位置，他们也就不可能做摩尼教徒的虚妄寓言所设想的那些事。他们说，如果神性不死——根据他们那虚妄的说法——那基督使谁复活？如果它没病，他医治谁？如果它没有失忆，他使谁恢复记忆？如果它不是愚拙的，他教导谁？如果它不是混乱不堪，他修复谁？如果它没有被征服、被俘虏，他使谁得解放？如果它没有缺乏，他资助谁？如果它没有丧失感觉，他刺激谁？如果它不是盲目的，他启迪谁？如果它不是处在痛苦之中，他使谁摆脱痛苦？如果它不是不义的，他藉自己的律令使谁改邪归正？如果它不是可耻的，他净化谁。如果它不是处在争战中，他向谁应许和平？如果它不是放肆的，他立法约束谁？如果它不是残缺的，他使谁健全？如果它不是悖逆的，他使谁改过自新？他们说，基督成就的所有这些事，不是为了上帝所造的、因它自己的自由意志选择犯罪而堕落的某物，而是为了上帝自身的本性和实体，也就是上帝自身的所是。

摩尼教徒亵渎神性。

42. 还有比这样的言论更渎神的吗？根本没有，除非考虑其他异端的错误。然而，如果把我们上面描述的错误与摩尼教另一个我们还未提到的错误相比，就会发现这个学派对神性提出了更加恶劣、更加可怕的亵渎言论。他们说，有一些灵魂——他们希望这些灵魂成为上帝实体的一部分，神性的分有者——它们并没有自愿犯罪，只是被黑暗之族，也就是摩尼教徒所说的恶本性打败，受到压迫，因为这些灵魂下来与恶本性争战不是出于它们自己的意志，而是出于它们父的命令；它们被永远关在一个可怕的黑暗领域。于是——根据他们虚妄而渎神的胡言乱语——上帝使他自身的一部分脱离大恶，但对他自身的另一部分，他不能从敌人解放出来的那部分，却给予定罪，还庆祝胜利，似乎敌人被击败了。竟然相信上帝是这样的，竟然宣称上帝是这样的，这是何等可恶、不可思议的胆大妄为！当他们试图捍卫这一点时，他们闭上眼睛陷入更大的错误之中。他们说，与恶本性的混合使上帝的善良本性经历这些大恶；但这善良本性在自己的领域是不会也不可能遭受这些恶的。似乎一个不朽坏的本性应当受到称颂是因为它不加害自己，而不是因为别的东西不能伤害它。如果黑暗本性伤害神圣本性，而神圣本性也伤害黑暗本性，那么就有两个彼此伤害的恶。但是黑暗之族原本出于一个善良心灵，因为即使它作恶，也是它不情愿作的。它并不希望伤害上帝的圣善，而是想要享有它。然而，上帝想要消灭他的敌人，如摩尼在他十分枯燥的《基本原理的书信》（*Fundamental Epistle*）里公然叫嚣的。他忘了稍前刚刚写过——"他的荣耀王国建立在光明而神圣的土地上，所以任何人都绝不可能移动或者撼动它们"——后面接着又说："至圣之光的父知道有一场巨大的毁灭和灾难从黑暗王国产生，威胁他的神圣王国，除非他派遣一位卓越、非凡和大能的神去抵挡，同时战胜并毁灭黑暗之族。如果把它们消灭了，就为光明之国里的居民赢得永久安宁。"你看，他害怕毁灭和灾难威胁他的王国。然而它们难道不是建立在光明而神圣的土地上，谁也不可能移动或撼动它们的吗?! 因为这种害怕，他决定伤害相邻一族，并力图毁灭它，除掉它，从而为光明王国的居民赢得永久安宁。他为何不加上"永久牢狱"？他那些永远囚禁在黑暗领域的灵魂不也是光明王国的居民吗？关于它们，他公然说："它们容忍自己偏离原先光明的本性。"他又被迫违背自己的意愿说，它们出于自己的自由意志犯罪，但他只希望把罪归咎于恶本性的强迫。他不知道自己在说什么，就好比他把自己关在他虚构的黑暗领域，寻找逃生之路，却找寻不到。让他随心所欲，对被他引诱跟随他的可怜信众，想说什么就说什么吧，这些信徒对他高度尊敬，胜过对基督的尊敬。作为对这种尊敬的回报，他就把自己冗长而渎神的寓言兜售给他们。他爱怎么说，随他说吧。让他把黑暗之族关进一个区域，就如因在牢狱里，然后用光把它包围起来，尽管他对光应许过，把敌人消灭之后就给它永久安宁。请看：光所遭受的惩罚比黑暗遭受的更大！神性遭受的惩罚比敌对一族遭受的更大！毫无疑问，虽然黑暗之族处在黑暗之中，但对它的本性来说住在黑暗里是必然的。然而，拥有与上帝同样本性的那些灵魂，他说不可能被带回到和平王国。它们要被驱逐，离开圣光的生命和自由，要被囚禁在上面提到的那个可怕领域。所以他说，"这些灵魂必紧紧抓住它们所爱的事物，被弃在黑暗王国里，得到自己应得的命运。"难道这不是意志的自由选择吗？你看这个疯狂的人根本不知道自己在说什么。他通过自相矛盾的话，发动了反对自己的战争，这比反对黑暗之神的战争更加恶劣。此外，如果属于光的灵魂因爱黑暗而被定罪，那黑暗之族因为爱光被定罪是不公正的。其实黑暗之族从一开始就爱光明。它不是想除掉光，而是想要占有它，尽管是通过暴力。光明之族决定通过战争除掉黑暗，但打败黑暗之后却爱上了黑暗。你自己选择吧：它爱上黑暗或者迫于必然，或者自愿被引诱。如果它出于必然，那为何被定罪？如果是自愿的，那神性为何陷入这样的罪孽？如果神性爱黑暗是出于必然，它就被征服了，而不是得胜。如果它爱黑暗出于自愿，那这些可怜的人为何不愿意将犯罪的意志归于上帝从无创造的本性，而要归于他所生的光呢？

根据摩尼教徒，在与恶混合之前，神性就已经包含许多恶。

43. 此外，如果我们表明，在与恶不可思议地混合——他们编造出这样的谎言并愚蠢地相信——之前，在他们所谓的光明本性里就存在着大恶，那会怎样呢？他们的渎神岂不是无以复加么？因为在与黑暗争战之前，光明就注定要争斗，这是冷酷的、不可避免的必然性：这就是一个真正的大恶，在恶与善混合之前已经存在的大恶。请他们解释一下，既然还没有混合，这恶从哪里来？如果不存在战斗的必然性，因而就存在自由意志，那么同样，这大恶，即上帝愿意伤害自己那不可能受到敌人伤害的本性，让它受到无情的混合、可耻的试炼以及不公的定罪——这样的大恶从哪里来？看哪，一个恶意的、狠毒的、残忍的意志，就算还没有与敌对本性的恶混合，已经是多大的恶！或者，他并不知道这样的事可能发生在他的肢体上，即它们可能渐渐爱上黑暗，成为圣光的敌人，如摩尼所说，也就是，不只是成为它们自己的上帝的敌人，也成为生出它们的父的敌人？若是这样，这么大的无知岂不是个大恶？那么在与敌对一族的恶混合之前，上帝里面的这个大恶从哪里来？如果他知道要发生这样的事，那么或者他里面有永恒的残酷——倘若他对自己的本性即将受到的玷污和定罪毫无忧愁，或者有永恒的怜悯——如果他对此感到忧愁。无论如何，你这至善在与你的至恶混合之前，它里面的这大恶究竟从何而来？可以肯定，即便就被困在上面提到的永恒牢狱里的那部分神性来说，如果它不知道这种命运威胁着它，那上帝的本性里也存在永恒的无知；如果它确实知道，那就存在永恒的怜悯。那么，在混合了敌对一族的恶之前，这大恶从哪里来？或者难道说它出于伟大的仁爱，通过自己遭受惩罚，为其他光明居民赢得永久安宁而满心欢喜？谁明白说出这样的话是多么骇人听闻，谁就可以咒诅它。如果那部分神性确实这样做了，并且没有成为光的敌人，或许它会受到赞美，但不是作为上帝的本性，而是作为某个人，如同甘愿为自己祖国遭受某种恶的人受到赞美。但是那种恶只能是暂时的，不能是永恒的。而他们说在黑暗王国里的囚禁是永恒的，而且如此被囚禁的正是上帝的本性，不是其他。如果上帝的本性很高兴自己爱上黑暗，并成为圣光的敌人，那么这肯定是一种极其邪恶和可憎的喜乐，一种无以言表的亵渎。因此，还没有混合敌对一族的恶之前，这巨大而可憎的恶从哪里来？谁能忍受如此邪恶而不敬的荒谬言论，把这么大的善归于至恶，而把这么大的恶归于至善，也就是上帝？

摩尼构想的上帝里面不可思议的可耻行径（turpitudines）。

44. 他们说，上帝本性的这一部分无处不在，渗透于天地万物，可见于所有形体，干的、湿的，各类肉身，所有树种、草类、人和动物。但是他们谈到它不像我们谈到上帝那样，说他不受限制，不受玷污，不可侵犯，不会朽坏，通过神圣权能管理并统治万物。相反，他们说它是被束缚的，受压迫的，能玷污的，只是它不仅能够通过日月的行程和光的能力，而且通过它们自己的拣选者（Electos）获得释放、解救和洁净。这种令人发指的错误言记即使没有使他们信服，也向他们展示了何等渎神而不可思议的可能行径，说起来也使人不寒而栗。他们说，光的权能化为美男子，来到黑暗一族的女子面前，又化为美少女，来到黑暗一族的男子面前，通过他们的美激起黑暗王子们的淫欲。于是，生命的实体，即上帝的本性，按他们的说法，被困在这些王子的身体里，当他们在肉欲中放松肢体时，这本性就从他们的身体里逃脱出来，当它被接纳占有或者被净化后，就得以释放。这就是那些不幸之民所读、所说、所听并所信的。这些记载在他们的宝典（Thesauri）第七卷里。所谓宝典，是他们给摩尼的某篇写满这类渎神言语的作品的冠名。"圣父有发光的小船作客寓，雄伟的大船作居所，他出于内在的恩慈提供帮助，把他的生命实体从囚禁它的不敬契约、窘迫和窒息中解救出来。他不露痕迹地点点头，就把他在发光船里的那些权能变成各种不同的形象，使它们向分布在诸天不同区域的敌对权势显现。这些权势有男有女。因此他命令他的权能一部分以美少男的形象出现在敌对之族的女子面前，一部分以美少女的形象出现在敌对之族的男子面前。他知道所有这些敌对权势因其与生俱来的致命淫欲，很容易被迷惑，必屈服于所见的这些至美形式，从而被瓦解。但是你们知道，我们的这位圣父与他的这些权能是完全同一的，出于必要的目的，他才将它们转化为少男少女的纯洁形象。他把这些作为他适当的工具使用，通过它们成全自己的意志。发光船里充满这样的神圣权能，它们通过某种结合对抗地狱之族的成员，并且可以在一瞬间，非常迅速快捷、不费吹灰之力地实现目标。当理性要求它们出现在男子面前时，它们就以美少女的形象出现。同样，当它们必须来到女子面前时，它们就脱去少女的形象，披戴少男的形象。看到优美的外形，激情和欲望开始膨胀，恶念的牢狱破裂，围困在它们肢体中的生命灵魂得到释放，得以脱逃，与最纯洁的气，也就是它与生俱来的元素结合。完全得到洁净的灵魂乘上发光船，这船准备把它们带走，送回到故土。但是那些还带有敌对一族的污点的，就藉着炽热的火一步步下降，与树木和其他植物以及各类种子结合，被投入各种火里锤炼。少男少女的形象从那发光的大船向那些住在诸天、拥有火样本性的敌对权势显现。一看到美色，困在它们肢体中的那部分生命就得释放，藉着热来到地上。同样，那至高权能，居住在生命之水的船上，通过他的信使——童男童女的形象——出现在本性寒冷而潮湿的权能面前，这些权能也被安排在诸天上。向那些女性，它显现为男子，向那些男性，它显现为少女。通过变换这种神圣而美丽的形式，寒冷而潮湿一族的王子，不论男女，都变得松散，它们里面的生命元素就逃逸出来。剩余的，因为已经松散，通过寒冷被引到地上，与地里的诸多种类结合。"谁能忍受这样的蠢话？谁会相信——我不是说，相信那是真的，而是说，竟然可以这么说？瞧瞧，竟然有人害怕咒诅摩尼教导这样的事，却不害怕相信上帝会做出或容忍这样的事！

相信摩尼教徒自己有某些无法启口的可耻行径，并不是毫无理由的。

45. 他们说，通过它们自己的拣选者，当然还要借助于吃喝，神性中与恶混合的那部分就得洁净。因为他们说，它被困在各种食物里；当圣拣选者把这些东西吃掉喝掉，吸收营养补充自己的身体之后，藉着它们的圣洁，神性就被释放，被确认，得自由。可怜的人没有注意到，人们之所以相信他们有某些可耻的行径，是完全有理由的，如果他们不准备诅咒这些书，不停止做摩尼教徒，那么毫不奇怪，企图否认他们所相信的东西，对他们是徒劳无益的。因为如果如他们所说，上帝的一部分被困在所有种子里面，通过拣选者把它们吃掉才得以洁净，那么诚实的人完全可以相信，他们在宝典中读到什么，就身体力行地做什么；他们读到天上权能和黑暗之子的行径，自己难道就不仿效么？尤其是当他们说，他们的肉身也属于黑暗一族，当他们毫不犹豫地相信并论断，生命实体，上帝的一部分，也被困在那里。如果上帝的这一部分只能通过吃喝才得释放和洁净，如他们致命的错误迫使他们承认的，谁不明白那会产生怎样的羞耻和不敬？谁又不痛恨这一切呢？

《基本原理的书信》里难以启齿的教义。

46、他们甚至说，第一人亚当是某些黑暗之子创造的，这样光就被他们控制，无法逃逸。在他们称为"基本原理"的书信里，摩尼描述了这个黑暗之子——他们说他是第一人的父亲——对他的伙伴，即其他黑暗之子，是怎么说的，又是怎么做的。"他怀着邪恶的设想，对那些在场的王子说：关于这升起来的大光你们怎么看？你们看，它如何转动诸天，撼动最伟大的权能。因此，你们最好把你们权能里拥有的那部分光先交给我，这样我就会按照这个显得如此荣耀的大光造出它的一个像，然后我们就能够在某种程度上摆脱这种黑暗的生活方式，获得统治地位。听到这话，他们想了很长时间，然后一致认为按他的要求交出各自的光是对的。因为他们不相信自己有能力永远控制所拥有的光。所以他们认为最好把它交给王，指望这样一来他们就能获得统治权。我们必须思考，他们是怎样把原本拥有的光交出去的。因为这光也分散在整部圣经和属天的奥秘文献里，但对有智慧的人来说，不难知道它是如何被给予的：凡是真诚地思考它，忠实地凝视它的人，都能直接地、面对面地认识它。有一群随意聚集起来的人，当然有男有女，他就命令他们交配。在交配中，男性播种，女性怀孕。他们的后代与父母相似，获得了父母的最大部分能力。他们的王对这些后代很喜欢，认为这是非同寻常的礼物，就把它们吃了。就如现在我们可以看到这样的事发生，即恶的本性获得力量之后就开始构造身体的孕育者；同样，上述这位王接受他伙伴的后代，以及他们从父母带来的全部官能和机智，连同一出生就已经转给他们的光，然后吞食他们。吞食了这样的食物这后，他获得了众多权能，其中不仅有坚毅，更有源于他们野蛮之族父母的狡诈和颓废的情感。然后他把自己的妻子——她来自于与他同样的族类——叫到身边，就像其他王子曾做的那样，他把吞食的大量恶撒播出来，再加上他自己思想和权能中的一些东西，这样他就成为他所喷射的一切事物的形成者和安排者。他妻子接纳这些东西，就如同精耕细作的土地习惯接受种子那样，于是在她里面，所有天上、地上权能的形象被建构并结合在一起。这样形成的东西，可以说，就获得了整个世界的样式。"

他强迫信徒践行极端可耻的行径。

47. 多么可恶的怪胎啊！受骗的灵魂陷入多么可怕的毁灭和堕落！更不必说关于上帝本性如此这般受困的话有多么可恨！让那些上当受骗、被这种致命错误毒蚀的人至少注意这样一点，即如果他们的上帝的某一部分被男女的交配束缚——当然他们承认可以通过吃掉它让它得到释放和洁净——那么这种可怕的错误必然迫使他们不仅要从面包、蔬菜和苹果——在公共场所他们显然只能吃这些东西——中把上帝的这一部分释放出来，而且他们必须通过交配把它释放出来并洁净它，如果它是在子宫里孕育而成，并且可以被困在那里的话。据说，有人在公共法庭承认他们做了这样的事，不仅在帕佛拉戈尼亚（Paphlagonia），而且在高卢（Gaul），如我从罗马的一位大公教徒那里听到的。当他们被问及，他们做这些事是根据何种典籍时，我听到他们提出宝典里的一段话，就是我前面引用的那一段。当他们受到这样的指控时，他们往往会回答说，他们中的某个敌对者从他们的数目——也就是他们拣选者的数目——中分裂出去，建立了这种极端恶心的异端。所以非常清楚，即使他们自己并没有做这样的事，但做这种事的人就是根据他们的书才做的。所以，如果他们憎恨这样的罪行，就务必把那些书扔掉；如果他们留着那些书，就会被怂恿去犯罪。或者说，如果他们不想犯罪，就要抛弃那些书的教导，努力去过洁净的生活。如果我们对他们说：你们或者从尽可能多的种子中洁净光，这样，你们就不可能拒绝你们声称不做的事；或者诅咒摩尼，那个人说在所有种子里有上帝的一部分，这部分被性交束缚；这部分光，也即上帝的一部分，要作为食物供给拣选者吃掉，然后它就得洁净了——如果我们这么对他们说，他们会怎么回答？你们不明白他（摩尼）在强迫你们相信什么吗？你们还在犹豫，不愿诅咒他吗？那么当我们这样告诉他们时，他们会怎么做呢？他们必须或者诅咒如此面目可憎的教义，或者按照这教义行极端可耻的行为。除此之外，他们不能有任何推诿！相比之下，他们归于上帝本性的所有其他恶，就是我刚刚说过不可忍受的那些恶，现在看起来似乎还是可忍受的。那些恶就是：它被迫发动战争；当与恶混合的败坏和永罪的牢狱临到它头上时，它或者安然地呆在永恒的无知中，或者受困于永恒的忧伤和恐惧。战争的结果是，它被俘虏，受压迫，遭玷污。在赢得一场虚假的胜利之后，它要远离原有的幸福，永远被禁在一个可怕的区域。与摩尼教徒教导或践行的变态行为相比，这些教义上的错误似乎还是可忍受的。尽管就其本身来说，这些谬论绝非可以容忍。

奥古斯丁祷告：但愿摩尼教徒能恢复理智。

48、充满怜悯和同情的主啊，长期忍耐、满心慈恤、真诚的主，你的忍耐何其大①！你叫日头照好人，也照歹人；降雨给义人，也给不义的人②；你不愿意罪人死亡，而希望他皈依而活③；你一点一点地责备，让人忍耐，好叫人放弃自己的恶，信靠你，主④；你以你的忍耐领他悔改，尽管许多人任着自己刚硬不悔改的心，为自己积蓄忿怒，以致你忿怒，显你公义审判的日子来到，你必照各人的行为报应各人⑤；到那时，人若回头离开他所做的一切罪恶，转向你的仁慈和真理，你必宽恕他的一切罪孽⑥。愿你立在我们面前，赐福与我们的工作——你悦纳我们的工作，因它驳斥了这可憎又极其可怕的错误——许多人已经脱离了这种错误，愿更多的人得回转。愿他们因无知向你所犯的罪和亵渎的话，都得赦免⑦，不论是通过洗礼的圣礼，还是通过破碎之灵和悔改、谦卑的心带着悔恨之痛献上的祭。你大能的怜悯，你的权威，你洗礼的真理，以及你赐给圣教会的天国的钥匙⑧，拥有非常强大的力量，就是这样的人，也不必绝望，只要他们住在地上时依靠你的忍耐，尤其是那些虽然知道这样思考或谈论你是多么邪恶的事，但因为某种他们习惯于享有或者希望获得的暂时而属地的利益，仍固守那恶意宣称的人，只要他们接受你的指正⑨，向你不可言喻的圣善寻求庇护，并且选择属天的永恒生命，舍弃属肉体生命的种种诱惑。

---

① 参《诗篇》一百零二篇 8 节。
② 参《马太福音》五章 45 节。
③ 参《以西结书》三十三章 11 节。
④ 参《所罗门智训》十二章 2 节；《约伯记》二十四章 23 节。
⑤ 参《罗马书》二章 4—6 节。
⑥ 参《使徒行传》三章 26 节；《以西结书》十八章 21—22 节。
⑦ 参《马太福音》十二章 31 节。
⑧ 参《马太福音》十六章 19 节。
⑨ 参《诗篇》二十五篇 8—9 节；一百四十一篇 5 节。

译 后 记

本译本挑选的是奥古斯丁早期作品中未有中译本的五篇作品，按照写作时间顺序分别是《论幸福生活》（De Beata Vita，386年）、《论秩序》（De Ordine，386年）、《论教师》（De Magistro，389年）、《论真宗教》（De Vera Religione，396年）、《论善的本性》（De Natura Boni，404年）。由于不同的英文版本收集的早期作品有所不同，故本译本综合采用了两个英译本，分别是 Ludwig Schopp 主编的 Writings of St. Augustine I（the Fathers of the Church：A new translation，New York Cima Publishing Co.，Inc.，1948），以及 John. H. S. Burleigh 翻译并撰写导论的 Augustine：Early Writings（the library of Christian Classics，Ichthus edtion，the Westminster Press，Philadelphia，1953）。其中前两篇即《论幸福生活》（by Ludwig Schopp）和《论秩序》（by Robert P. Russell，O. S. A）译自 Schopp 本，后三篇译自 Burleigh 本。每一篇作品前面都有导论和目录或者对作品主要内容的提示，只是因为采用的是两个不同英译本，故形式上不完全统一，后三篇多了奥古斯丁在《订正录》里的回顾性说明，内容提要也较为详尽。本中译本比较严格地对照了拉丁文，拉丁文本采用的是 Migne，PL：S. Aurelii Augustini Opera Omnia：Patrologiae Latinae Elenchus。凡是英译本与拉丁文本有出入的（个别地方），中译本都以拉丁文为依据，并在注释中加以说明。一些重要术语都用拉丁文作了标注，以便读者准确理解。

本译稿虽然篇幅不长，但历时不短，断断续续译了近两年，2014年在美国威斯康星的那段充分闲暇的时间终于将它基本完成。衷心感谢 Philip Rehberger 一家人的慷慨与友好，与他们一起生活的美好时光是我身心最自由、精力最充沛的时间。也感谢不时帮我解决一些拉丁文的疑难问题的 Norval Kock 教授和 Glen Thompson 教授，犹记得在 Kock 教授的拉丁语课堂上与他的学生分享学习拉丁语的甘苦之情景，至今历历在目。

本译著是国家社科基金重点项目"新柏拉图主义哲学基本经典集成及研究（项目批准号 17AZX009）项目成果。

鉴于本人在语言（包括中文、英文、拉丁文）训练上的欠缺，译文中难免会有许多瑕疵，甚至讹误，若有读者能够指正，不胜感激。

石敏敏
浙江工商大学
2015 年 7 月